ESQUISSES
ET
CROQUIS PARISIENS

L'auteur et les éditeurs déclarent réserver leurs droits de traduction et de reproduction à l'étranger.

Ce volume a été déposé au ministère de l'intérieur (section de la librairie) en novembre 1878.

PARIS. — TYPOGRAPHIE DE E. PLON ET Cie, 8, RUE GARANCIÈRE.

ESQUISSES
ET
CROQUIS PARISIENS

PETITE CHRONIQUE DU TEMPS PRÉSENT

PAR

BERNADILLE

DEUXIÈME SÉRIE

1876-1878

PARIS

E. PLON ET Cie, IMPRIMEURS-ÉDITEURS

10, RUE GARANCIÈRE

1879

Tous droits réservés

ESQUISSES
ET
CROQUIS PARISIENS

I

LES CARTES DE VISITE.

4 janvier 1876.

A cette époque de l'année, il n'est guère de Parisien, si peu répandu dans le monde, si misanthrope ou si rebelle aux usages qu'il puisse être, qui ne reçoive et n'expédie sa centaine de cartes de visite.

Quelle est l'origine d'un usage très-commode assurément, mais encore plus bizarre? Autrefois, on s'inscrivait à la porte des absents et, comme on le fait encore aujourd'hui, des grands personnages, des fonctionnaires, des malades que l'on ne voulait pas déranger, tout en leur donnant un témoignage d'intérêt personnel : l'inscription sur le registre était, ou semblait du moins une preuve qu'on s'était déplacé en personne. Un jour, quelqu'un de ces visiteurs, las de ne trouver chez le suisse qu'une plume avachie, perpétuellement trempée dans un marécage noir et ne traçant qu'à grand'peine sur le registre des sillons informes et boueux, aura imaginé d'écrire son nom d'avance sur de petits carrés de papier, puis sur des cartons, pour qu'ils ne s'envolassent pas au moindre souffle, et de les déposer chez le portier. Un autre jour, indisposé lui-même ou fatigué, il aura fait porter son petit carton par un valet de chambre, puis il l'aura envoyé par la poste, expédiant ainsi sa visite à tous les points cardinaux sans quitter ses pantoufles, à peu près comme ces Orientaux qui, lorsqu'ils ont envie de donner un bal, font danser leurs domestiques.

Je me suis amusé à passer en revue toutes les variétés de cartes. La carte glacée a vécu, ou du moins elle râle ; les exemplaires qui en restent se font chaque année plus rares. Ne la pleurons pas. Du temps qu'elle s'épanouissait dans son triomphe universel, à qui n'est-il point arrivé de pester en essayant d'écrire une ligne sur cette porcelaine molle et friable, où la plume et le crayon s'enlisaient à chaque trait, comme dans le sable mouvant d'une plage? Si l'on voulait corner sa carte, il s'échappait de la cassure une poussière blanche qu'il fallait bien se garder d'avaler, sous peine d'un commencement d'intoxication. Il était aussi dangereux de laisser traîner ses cartes de visite que sa collection de pains à cacheter à la portée du baby, et l'on cite le cas d'un fashionable, — c'était le terme du temps, — qui, venant de perdre cent mille francs au Jockey-Club dans la nuit de la Saint-Sylvestre, et n'ayant même plus le louis indispensable pour les étrennes de son concierge, s'empoisonna stoïquement en avalant, après les avoir détrempées de ses larmes, la douzaine de cartes qu'il avait trouvées sur son bureau en rentrant.

Le bristol simple et sévère triomphe sur toute la ligne. Il y a peu d'années, le bristol était *mal porté*. Il fallait qu'une carte de visite reluisît comme une glace pour sentir son homme de bonne compagnie. Tout au plus quelques grands seigneurs ou quelques hardis excentriques osaient réagir contre le despotisme de l'usage, grâce à la monumentale dimension, à la solidité confortable, à l'aristocratique épaisseur de leur morceau de carton. Ces cartes-là sonnaient dans le plateau de laque destiné à les recevoir avec le bruit triomphant d'un carrosse de gala. Aujourd'hui, au contraire, maint gentilhomme met une certaine coquetterie à réduire les proportions de sa carte de visite, à mesure que le simple bourgeois agrandit les siennes.

Mais c'est surtout dans l'inscription que la vanité s'étale et que le tempérament se trahit, presque aussi sûrement que dans une signature tracée à la main. L'un fait écrire son nom en lettres microscopiques, qu'il faudrait déchiffrer à la loupe; l'autre, en lettres colossales, qui visent à produire un effet imposant et majestueux; celui-ci en anglaise ordinaire, celui-là en bâtarde, la plupart en majuscules, quelques-uns en gothique, ou bien encore en caractères bizarres, indéfinissables, d'une fantaisie abracadabrante, qui s'efforce de trancher sur le vulgaire.

De loin en loin on rencontre les lettres de couleur. Il en est qui inscrivent leurs noms à la main sur des cartes en blanc, et l'on retrouve là toutes les variétés de la signature. J'ai sous les yeux la carte de visite d'un écrivain célèbre, qui porte dans la critique les étincelantes fantaisies et les crâneries pittoresques d'un style à tous crins: elle a quinze centimètres de long sur dix de large, et au milieu flamboie une signature à l'encre rouge, où les initiales se tordent avec des allures matamores, où les dernières lettres de chaque mot se recourbent en replis tortueux comme la croupe du dragon de Théramène, et où les parafes crépitent comme les fusées d'un feu d'artifice.

Mais malgré ses dimensions et sa physionomie fantastique, cette carte ne vaut pas encore celle que lord Macartney, envoyé en mission dans le Céleste Empire, au dernier siècle, reçut du vice-roi de Petchily. Comme la carte se proportionne en Chine au rang de la personne à qui on l'adresse, et qu'on avait reçu l'ordre de traiter l'ambassadeur de la Grande-Bretagne avec la plus haute distinction, elle était d'un rouge écarlate et d'une longueur telle qu'elle eût pu faire le tour de la colonne Vendôme, depuis la base jusqu'à la statue.

Vous avez encore celui qui étale tous ses prénoms : Florian Narcisse Alcibiade Edélestand du Pic de la Roche des Prés ; celui qui sépare en deux son nom plébéien et qui, lorsque ce nom à la chance de commencer par un D suivi d'une voyelle, y fourre une apostrophe aristocratique : Achille le Brun, Gustave le Roy (avec un y), Ernest du Four, Louis du Val, Victor d'Ondaine. Voici une carte surmontée d'une couronne de comte : X., *directeur de toutes les expositions canines de France*. Cette autre, à la suite du nom, énumère en six lignes tous les titres de l'expéditeur : *Chevalier du Hanneton de Saint-Domingue, membre de la Société des auteurs dramatiques, professeur de belles lettres, lauréat de la Société protectrice des animaux, rédacteur du* Journal des Haras, etc., etc. En revanche, on m'affirme que la carte de l'ancien président de la République ne contient que ces deux mots : M. Thiers, — modèle de simplicité épigraphique, qui rappelle les inscriptions tumulaires citées pour leur laconisme superbe, et particulièrement celle de Masséna, au Père-Lachaise.

Évitez d'étaler sur une large soucoupe les cartes que vous avez reçues, en laissant par-dessus celles qui portent des noms illustres, ou d'en border négligemment le cadre de votre glace, en ayant soin de mettre en vue, dans un beau désordre, effet d'un art qui s'affiche lorsqu'il croit se cacher, toutes celles qui sont de nature à donner au visiteur une haute idée de vos relations. Évitez aussi d'imiter le héros d'une amusante comédie : *le Bourreau des crânes,* qui avait toujours soin de porter sur lui les cartes de ses amis, et les remettait fièrement, en les faisant précéder d'un soufflet, à toutes les personnes qui lui avaient marché sur le pied.

Que de variétés encore j'aurais pu énumérer! Elles se représentent en foule à mon souvenir, au moment où j'allais mettre le point final à cette chronique : la carte moirée, la carte émaillée, la carte sur fin vélin, qui semblaient revêtues de toilettes de bal, et dont le satin donnait à vos doigts la sensation d'une robe de soie au délicieux *frou-frou;* la carte sur papier de bois, qui eut son jour de vogue; la carte entourée d'ornements et d'emblèmes, la carte artistique et illustrée qu'un papetier ambitieux mit un moment à la mode sous le règne de Louis-Philippe. C'était un dessin à la plume, une lithographie, une sépia, une gouache, une aquarelle représentant un paysage ou une allégorie, avec le nom de la personne sur une pierre ménagée à cet effet ou sur quelque banderole qu'une colombe portait à son bec. Le mauvais goût ne tarda pas à tuer sous le ridicule la carte illustrée. Depuis une vingtaine d'années elle a été remplacée par le portrait-carte, auquel je ne reprocherai que d'avoir donné naissance à cette affreuse chose qu'on appelle l'album photographique. Un propriétaire campagnard qui vous promène à travers son jardin et vous force d'admirer ses poiriers, ses plants de carottes, ses couches de melons, et une maîtresse de maison qui vous fait complaisamment feuilleter un album composé de cent quatre-vingts photographies, en vous expliquant que celle-ci représente madame sa tante et celle-là son cousin issu de germain, M. Jules, ce sont deux supplices qui se valent.

Résumons cette chronique en un sage axiome : la meilleure toilette des cartes de visite, comme des honnêtes femmes, est celle qui ne les fait pas remarquer.

Les cartes *imprimées*, si universellement répandues aujourd'hui, atteignent généralement ce but ; on pourrait même trouver qu'elles le dépassent. Avec elles, adieu tous ces caprices où se jouaient le burin du graveur et le crayon du lithographe! Leur mine uniforme, discrète, réservée, chétive, semble dire : « Les temps sont durs, et la démocratie coule à pleins bords. Excusez-nous si nous sommes maigres comme de petits actionnaires inquiets pour leurs dividendes. Nous vous apportons humblement nos meilleurs souhaits, mais il serait téméraire à vous de trop compter sur les dîners fins, les soirées et les bals d'autrefois. »

Voilà ce que chuchotent à mi-voix les pauvrettes, et ce que j'ai entendu en collant l'oreille sur la coupe qui leur sert de fosse commune. Je dirais volontiers que la carte de visite, dans chacune de ses modifications, est un *signe des temps,* si le mot n'était bien gros pour une si petite chose.

II

LES CHASSEURS DE RÉCLAMES.

11 janvier 1876.

Parmi les types divers avec lesquels ma carrière de chroniqueur me met journellement en rapport, le plus insupportable est assurément celui qu'on peut appeler le chasseur de réclames. Le chasseur de réclames appartient à tous les âges et à toutes les professions. Tantôt c'est un inventeur qui a trouvé le moyen de marcher sur l'eau avec des semelles de liége, un système infaillible pour diriger les aérostats ou pour conserver les œufs frais, un nouveau perfectionnement photographique, l'art de faire un potage excellent avec du bitume en fusion, d'apprendre la géométrie en trois leçons d'un quart d'heure chacune, de truffer le gibier en le tuant à l'aide d'une balle explosible de sa composition; tantôt un pianiste débutant qui éprouve le besoin d'être mis au-dessus de Listz et de Thalberg, un ténor qui parle avec un sourire expressif de ce pauvre Nourrit et de ce brave Duprez, un médecin d'eaux qui publie des livres de science destinés aux dames, qui est décoré de tous les ordres, sauf la Légion d'honneur, et membre de toutes les Académies, sauf l'Académie française et l'Académie de médecine, ou un peintre qui vous confie le jugement de ses amis sur sa dernière toile, qu'ils sont unanimes à admirer comme le chef-d'œuvre de l'art moderne, bien autrement fort que la *Salomé* de Regnault; plus souvent un auteur qui vient d'achever un poëme en douze mille vers, lequel ouvre invariablement une voie nouvelle; qui a mis le *Bourgeois gentilhomme* en vers et le *Misanthrope* en prose, ou qui vous apporte des considérations sur les participes destinées à révolutionner la langue.

L'homme aux participes est terrible quand il s'y met, et il s'y met toujours. Mais rien n'égale le poëte, sinon le pianiste, qui le dépasse encore. Tout débutant surtout est persuadé que le monde entier a les yeux fixés sur lui. Il a corrigé ses épreuves avec des transports mal contenus; il est tombé en extase devant son premier exemplaire; il va se voir sous les galeries de l'Odéon, aux étalages du Palais-Royal et des boulevards, et son cœur bat à briser sa poitrine toutes les fois que la main distraite d'un passant vient à frôler son volume. Il en est hanté, obsédé, halluciné. Le titre flamboie à ses yeux en lettres de feu. Il n'existe plus autre chose pour lui dans l'univers. Il lui semble que les piétons chuchotent en se montrant sa glorieuse personne, que les boutiquiers accourent sur leurs portes dès qu'il descend dans la rue, et que le dôme de l'Institut le salue quand il traverse le pont des Arts. Il se baisse instinctivement pour passer sous l'Arc de triomphe, et toutes les fois qu'il se coiffe, il a peur de brûler son chapeau à son auréole.

Je sais même sur ce point bon nombre de vieux poëtes qui sont toujours des débutants. Ils ont gardé sous leurs cheveux gris la fraîcheur et la virginité de leurs impressions premières. L'expérience ne les a point guéris d'une seule illusion. Ils n'ont pas soixante ans, ils ont trois fois vingt ans. La jeunesse éternelle de leur imagination leur rend la jeunesse du corps. L'encre d'imprimerie est comme une eau de jouvence où ils se retrempent perpétuellement. Tout le jour ils trottent par monts et par vaux, escaladant cinquante étages dans la matinée pour aller surprendre au gîte le critique ou le chroniqueur, courant les bureaux de journaux, recommençant à chaque visite, sans se lasser, le même discours. Comme le chasseur de perdrix, le chasseur de réclames part dès l'aurore, et il aime à saisir ses victimes au saut du nid, lorsqu'elles sont encore étourdies de sommeil et ne peuvent se défendre. Il ne rentre chez lui que pour écrire à ceux qu'il n'a pas rencontrés.

Et quelles lettres! Il y en a d'obséquieuses, il y en a de cavalières, il y en a de longues, il y en a de courtes; mais toutes s'accordent dans l'immense opinion que l'auteur a de son œuvre et de vous aussi. Le plus humble des critiques ou des chroniqueurs pourrait se payer l'innocente satisfaction de se faire imprimer des volumes d'épîtres où on lui déclare en face — avant l'article, car après ce n'est plus toujours la même chose — qu'il console la France de la mort de Sainte-Beuve, et que, depuis le vicomte de Launay, personne n'a porté plus de finesse d'esprit et de verve dans la peinture du monde parisien. Le tout pour arriver à la même conclusion : « Mieux que n'importe qui, monsieur, vous êtes capable de saisir la signification profonde de mon ouvrage. Aussi, des nombreux articles sur lesquels je puis compter, le vôtre est-il celui auquel je tiens le plus. Tout ce qui sort de votre plume a tant d'autorité, etc. Un mot de vous peut faire la fortune de mon livre », etc., etc. Gardez-vous de prendre *ce mot* à la lettre; *un mot* ne veut jamais dire moins d'un grand article. Mais comme le critique ou le chroniqueur voit bien que, même en comparant son client à Homère et à Pindare, il ne répondrait qu'imparfaitement à la haute estime que celui-ci a de son œuvre, et qu'il resterait toujours au-dessous de son attente, il juge généralement plus simple de s'abstenir.

Si vous vous laissez entraîner à répondre, vous êtes perdu. Gare à l'engrenage! Vous faites remarquer, par exemple, au solliciteur que vous êtes un chroniqueur et non pas un critique; il vous affirme qu'il y a justement dans son volume la matière de dix chroniques ravissantes. Vous lui dites que la chronique ne vit que d'actualités; eh bien! est-ce que son livre, ou son tableau, ou son invention, n'est pas l'événement du jour? Vous craignez qu'une causerie nécessairement frivole en la forme, et qui ne peut rien approfondir, ne soit pas digne de présenter une œuvre si éminente au public et ne la rapetisse forcément à sa propre taille; on vous rassure en répondant qu'un chroniqueur comme vous vaut une douzaine de critiques comme MM. tel et tel. Et qui d'ailleurs sait mieux que vous, — et l'a prouvé cent fois, — cacher la raison sous les fleurs?

Mais la visite, entre les mains du chasseur de réclames, est une arme cent fois plus redoutable que la lettre. Malheur à celui qu'il tient en arrêt sous son regard et sous son geste!

Il braque son volume sur vous comme un revolver, il vous le met sur la gorge comme au coin d'un bois. Le 4 septembre 1870, pendant que l'empire s'écroule dans la catastrophe de Sedan, il vous apporte dix lignes sur son *Histoire du lapin domestique dans l'antiquité et dans les temps modernes*. Il est homme à franchir des barricades pour vous prier d'apprendre à vos lecteurs qu'il prépare une nouvelle édition de son poëme de *Léonidas*, couronné il y a quinze ans aux Jeux floraux. N'essayez pas de lui parler de ce qui se passe : il vous regarderait d'un œil hagard ; il n'a rien vu, rien entendu. Il n'y a pas dans sa tête de place pour autre chose que pour *Léonidas*. Qu'est-ce que cela, le sultan nouveau, la guerre d'Orient, l'ultimatum de la Turquie ou de la Russie, l'élection radicale du jour, le vote qui vient de renverser le ministère ? Est-ce qu'il s'occupe de ces vétilles ? Est-ce que personne s'en occupe en présence d'une éventualité comme la réimpression de *Léonidas*, avec plus de deux cents vers ajoutés, monsieur ? Il en oublie de manger et de boire, il ne sait plus s'il a un corps. Vous le rencontrez au sortir d'une maladie qui l'a jeté sur le flanc pendant trois mois. — Eh bien, comment cela va-t-il ? — Oh ! à merveille ; je sors de chez mon libraire : il en a encore vendu vingt-cinq exemplaires ce matin.

Je me souviendrai toujours qu'après la séance solennelle de l'Académie française, — en 1862, je crois, — où M. de Montalembert venait de remuer l'auditoire, tout vibrant sous cette parole ardente et généreuse don chaque protestation avait été saluée par des tonnerres d'applaudissements, j'aperçus au milieu de la foule, en sortant, un jeune écrivain qui me faisait des signes. Enfin il parvint à me rejoindre, et, serrant ma main de sa main frémissante : « Quel homme ! me dit-il. J'avais un peu peur ; mais vous jugez si je suis content maintenant. — Oh ! c'est magnifique, lui repartis-je avec chaleur. — N'est-ce pas qu'il m'a traité avec une sympathie particulière ? » Dans toute la séance, il n'avait entendu que les trois lignes du rapport de M. Villemain sur son livre.

Les bureaux de rédaction des journaux connaissent bien l'homme qui, en pleine crise, à la veille ou le jour même d'une révolution, arrive essoufflé, insiste pour parler au rédacteur en chef et, lorsqu'il est parvenu près de lui, s'informe avec sollicitude si son article sur les haras paraîtra bientôt, ou lui apporte une notice sur les mœurs du pingouin. Le jour où le monde finira, les quémandeurs de publicité se mettront en route pour leur tournée habituelle quand le feu du ciel aura déjà commencé à pleuvoir sur Paris, et la catastrophe finale les engloutira dans l'antichambre de quelque bureau de journal.

Rien ne peut donner une idée suffisante des ruses du chasseur de réclames à l'affût. Jamais créancier traquant un débiteur qui se cache, jamais tigre poussé par la faim hors des jungles et épiant une proie, n'égalèrent son implacable ténacité. Il a sur lui tous les journaux qui ont parlé de son livre, il vous fait lire d'autorité toutes les lettres de félicitation qu'on lui a écrites. Consigné à la porte, il rentre par la fenêtre. Même en plein déménagement, il ne vous laisse pas respirer. Il vient pendant qu'on décroche vos tableaux et qu'on empile vos livres dans les paniers; il revient dans votre appartement nouveau avant que les employés de la maison Bailly aient déballé seulement une chaise pour le faire asseoir. Il monte la garde à votre porte, il vous guette dans la rue afin de vous rencontrer tout à coup, *par un heureux hasard;* il vous attend chez le concierge; il assure à votre domestique que vous serez content de le voir, et qu'il n'a, d'ailleurs, qu'un mot à vous dire. Si le domestique a ses instructions et répond invariablement que monsieur sera bien fâché, mais qu'il n'est pas là, le féroce chasseur s'embusque à quelque distance, épie la sortie de Frontin ou de Lisette, et aussitôt s'en vient sonner à votre porte, en ayant soin de frapper ensuite quelques coups discrets pour faire croire que c'est un familier, ou le concierge qui monte des journaux. Vous allez ouvrir, et vous sentez vos tempes se baigner d'une sueur froide en voyant votre persécuteur s'avancer la main tendue et la figure souriante.

J'ai connu un pianiste qui, après une seule visite, où il avait cruellement abusé de la patience du chroniqueur en lui racontant sa précieuse biographie dans le plus grand détail, repoussé avec perte à toutes ses tentatives postérieures, conçut le plan le plus astucieux pour rentrer dans la place. Par une enquête subtile, il parvint à savoir quel était le jour du frotteur. Une fois cette notion acquise, il se trouva dans l'escalier à point nommé, et, au moment où l'Auvergnat ouvrait la porte du carré pour frotter l'antichambre à son aise, il se glissa dans l'appartement comme un ami qui connaît les êtres, et alla tout droit frapper au cabinet de sa victime sans défiance. Cinq minutes après, commodément installé dans un fauteuil, il expliquait au chroniqueur atterré comment son prodigieux talent charmait jusqu'aux araignées, qui venaient se suspendre par un fil au-dessus du piano, chaque fois qu'il jouait, en donnant tous les signes de la plus profonde extase.

Après ce dernier trait, il faut tirer l'échelle. Je ne sais si je me trompe, mais il me semble que cela vaut bien le cheval de bois à l'aide duquel le sage Ulysse pénétra dans Ilion. Une place ainsi assiégée n'a plus d'autre ressource que de capituler, en s'efforçant d'obtenir les conditions les plus honorables.

III

LES CANDIDATS OUVRIERS.

25 janvier 1876.

Les comptes rendus de la deuxième réunion des électeurs sénatoriaux de la Seine, tels qu'ils ont paru dans les journaux, sont loin d'être complets. Une communication bienveillante, due à l'indiscrétion d'un faux frère, nous permet de révéler de nouveaux détails sur cette importante assemblée. Nous remercions notre honorable correspondant de l'indélicatesse dont nous allons faire profiter nos lecteurs.

En parcourant la liste des candidatures ouvrières au Sénat, depuis celle du citoyen Godfrin, qui a trouvé moyen d'être à la fois tailleur et sans-culotte, qui fait des paletots et qui a remporté *une veste* (pour parler le langage de l'emploi), jusqu'à celle du citoyen Fornet, qui se recommandait au choix des délégués par trente-cinq ans de bijouterie démocratique et sociale, le public a remarqué sans doute que les plus notables corps d'état de Paris n'y brillaient que par leur absence. Erreur : ils étaient représentés ; mais, cédant à une pensée réactionnaire, le secrétaire de la réunion a opéré des mutilations coupables dans son œuvre. Nous sommes heureux de pouvoir rétablir ici la fin de la séance.

Le président appelle à la tribune le citoyen Paltoquet.

Le citoyen Paltoquet, ouvrier cocher. — Citoyens, je n'ai pas sollicité la candidature qu'un mouvement spontané de mes collègues est venu m'offrir à l'unanimité. Ils m'ont donné le mandat impératif de me porter au Sénat pour y représenter le peuple en général, et les cochers de fiacre en particulier. Ouvrez l'histoire : vous y verrez que, depuis 89, mes frères des petites voitures n'ont jamais obtenu le moindre strapontin dans nos assemblées délibérantes. Est-ce juste? Je me le demande. (*Rumeurs.*)

Le citoyen président. — Parlez à l'Assemblée.

Le citoyen Paltoquet. — Je vous le demande... D'abord une candidature ouvrière sur cinq, je la trouve forte, et ça prouve qu'il reste encore bien du vieux levain aristocratique au fond des esprits qui se prétendent les plus avancés (*Dénégations.*) Car enfin, pour donner à l'ouvrier une place en rapport avec celle qu'il occupe dans la population parisienne, il faudrait renverser la proportion et nommer quatre ouvriers contre un bourgeois.

Les citoyens Godfrin, Fornet, Monestier. — Très-bien! Parlez, parlez!

Le citoyen Malarmet. — Qu'est-ce que l'ouvrier? Rien. — Que doit-il être? Tout.

Le citoyen Floquet, *inquiet*. — Mais nous sommes tous ouvriers.

Paltoquet. — C'est convenu, bourgeois, et on l'avait déjà dit. Nous la connaissons, la balançoire; on nous l'a assez faite en 1848.

Malarmet. — Ah! oui!

Paltoquet. — « Comte, fils de comte, pair de France, ouvrier moi-même... » As-tu fini? (*Agitation.*) Eh bien, oui, là, nous sommes tous ouvriers ; seulement vous êtes les ouvriers qui montent dans la voiture, et moi, l'ouvrier qui monte sur le siége pour les conduire, ce qui fait une légère différence. Voulez-vous, d'ailleurs, qu'il n'y en ait qu'un? Je le veux bien aussi, — pourvu que ce soit moi.

Les citoyens GODFRIN, MALARMET, TOLAIN, etc. C'est intolérable. — C'est indécent. — A l'ordre !

PALTOQUET. — Voici mes raisons. Il y en a de deux sortes : les générales et les particulières. Raisons générales : je remarque avec peine, et la démocratie ne manquera pas de le remarquer également, que tous les ouvriers qui se sont présentés avant moi appartiennent aux industries de luxe. Qu'est-ce que le citoyen Cornet? un ouvrier bijoutier, qui travaille par conséquent pour les classes privilégiées...

Le citoyen CORNET. — Je proteste. Je suis bijoutier en faux !

PALTOQUET. — Et le citoyen Godfrin? Un tailleur! Le vrai démocrate n'a pas de tailleur. (*Mouvement de surprise.*) Il porte la blouse, la sainte carmagnole du travail.

VICTOR HUGO. — Très-bien !

PALTOQUET. — Aux grands jours, il s'adresse à la Halle aux habits, ou il commande sa veste prolétaire à son frère, le concierge voisin. (*Godfrin, accablé, courbe la tête. M. Bonnet-Duverdier lui fait affectueusement respirer des sels.*) Et le citoyen Monestier? Un ouvrier typographe ! Ah ! ah ! — Malheur ! Comme si l'on ne savait pas que les typographes sont les *aristos* de la classe ouvrière ! Ils gagnent quinze et vingt francs par jour. Et puis, est-ce que le peuple lit? Est-ce qu'il sait? Est-ce qu'il a le temps? Est-ce que je lis, moi? C'est bon pour les classes oisives.

Le citoyen Monestier. — Mais j'imprime le *Rappel!*

Paltoquet, *impassible*. — Et le citoyen Malarmet, monteur en bronzes, parlons-en!

Le citoyen Malarmet. — Et vous donc? Qu'y a-t-il de plus aristocratique qu'une voiture?

Paltoquet. — Un fiacre n'est pas une voiture, c'est un sapin. Pourquoi le sapin serait-il humilié par le bronze? Écoutez : nous sommes sept mille qui n'avons pas froid aux yeux, tous habitués à marcher de l'avant, tous démocrates, tous républicains, — excepté les cochers de grande remise, — ah! les gueux! — sept mille bons b....., tout ce qu'il y a de plus irréconciliable, toujours prêts à sacrifier nos fiacres pour faire des barricades et nos chevaux pour marcher contre les Versaillais.

Le citoyen Pichu, ouvrier nocturne. — Parbleu! ils ne sont pas à vous... Je demande la parole. (*Il se précipite vers la tribune. On le retient; on essaye de le faire rasseoir. Il se débat.*) Laissez-moi, citoyens, je veux vous faire sentir...

Le citoyen Godfrin. — A l'ordre! à l'ordre!

Pichu. — Silence aux aristocrates!... Oui, vous êtes tous des aristocrates, y compris le citoyen Paltoquet, qui fait son prolétaire et qui se promène toute la journée en équipage. Citoyens, je reçois à l'instant même une dépêche de Lanthenay, arrondissement de Romorantin...

Paltoquet, *jaloux*. — Mazette! On se paye des dépêches.

Pichu. —... qui m'apprend que le conseil municipal de la commune vient d'élire le citoyen Bernier, un collègue !... Eh bien, quand les ruraux eux-mêmes vous donnent l'exemple, Paris, le flambeau du monde, le chef-lieu de la civilisation, la capitale du progrès...

Victor Hugo. — Très-bien !

Pichu. — ... hésiterait-il à le suivre ? Il n'y a ici qu'un vrai ouvrier, qui ne peut être soupçonné d'appartenir à une industrie de luxe...

Le père Jean, *s'élançant du fond de sa hotte, le crochet à la main.* — C'est moi !

Le citoyen Asseline. — Bravo ! (A *M. Victor Hugo.*) Cher maître, ce coup de théâtre me rappelle celui de la scène II d'*Hernani :*

Croyez-vous donc qu'on soit à l'aise en cette armoire ?

Le père Jean. — Oui, c'est moi ! (*D'une voix mordante.*) Chiffon, haillon, tesson, chausson, guenillon !

Pichu. — Assez ; nous la connaissons... Du Félix Pyat !

Le père Jean. — Il insulte Pyat, le misérable !

Le Président. — Citoyens, soyons calmes ! l'Europe a les yeux sur nous.

Pichu. — Eh ! je m'en bats l'œil, de l'Europe !

Le Président. — La réaction nous épie. Personne ne songe ici à insulter l'immortel auteur du *Chiffonnier de Paris,* dont je dirais qu'il est le grand écrivain de la démocratie, si nous n'avions le maitre.

Victor Hugo. — Pyat et moi, nous sommes deux frères. Nous avons lutté côte à côte, les pieds dans la nuit, le front dans la lumière. Pyat est un Titan vaincu, mais sa chute est pleine d'aurore ; ce foudroyé rayonne, son stigmate est une auréole !

Paltoquet, *faisant une rentrée triomphale*. — Pas d'*auréole!* Pas de *Titan!* Pas de *maître!*... Je reprends le fil de mon discours. Le citoyen Monestier vous a dit qu'il est dévoué depuis trente ans à la République; moi, j'étais républicain dès le sein de ma mère.

Chœur des candidats ouvriers :

<blockquote>Petit Léon, dans le sein de ta mère!.....</blockquote>

Le Président. — Citoyens, de la dignité. Étonnons nos calomniateurs par la majesté de notre attitude.

Paltoquet. — Depuis que je me connais, je suis de l'opposition. Tout petit, je refusais énergiquement d'aller à l'école. Ai-je besoin de vous dire que je n'ai jamais fait ma première communion et que je ne suis pas baptisé? Cocher dès l'âge de dix-huit ans, je n'ai pas raté une occasion d'attraper le bourgeois et de taper dessus. Je donne du fil à retordre aux inspecteurs. La semaine dernière, j'ai encore traité un agent de *sergo* et de *mouchard*, et tous les mois je vais passer deux jours au Dépôt. J'ajoute que je suis habitué à siéger. (*On rit.*) Voilà mes titres. Qu'on en trouve de meilleurs. Nommez-moi; je prendrai mes fonctions au sérieux, comme un sacerdoce.

L'ouvrier nocturne. — Oh! là! là!

Le père Jean. — N'en faut plus!

Paltoquet. — J'ai, d'ailleurs, de graves intérêts à défendre et d'importantes révélations à faire au Sénat. J'ai à lui dévoiler les abus des voitures de remise et de la course à l'heure!

Une voix à la porte. — On demande le numéro 3,814.

Paltoquet. — Voilà, bourgeois, voilà!

(*Il descend de la tribune et sort précipitamment.*)

Le père JEAN, *s'élançant à sa place, d'une voix tonnante.* — Esclave, à ton fouet! Que parles-tu du sein de ta mère! Est-ce qu'on a des mères dans les nouvelles couches? Je suis un enfant trouvé, je m'en vante. J'ai grandi dans le ruisseau, libre comme l'air et fier comme Diogène; je couche à la corde, je bois sur le zinc, je mange sur le pouce au coin d'une borne. Jamais un maître impur n'a mis sa main sur mon épaule et ne m'a flétri d'un salaire. Le citoyen Malarmet était aux Arts et métiers. La belle affaire! Moi, j'ai travaillé dans les journées de Juin. Caussidière m'appelait *ma petite vieille.* J'ai été déporté, j'ai été sur les pontons, j'ai été aux galères. Il ne me manque que d'être fusillé; je saisirai la première circonstance favorable pour combler cette lacune.

Sur tous les bancs. — Aux voix! aux voix!

PICHU. — Un mot seulement, citoyens. N'oubliez pas que nous sommes des travailleurs de nuit, et que, par conséquent, nos occupations ne nous exposent pas à être interrompus dans l'exercice de notre mandat, comme le citoyen Paltoquet.

(*On vote. Pichu, Paltoquet, le père Jean, Codfrin, etc., sont honteusement blackboulés.*)

Le père JEAN. — Décidément, plus ça change, plus c'est la même chose.

PICHU. — Et on dit que la Révolution est faite! Allons donc!

Le père JEAN. — A la hotte, les faux démocrates, à la hotte!

IV

EN OMNIBUS.

§ 1. LE CONDUCTEUR, LE COCHER, LES VOYAGEURS.

14 mars 1876.

Quand il m'arrive, par hasard, de n'être point trop pressé, j'aime beaucoup voyager en omnibus, étant un homme de goûts simples et de bourse modeste. L'omnibus, d'ailleurs, offre un champ d'observations variées. J'oserai même dire que la mine est presque inépuisable pour un peintre de mœurs populaires et un chroniqueur.

Nous avons d'abord le conducteur et le cocher, deux types. Quelle différence entre le cocher de fiacre et le cocher d'omnibus! Appartiennent-ils bien à la même famille? Autant le premier est narquois, sceptique, irritable, insolent, agressif, autant le second est neutre, calme, presque mélancolique. Le cocher de fiacre lit le *Rappel;* le cocher d'omnibus lit le *Petit Journal,* quand il lit. L'habitude de suivre tous les jours vingt fois depuis vingt ans la même route, avec les mêmes chevaux, sans avoir jamais directement affaire au voyageur, sans échanger une parole, l'a peu à peu tourné à l'automate. La ficelle attachée à son siége, par laquelle le conducteur le tire pour faire arrêter ou repartir la lourde machine, achève de justifier la comparaison.

Voyez-le, juché sur son haut piédestal, recueilli sous son chapeau de toile cirée, immobile, alourdi, taciturne ! Ne dirait-on pas l'Hippolyte classique, sortant des portes de Trézène et dirigeant des chevaux qui semblent se conformer à sa triste pensée ? Du reste, position honorable et sûre ; rien de brillant, nul imprévu, aucun des pourboires et des petits profits du cocher de fiacre ingénieux et *roublard,* mais une situation sociale plus solide et plus respectable dans sa modestie. Au milieu de la grande famille des cochers, le cocher d'omnibus représente la magistrature assise.

Au premier abord, l'existence du conducteur, condamné à se tenir debout tout le jour (ou à s'asseoir sur une courroie), tandis que les cahots lui font cruellement danser les entrailles, semble plus pénible que celle du cocher. Mais le conducteur a ses distractions : il peut regarder patauger les passants dans les marais du macadam ; il voit courir de grosses mamans essoufflées et chargées de paquets volumineux, qui lui font des signes désespérés avec leur parapluie, ou des bourgeoises cossues, s'élançant tout à coup d'une porte cochère avec de petits cris étranglés : « Conducteur ! conducteur ! » Ça l'amuse, cet homme. Il est en communication avec ses semblables : il soutient par le coude la dame qui monte ou qui descend ; on lui parle et il répond ; il fait sa recette ; quelquefois il entre en conversation réglée avec ses proches voisins : il n'est pas isolé du monde comme le cocher, concentré tout entier sur ses chevaux. Quand la rue monte, il peut se dégourdir voluptueusement les jambes en marchant à côté des chevaux, ses confrères, et flâner une seconde, quitte à rattraper vivement l'énorme véhicule en un petit temps de galop.

A côté du classique cocher, le conducteur est un être romantique. Jeune, ce qui lui arrive souvent, il est plein d'ardeur et de verve. Il escalade avec l'agilité d'un singe les marchepieds qui conduisent à l'impériale, et semble se livrer à cet exercice avec un plaisir qui n'est pas dénué d'ostentation. Quelques années après, il devient blasé, souvent sarcastique, parfois amer ; mais c'est toujours une personnalité plus accentuée que celle de l'automédon.

J'ai assez hanté les omnibus pour connaître toutes les variétés de conducteurs : le conducteur bourru, le conducteur taciturne, le conducteur goguenard, le conducteur bon enfant, le conducteur aigri, le conducteur folâtre, le conducteur bel esprit. Vous en rencontrez qui font des mots en défilant les noms des rues et des correspondances, qui *blaguent* les contrôleurs, qui se répandent en aigres confidences sur l'*administration,* qui racontent leurs petites affaires au client du coin. Le lendemain de la mi-carême, j'ai appris de la sorte qu'un conducteur avait obtenu, la veille au soir, de très-vifs succès au bal Dourlans, sous un costume de Folie qui lui avait coûté cinquante sous de location.

Le caractère du conducteur se devine, même lorsqu'il ne cause pas, à mille indices divers : à la promptitude plus ou moins grande avec laquelle il fait arrêter, à la façon plus ou moins galante, plus ou moins empressée dont il aide les dames à descendre, dont il répond : *complet,* surtout en temps de pluie, aux piétons qui se précipitent sur le marchepied, dont il réclame sa monnaie, dont il tire le cordon pour avertir le conducteur. Bien plus, on peut reconnaître le degré de latitude de ses opinions politiques à l'inclinaison de sa casquette d'uniforme et à sa manière de prononcer Montmartre ou Montparnasse : « Allons, Montmertre !... Les voyageurs pour Montpernasse ! » Il en est dont le ton méprisant et grognon semble plein d'amertume contre la société, et qui s'écrient : *Le Palais-Royal, correspondance pour les Batignolles,* avec un sentiment concentré d'indignation et de dégoût, comme s'ils vomissaient une gorgée de fiel.

Passons aux voyageurs, maintenant.

Les omnibus ont leurs habitués et leur population flottante. La physionomie des habitués varie naturellement selon les lignes. Telle ligne est plébéienne, telle autre bourgeoise ; une troisième presque aristocrate, autant que peut l'être une ligne d'omnibus. La plupart offrent des nuances et se mélangent d'éléments nouveaux, suivant les quartiers qu'elles traversent, et aussi suivant les heures du jour. Presque toutes sont prolétaires à huit heures du matin et s'embourgeoisent dans l'après-midi. L'omnibus qui va de la Bastille à la Madeleine, peuplé surtout d'ouvriers et d'ouvrières à son point de départ, change de couleur à mesure qu'il avance, comme un courant qui se modifie d'après les rivières qu'il reçoit et les pays qu'il traverse. Passé le boulevard du Temple, les bonnets sont en minorité, et après la porte Saint-Denis, les chapeaux ronds et les bottines vernies submergent les casquettes et les souliers à clous.

Peut-être essayerai-je quelque jour de dresser la carte géographique des omnibus, d'étudier la configuration de leurs bassins et la nature de leurs affluents, comment ils se transforment sur certains points en se versant les uns dans les autres, s'assimilent une substance étrangère par les correspondances et se renouvellent complétement à quelques bureaux. Il y a des changements à vue, de brusques et larges invasions d'un monde différent, des modifications progressives qui font tache d'huile, s'étendent et finissent par recouvrir et par éliminer l'élément primitif. Maint omnibus, en arrivant au terme, n'a plus rien gardé du départ. Un voyageur qui se serait endormi sur la ligne AC, en quittant la Petite-Villette, pourrait croire, en rouvrant les yeux aux Champs-Élysées, qu'un coup de baguette lui a changé en route tous ses compagnons, comme dans une féerie.

L'intérieur d'un omnibus est un microcosme où je conseillerais volontiers aux moralistes d'aller étudier, dans un rapprochement curieux, toutes les variétés de tempéraments et de caractères. L'égoïste s'y trahit au sans façon avec lequel il s'étale en écartant les jambes et abaisse ou relève la glace derrière lui, sans songer à ses voisins ni à ses voisines. Ce n'est pas lui qui avancerait jamais la main pour transmettre au conducteur la monnaie de la vieille dame du fond. Le suffisant fait le beau, trouve moyen de dessiner sa jambe et de produire des effets de barbe, de torse, de canne, de bague et de cravate. Il a soin de donner à entendre, au moins par une pantomime expressive, qu'il ne va jamais en omnibus; que s'il y est entré aujourd'hui, c'est parce qu'il n'a pas trouvé de voiture. Le *grincheux* n'a jamais une place suffisante pour s'asseoir : il querelle son voisin, qui le gêne, et le conducteur, qui n'arrête point assez vite. Il se plaindra à l'administration; il le fera mettre à pied pour quinze jours. Le voyageur expansif et loquace profite de toutes les circonstances, du temps qu'il fait, de la monnaie qu'il passe ou qu'il rend, d'un embarras de voitures, d'un cheval abattu ou d'un chien crevé, pour risquer des avances de conversation auxquelles les bienveillants répondent avec un empressement affable, les taciturnes par des grognements inarticulés, les sauvages par un silence absolu. Si vous lisez cet article en omnibus, fermez le journal et regardez autour de vous : pour peu que vous soyez observateur, vous continuerez vous-même ma chronique.

§ 2. LE CODE DE L'OMNIBUS.

Un procès récent intenté à la Compagnie des omnibus par une dame tombée sur ses genoux en descendant de la lourde voiture, et qui accusait le conducteur d'être cause de sa chute pour n'avoir pas fait arrêter, a amené la lecture, devant le tribunal correctionnel, de quelques articles du règlement de 1858, dressé par les directeurs de la puissante Compagnie à l'usage de ses agents.

Profitons de la circonstance pour révéler à nos lecteurs les principaux articles de ce règlement admirable qui fait concurrence à la Civilité puérile et honnête, et qui exige de la part du conducteur d'omnibus autant de belles manières, de bon ton et de savoir-vivre qu'il en faut pour réussir dans le grand monde ; un mélange de qualités morales et de distinction naturelle ou acquise telles qu'on ne les a jamais trouvées réunies que dans la personne de quelques heureux privilégiés.

Art. XV. — Les conducteurs auront toujours la barbe faite et les mains propres ; en service, l'usage du cigare, de la pipe ou de la chique leur est expressément interdit ; ils s'abstiendront même des aliments dont l'odeur trop forte pourrait incommoder les voyageurs.

Art. XIX. — Ils doivent, autant que possible, ne pas rendre aux voyageurs plus de quarante-cinq centimes en billon, le reste devant être remis en monnaie blanche.

Art. XXIII. — Le voyageur ayant franchi le marchepied, les conducteurs doivent ne tirer le cordon, pour faire repartir la voiture, que lorsque le voyageur sera assis. Ils sont tenus d'avoir, en toute circonstance, pour les agents de l'autorité et pour le public les plus grands égards.

Art. XXIX. — Ils doivent veiller aux intérêts et au bien-être de tous les voyageurs, sans distinction; les aider, à la montée et à la descente, à porter les objets dont ils seraient embarrassés, à fermer ou à ouvrir leurs parapluies, etc.

Art. XXX. — Quelque nombreux que soient les temps d'arrêt, les conducteurs doivent obéir, à l'instant même et sans observation, au signal qui leur est fait par tout voyageur, donner au cocher le signal d'arrêter, quitter le marchepied, offrir la main, surtout aux femmes et aux enfants, aux vieillards et aux infirmes; *ne pas laisser descendre tant que la voiture est en marche*. Ne jamais donner *au cocher le signal du départ avant que le voyageur ait quitté le marchepied* et la rampe de la voiture.

Art. XXXI. — Éviter, autant que possible, de faire monter ou descendre les voyageurs dans un ruisseau ou dans la boue.

Art. XXXII. — Ils sont chargés de maintenir, à l'intérieur de la voiture, le bon ordre et la décence, de s'interposer poliment en cas de discussion pour l'ouverture ou la fermeture des glaces, etc.

Art. XXXIII. — Il est expressément recommandé aux conducteurs d'éviter toute discussion avec le public;

ils doivent même céder à une exigence injuste plutôt que d'occasionner une scène bruyante; il leur est interdit, sous peine de destitution, de repousser l'injure par l'injure, et d'user de voies de fait, alors même qu'ils seraient provoqués. Si un conducteur est gravement insulté, il devra prendre des témoins et avoir recours à un agent de police.

Art. XXXIV. — Il est défendu aux conducteurs de manger dans les voitures, de causer avec les voyageurs, si ce n'est pour leur donner des renseignements qu'ils pourraient demander, et de se livrer à toute occupation qui ne se rapporterait pas à leur service.

Qu'en dites-vous? Si le Livre d'or de la vieille politesse française était perdu, on le retrouverait dans ce règlement où la Compagnie des omnibus semble avoir voulu faire revivre au milieu de notre société démocratique les façons exquises de l'ancien régime. Est-il possible de témoigner une sollicitude plus évangélique pour le bien-être et la sécurité de ses voyageurs? et n'est-on pas honteux de payer la faible somme de six sous pour être entouré de soins si maternels? Le pis, c'est que nous ne nous en doutions même pas avant la publication de ce règlement, pareils au laboureur de Virgile à qui il ne manquait, pour être heureux, que de connaître son bonheur. Nous connaissons maintenant le nôtre.

Et ce personnage modeste, perché sur le marchepied, qui vous tend sa main calleuse pour recevoir vos trente centimes et qui défile d'une voix somnolente le chapelet de ses correspondances, soupçonniez-vous en lui l'un de ces êtres rares, capables à la fois de concourir pour le prix Montyon et de rivaliser avec feu Brummel? Qui eût cru qu'il fallût être un homme du monde accompli pour aspirer à revêtir la veste de gros drap, le képi et la sacoche du conducteur? La somme de qualités et de vertus, la délicatesse, le tact, la vigilance, l'empressement, la bienveillance discrète, l'autorité, la courtoisie, les petits soins, les attentions fines, l'attitude chevaleresque enfin qu'on exige de ces agents subalternes, tout cela pour 4 francs 50 par jour, ont de quoi confondre et plonger dans l'admiration. Ils pourraient assurément répondre à la Compagnie, comme Figaro à Almaviva : « Aux vertus que Votre Excellence exige d'un domestique, connaît-elle beaucoup de maîtres qui seraient dignes d'être valets? » c'est-à-dire : « beaucoup d'actionnaires, ou même de secrétaires généraux, qui fussent dignes d'être conducteurs! » Il est vrai qu'ils prennent le parti d'en rabattre, et que l'administration s'y résigne parfaitement. Elle sait que l'homme en général, et le conducteur en particulier, n'est point parfait; que, s'il se trouvait jamais un mortel capable de réaliser son idéal, il se consacrerait à la haute diplomatie plutôt qu'aux omnibus, et que, si elle voulait appliquer son règlement à la lettre, elle serait obligée d'aller recruter son personnel dans les ambassades.

§ 3. TOUT PARIS EN UNE HEURE POUR SIX SOUS.

7 avril 1876.

Je me rappelle avoir vu jadis, il y a longtemps, bien longtemps, un petit livre intitulé : *Tout Paris pour douze sous*. Je viens d'accomplir un tour de force plus étonnant : j'ai fait voir en une heure *tout Paris* pour six sous à un provincial endurci, économe et pressé, qui n'avait ni le désir ni le temps de s'arrêter dans la Babylone moderne.

Le facteur me remit, il y a trois jours, la lettre suivante :

« Cher ami, je vous écris brièvement de Sceaux, où je viens de fermer les yeux à une tante adorée et de recueillir son modeste héritage. Arrivé la semaine dernière à onze heures du soir, j'ai traversé Paris à la hâte pendant la nuit, de peur d'arriver trop tard. On me rappelle à mon usine. J'arrive à la gare de Sceaux lundi à deux heures dix ; je prends, rue Saint-Lazare, le train de Valognes le même jour, à trois heures vingt-cinq. Je ne puis retarder mon départ, et d'ailleurs les frais de voyage et de succession m'ont ruiné. Mais si vous pouvez me faire voir un petit coin de Paris dans l'intervalle des deux trains, j'en serai bien aise. »

A deux heures dix minutes, j'étais au rendez-vous.

« Vous avez à peine le temps d'aller d'une gare à l'autre, lui dis-je.

— Eh bien, prenons un fiacre.

— Inutile. Un fiacre vous coûterait 1 fr. 50 c., plus le pourboire, et un malheureux héritier ruiné par les frais ne peut se permettre une dépense pareille. Je vais vous montrer tout Paris pour six sous, et vous ne serez pas en retard. Tenez, regardez d'abord par ici, en attendant l'omnibus, l'ancienne barrière avec le monument de Ledoux, et par là les murs du cimetière Montparnasse, où sont enterrés les sergents de la Rochelle.

— Bah !

— Ni plus ni moins, mon ami. Et de ce côté, c'est la barrière Saint-Jacques, où l'on a guillotiné Lacenaire, Poulmann et Fieschi.

— Vraiment !

— Mais oui. Maintenant, montons, s'il vous plaît. »
L'omnibus de Montrouge au chemin de fer de l'Est passait. Nous grimpâmes sur l'impériale.

« C'est trois sous, lui dis-je, à moins que vous ne préféricz prendre une correspondance pour la gare du Havre, ce qui est bien inutile. Attention ! Nous voici dans la rue d'Enfer, ainsi nommée sans doute parce que c'est l'une des entrées de Paris, ou peut-être parce qu'elle contient l'établissement des Enfants trouvés, que voici. Regardez sur votre droite : la plate-forme et les coupoles de l'Observatoire. Si vous aviez un télescope, vous pourriez voir M. Leverrier. Là, devant vous, ce guerrier en bronze qui brandit son sabre en jurant, absolument comme s'il sortait de chez le marchand de vin, c'est Ney, et sa statue s'élève à l'endroit même où il fut fusillé, devant la Closerie des Lilas, dont vous avez entendu parler, j'en suis sûr. On danse, ou plutôt on dansait là-dessus ; maintenant on y patine avec des roulettes.

« Garde au commandement, s'il vous plaît ! Ne perdons pas un coup d'œil. Gauche : le jardin du Luxembourg ; au fond le palais, que vous apercevrez tout à l'heure ; à l'entrée, les *Quatre Parties du monde*, de Carpeaux. Ces terrains en friche, semés de fondrières, de baraques et de vélocipèdes, sont les embellissements que nous devons à la munificence de M. Haussmann, — très-commodes, d'ailleurs, pour toutes les servantes du quartier, qui viennent y vider leurs eaux sales et leurs boîtes à ordures. On y jette aussi les chiens crevés, et le bruit court que les Marguerite du boulevard Saint-Michel et de la rue d'Assas y enterrent de temps en temps quelque nouveau-né. Droite : le Val-de-Grâce, — Anne d'Autriche, Mansart, Louis XIV, Mignard, Molière, — que de souvenirs pour un homme instruit comme vous! Et cet autre dôme, cette hardie coupole qui commence à poindre là-bas, vous la reconnaissez : le Panthéon ! Tenez, justement, l'omnibus s'arrête vis-à-vis, dans la belle perspective de la rue Soufflot et des jardins de Jacques Debrosses, avec ses statues et ses fontaines, comme pour vous permettre d'admirer à l'aise.

— Ouf ! dit mon ami. Je suis déjà las, et j'éprouve un vague sentiment de vertige, mêlé à un soupçon de torticolis.

— Nous ne faisons que commencer. Nous sommes ici dans le vieux Paris, dans ce que nos pères appelaient l'Université et ce que leurs fils appellent le Quartier latin. A droite, regardez la Sorbonne. Derrière, ce mur sombre et crasseux, c'est Louis-le-Grand. A gauche, Saint-Louis, l'ancien collège d'Harcourt. Et tout au fond de cette rue, une façade à colonnes : l'Odéon. Par ici maintenant, ces ruines, avec une maigre barbe de lierre, ce sont les Thermes de Julien l'Apostat, mon ami, rien que cela, accolés à l'hôtel de Cluny et bordés par le boulevard Saint-Germain, qui vous conduirait au Jardin des Plantes, si vous y teniez. »

A la fontaine Saint-Michel, la tête commençait à lui tourner sérieusement. Je supprime ses réflexions et mes commentaires. Sur chaque monument, je lui débitais deux ou trois pages compactes de Joanne, avec la volubilité d'un homme qui veut faire tenir toute l'histoire de Paris dans une heure.

L'omnibus s'engagea sur le premier pont, pénétra dans la Cité, le berceau de Paris, et passa entre l'ancien palais de saint Louis, devenu le Palais de justice, et la merveilleuse façade de Notre-Dame, avec le parvis où se dresse encore le vieil Hôtel-Dieu. Après avoir dépassé le Tribunal de commerce, il s'arrêta quelques moments au quai, pour laisser descendre toute une famille et monter une vieille femme impotente, ce qui donna à mon ami le loisir d'admirer cette magnifique perspective de la Seine, qui n'a sa pareille dans aucune autre ville. En amont, l'abside de la basilique, le nouvel Hôtel-Dieu, les ruines de l'Hôtel de ville, l'île Saint-Louis; en aval, les sept ou huit ponts qu'on embrasse d'un coup d'œil, le *Cheval de bronze* la Monnaie, le dôme de l'Institut, les galeries du Louvre, et là-bas, tout au fond, la masse imposante de l'Arc de triomphe.

Mais la lourde machine s'était remise en marche. Nous traversons la place du Châtelet, entre les deux théâtres de M. Davioud, l'avenue Victoria et la rue de Rivoli, en passant devant la tour Saint-Jacques, majestueux débris du Paris d'un autre âge, et en laissant bientôt, à quelques pas sur notre gauche, les Halles, ce colossal garde-manger de Paris, accroché au flanc de l'église Saint-Eustache. Puis les monuments et les souvenirs se font plus rares : ici, l'abside de Saint-Leu; là, Saint-Nicolas des Champs, le Conservatoire des arts et métiers et son square, c'est tout. Mais, à mesure qu'on avance, l'animation redouble, la foule s'accroît, le mouvement et le bruit grandissent, comme le sang bat plus vigoureux et plus chaud aux approches du cœur.

L'omnibus débouche sur le boulevard Saint-Denis.

« Descendons, dis-je à mon ami, qui ressemblait à un homme ivre.

— Nous sommes arrivés !

— Pas tout à fait, mais il faut changer d'omnibus. C'est encore trois sous; ce Paris est d'un ruineux ! Nous

entrons dans un autre monde. Vous venez de voir le
Paris ancien, le Paris monumental, le Paris historique.
Tenez, jetez un coup d'œil sur la porte Saint-Martin et
la porte Saint-Denis pour en prendre congé. Maintenant,
c'est le tour de la ville moderne et vivante. Vous aper-
cevez à l'horizon la gare de l'Est, un des monuments
industriels du Paris nouveau, comme son voisin, l'embarcadère du Nord. Suivez-moi, voici notre voiture. »

Nous escaladâmes l'impériale de l'omnibus de la Madeleine, et le défilé des boulevards commença.

Ici, il n'y avait, pour ainsi dire, plus rien à nommer :
il n'y avait plus qu'à laisser voir. Mon ami n'avait pas
assez de ses deux yeux, tout grand écarquillés, pour
happer au passage les mille et un détails de ce merveil-
leux kaléidoscope, le flot des piétons, le décuple courant
des équipages, des fiacres, des omnibus, des charrettes,
des voitures d'épicerie et de magasins de nouveautés, la
marée des petits marchands de la rue, des industriels
ambulants, des nomades du pavé, toute cette fourmilière humaine qui s'agitait fiévreusement à ses pieds ;
les théâtres, les bazars, les boutiques avec leurs flam-
boyantes enseignes et leurs devantures étincelantes, les
cafés débordant jusqu'en pleine rue et s'annexant les
trottoirs ; les colonnes constellées d'affiches, les kiosques
des marchands de journaux, les passages ouvrant,
comme des bouches béantes, leurs galeries vitrées, toutes
les couleurs et toutes les formes passant avec la rapidité de l'éclair, comme emportées par le mouvement
vertigineux d'une grande roue. Çà et là, un nom se déta-
chait, frappant tout à coup ses regards et éveillant, dans
son imagination surexcitée, les souvenirs de ses lectures
et des récits qu'il avait si souvent entendus sans y prendre

garde : le Gymnase, les Variétés, l'Opéra-Comique, le Vaudeville, Brébant, la Ménagère, le café Riche, Tortoni, le café Anglais, la Maison-dorée, le Grand-Hôtel. Puis le nouvel Opéra lui sautait aux yeux comme un décor de féerie, comme un éblouissement de marbre et d'or, tandis que je le poussais du coude pour qu'il se dépêchât de se retourner pendant qu'on apercevait la colonne.

Cinq minutes après, l'omnibus s'arrêtait devant la Madeleine. En descendant, mon ami faillit perdre l'équilibre : il était grisé, il avait des étourdissements.

« Un regard à la façade, lui dis-je. Derrière vous, la place de la Concorde et le Palais-Bourbon ; à gauche, au fond de l'avenue, le dôme de Saint-Augustin. Voilà le bouquet. Maintenant, le rideau est tombé. Vous partez à trois heures vingt-cinq, il est trois heures et quart. Il vous reste dix minutes pour gagner l'embarcadère : c'est plus qu'il ne vous faut. Vous avez même le temps d'acheter une collection de vues stéréoscopiques pour ne rien oublier, et vous pourrez vous vanter d'avoir vu tout Paris en soixante-cinq minutes.

— Mais le Palais-Royal?

— Ah! vous êtes bien de Valognes, mon ami. Le Palais-Royal ne compte plus parmi les curiosités parisiennes; depuis trente ans il est devenu provincial. On ne le voit, d'ailleurs, que lorsqu'on est dedans, et les voitures n'y entrent pas.

— C'est égal, fit mon ami, qui avait contracté sur l'impériale de l'omnibus la passion des voyages, je reviendrai l'an prochain, et je m'arrêterai encore une heure pour voir le Palais-Royal, car je veux connaître mon Paris à fond. »

V

LE JOUR DU VERNISSAGE.

2 mai 1876.

Hier dimanche, grande répétition générale du Salon, aussi recherchée des amateurs que celle d'une pièce des premiers faiseurs, d'*Aïda* ou de l'*Étrangère*. Depuis quelques années, c'est une mode de s'y faire voir, et je sais bien des gens qui pour rien au monde n'y voudraient manquer. Visiter le Salon le jour de l'ouverture, c'est banal; le visiter la veille, en compagnie des artistes et des vernisseurs, cela vous pose tout de suite, cela vous classe hors de bourgeoisie, dans le petit cercle exceptionnel qu'on appelle par antiphrase : *Tout Paris*.

Comme aux répétitions, il est convenu que les gens de la maison seuls ont droit d'entrée; mais, à la dernière heure, la consigne est violée sans vergogne. D'année en année, la foule augmente. Hier, elle était changée en cohue. Dès dix heures on avait peine à circuler; à onze, on se marchait sur les pieds. Je n'ai pu qu'à grand effort approcher des Gérôme et ne suis parvenu à lorgner le Vibert qu'en grimpant à demi sur les épaules d'un ami complaisant. Un vieux proverbe disait qu'on ne pouvait se poster pendant dix minutes sur le pont Neuf sans y rencontrer dix personnes de connaissance. Je n'avais pas encore franchi le vestibule, où se déploient les cartons de M. Puvis de Chavannes, que j'en avais déjà salué presque autant.

« Comment êtes-vous ici? demandai-je au premier.

— Bah! me répondit-il, j'ai fait comme cet amateur qui s'est déguisé en pompier pour pénétrer dans les coulisses du théâtre de la Renaissance : je suis entré sous la blouse d'un vernisseur.

— Et vous? ai-je demandé à un autre.

— Moi, j'ai gagné hier, aux dominos, la carte d'entrée de X... pour aujourd'hui. »

J'ai jugé inutile d'interroger les autres.

Trois ou quatre éléments distincts se réunissent pour former la foule qui envahit le Salon la veille de l'ouverture. Il y a d'abord les artistes, auxquels il faut joindre les vernisseurs pour les peintres, et les praticiens pour les sculpteurs. L'artiste exposant se reconnaît du premier coup, sinon à ses longs cheveux, à son habit râpé et à son chapeau excentrique, — il reste bien encore quelques exemplaires de ce type, mais il est complétement démodé, — du moins à la fièvre avec laquelle il arpente les salles à la recherche de sa *machine*, à la multiplicité de ses poignées de main, à la façon dont il se plante devant les toiles qu'il veut examiner, à ses gestes, à son verbe bruyant et à ses tournures de phrases toutes ruisselantes de couleur locale : « Quel galbe! — C'est pourri de chic! — Et cette patine! — Personne ne plante un bonhomme comme lui. — Pas de talent, mais de la patte. »

Pour ces êtres bizarres et mal équilibrés, jamais de milieu : une toile est magnifique, ou elle est infecte. Elle est généralement magnifique quand l'auteur est là, infecte quand il a le dos tourné. « Avez-vous vu ma petite affaire? — Très-gentille, mon cher, très-amusante, distinguée de ton. Tous mes compliments. — Et vous, je ne vous ai pas encore aperçu. — Oh! ne m'en parlez pas. Je suis assassiné. — Est-ce qu'ils vous ont fourré au dépotoir? — Si ce n'était que cela! Mais ils m'ont accroché ou quatrième étage, au grenier. Il faudrait un télescope pour me voir. Et l'on m'a mis entre un incendie et un effet de soleil oriental. C'est à vous dégoûter de faire de la peinture sérieuse. »

Je n'ai pas encore rencontré un artiste, à l'ouverture du Salon, qui fût entièrement satisfait de sa place. — Mais s'il est sur la cimaise? — Alors il n'est pas dans son jour; on l'a relégué dans une salle où le public ne passe pas; il est étouffé par ses voisins.

Lorsque l'artiste a découvert sa toile, il s'agit de la faire vernir. Ce n'est pas toujours facile. Ce jour-là, le vernisseur est un personnage. Il ne sait où donner de la tête. Il se fait prier. La longue échelle double, portant suspendus les instruments de son industrie, roule sans cesse d'une salle à l'autre au cri de : « Gare, messieurs! » quelquefois poussé par le peintre lui-même.

Tel vernisseur pose en artiste; il prend des airs importants, affairés, presque sacerdotaux. Tel autre est ami intime de tous les peintres célèbres; il leur parle d'un ton affable, il les protége, il les appelle par leur petit nom : « Soyez tranquille, monsieur Paul, je vous arrangerai ça pour le mieux. — Comptez sur moi, monsieur Léon. — Ah! monsieur Eugène, une dame vient de me demander votre nom; elle était avec sa demoiselle. Ça ne m'étonnerait pas s'il s'agissait d'un portrait. »

Quelques peintres naïfs et encore jeunes vernissent

eux-mêmes longuement et amoureusement leur tableau, en s'inclinant, en se reculant, en passant d'un côté à l'autre, dans l'espoir d'attirer l'attention et l'admiration émue de quelque jeune personne.

Çà et là on reconnaît un modèle qui vient se voir et qui cause familièrement avec les artistes de second ordre, se chargeant quelquefois de les présenter l'un à l'autre. Les marchands de tableaux lorgnent, choisissent, notent l'ouvrage autour duquel se forment les groupes, en méditant de l'acheter avant que l'auteur se doute de son succès, couchent sur leur carnet le nom du débutant qui donne des espérances et dont ils vont acquérir pour cent écus, en spéculant sur son obscurité et sa misère, la toile qu'ils revendront trois ou quatre mille francs après le Salon, quand la critique en aura fait l'éloge.

Ensuite vient le bataillon des journalistes, — depuis l'humble Bernadille, simple chroniqueur, sans aucune prétention esthétique, jusqu'aux Diderots de la *Gazette des beaux-arts* et de la *Revue des Deux Mondes*. L'infatigable correspondant du *Times,* ce Juif errant du *reportage,* se promène avec son écritoire suspendue à la boutonnière. Le critique consciencieux prend des milliers de notes en s'arrêtant devant chaque tableau, et décrit minutieusement sur son agenda la demi-douzaine de portraits de mademoiselle Sarah Bernhardt. Le critique influent, qui porte négligemment sous son bras le livret dont le commun des mortels est encore privé, tient sa cour devant les toiles à effet et donne tout haut son avis. Le groupe dont il est le centre le suit de tableau en tableau, comme, à l'hôpital, les internes accompagnent de lit en lit le chirurgien en chef. On se dit à l'oreille le nom de l'important personnage, et les artistes qui passent aux alentours viennent présenter leur hommage lige, offrir une poignée de main obséquieuse et quêter un regard de l'homme qui distribue la renommée, et qui crée à son gré la hausse ou la baisse des tableaux.

Le dernier élément que nous fournit l'analyse chimique des visiteurs de la veille au Salon, c'est le bourgeois, ami ou parent des artistes, entré par tolérance ou par fraude, au bras d'un critique ou sous le faux nez d'un exposant de province. Beaucoup d'étrangers : j'ai entendu résonner hier dans les salles à peu près toutes les langues de l'Europe. Comment ces Moscovites et ces fils d'Albion s'étaient-ils introduits ? Silence et mystère ! Les marchands de billets sont des industriels aussi ingénieux qu'obligeants, pourvu qu'on y mette le prix, et un riche étranger trouve toujours aisément le moyen de pénétrer partout où il le désire. Beaucoup de dames aussi, et dès avant dix heures quelques toilettes trop élégantes et trop printanières, qui semblaient calquées sur la robe du portrait de M. Carolus Duran. On vient pour voir sans doute, mais on vient aussi un peu pour être vue, — et lorsqu'on est jolie, et qu'on a de belles robes, c'est bien naturel, n'est-ce pas ?

Dans le contingent bourgeois entrent pour une part notable les originaux des innombrables portraits de l'Exposition. Ils se glissent de salle en salle à la découverte de leur effigie, désireux de se contempler face à face et d'épier l'effet qu'ils produisent. Mais la foule passe avec une indifférence stupide, et la seule réflexion qu'ils soient exposés à entendre, c'est quelque chose dans ce genre : « Comment peut-on se faire peindre quand on porte sur ses épaules une tête pareille ? »

Parfois aussi le hasard a de terribles malices. M. A..., banquier connu par divers accidents de Bourse et quelques mésaventures en justice, frémit d'épouvante en voyant son portrait entre deux tableaux de genre, dont l'un représente un usurier et l'autre un voleur appréhendé par les gendarmes. Madame la marquise ou la comtesse de H..., dont le scandaleux procès en séparation a fait si grand bruit, rougit en s'apercevant qu'elle avoisine le *Couronnement d'une rosière*. « Insolents ! » murmure-t-elle à voix basse. Et M. le docteur Y... Z..., moins connu par ses talents que par ses réclames, se sent touché en pleine poitrine par la vision subite d'un *Charlatan forain*, qui joue de la trompette et sonne de la grosse caisse à côté de lui.

La grande préoccupation du visiteur bourgeois est de deviner les sujets, qui l'intéressent beaucoup plus que le mérite de l'exécution. Il tâche de se mettre au courant en prêtant une oreille indiscrète aux conversations des peintres et des journalistes, qui parfois prennent un plaisir coupable à le mystifier. On entend çà et là les interprétations les plus amusantes, dont quelques-unes ressemblent à des épigrammes. J'en ai recueilli plusieurs ; je n'en rapporterai qu'une :

« Enfin ! qu'est-ce que ça représente? demande une jeune femme à son mari, après une station muette et prolongée devant l'*Hercule et l'Hydre de Lerne,* de M. Gustave Moreau.

— Comment ! dit le mari d'un ton de supériorité un peu dédaigneuse, tu ne vois pas que c'est un *Charmeur indien faisant danser des serpents !*... »

VI

LE REPORTER.

REPORTER VIEUX STYLE ET REPORTER DE L'AVENIR.

27 mai 1876.

Depuis une douzaine de jours, c'est grande fête pour l'honorable corporation des *reporters*. Jamais, peut-être, ils n'avaient été à pareille ripaille. La rentrée de la Chambre et du Sénat? Non. La discussion sur l'amnistie? Bah! Les obsèques de Michelet? Pas même. Le vrai *reporter*, le *reporter* pur sang méprise la politique, et un chien écrasé par un omnibus est capable de lui faire oublier un discours de Victor Hugo. A la dernière extrémité seulement, quand les assassinats ne donnent pas, il se résigne à courir les réunions électorales, à écouter aux portes des banquets de la salle Ragache, à compter les députations officielles et étrangères aux funérailles des hommes célèbres, mais sans goût, sans vocation, sans entraînement, comme un croque-mort fier de son état qu'on emploierait à fabriquer des fleurs pendant la *morte saison*.

Non. Vous devinez bien que je veux parler de l'assassinat de Vincennes, du suicide de l'assassin présumé, de la bande Chevallier et de la rentrée en scène des crimes d'Antony et de Limours.

Oh! cet assassinat de Vincennes! Le *reporter* en a vécu pendant une semaine entière! Il a décrit le petit cadavre aussi minutieusement qu'un expert décrirait un Titien; il a examiné la couleur de ses yeux, compté ses dents, les clous de ses souliers, les coutures de sa robe; il s'est lancé sur la piste comme un bon chien de chasse; il s'est abouché avec les agents, a causé avec les voisines et la portière, dont il donne les noms, l'âge et la généalogie, dont il décrit l'intérieur, dont il rapporte les exclamations et les commérages; il l'a suivi à la Morgue, a corrompu le gardien pour assister au lavage du corps, l'a dessiné à travers le vitrage et ne manque pas d'ajouter à son article le piquant ragoût de ce croquis lugubre. Il ne l'a lâché à grand regret qu'au cimetière.

Le suicide du meurtrier, qui s'est jeté sous les roues d'un train en marche, a fait avorter dans l'œuf un drame qui promettait de rivaliser avec l'affaire Troppmann. Mais ce suicide ouvrait une nouvelle piste, sur laquelle les *reporters* se sont lancés à fond de train. Et d'abord, l'assassin s'appelait-il Daveluy ou Devauluy? Chaque nom a ses tenants, qui n'en démordront jamais; l'honneur de la profession y est engagé. S'est-il tué par remords, par désespoir, par peur? ou n'est-ce qu'un accident? Les *comment* et les *pourquoi* ne finissent pas.

Puis tout à coup, — Dieu des *reporters,* sois béni! — voici qu'on découvre, à quelques lieues de là, sur les rails d'un chemin de fer, un autre cadavre, un cadavre de femme! Frappante coïncidence! Rapprochement étrange et saisissant! Éclair jeté sur la situation! Le *reporter* en est illuminé jusque dans les profondeurs de son intelligence. — Cherchez la femme, a dit un criminaliste célèbre, — axiome que le *reporter* ne manque jamais de citer, afin de prouver son érudition. La femme, la voilà. C'est la Providence elle-même qui la présente tout à coup à la justice sur un plateau d'argent. Cette femme est une danseuse de corde. Saisissez-vous le lien? Non? Alors, vous ne serez jamais *reporter*. Elle s'est fait périr de la même manière que Daveluy. Pourquoi?... Ah! ah! vous commencez à comprendre! Il est évident que ce n'est pas sans des motifs sérieux, que de pareilles analogies ne sont point l'effet du pur hasard, comme le lecteur frivole ou inattentif pourrait être tenté de le croire. L'assassin de Vincennes a été écrasé sur un rail; l'acrobate de Mongeron a été écrasée sur un rail; donc, elle était sa complice. Est-ce clair? L'esprit du *reporter* a de ces coups d'œil d'aigle à déconcerter Bossuet.

Le rideau n'était pas encore baissé sur ce drame qu'il se relevait sur l'affaire de la bande Chevallier. Vous ignorez peut-être ce que c'est que la bande Chevallier? C'est que vous ne lisez pas les bons journaux. Nous avions eu déjà la bande des habits noirs, celle des cravates vertes, celle des casquettes de je ne sais plus quelle couleur. La bande Chevallier, c'est la bande des buveurs de champagne. Il n'y a rien de tel que ces noms pour colorer et pour corser la narration. Cela vous donne tout de suite une physionomie pittoresque à la plus vulgaire troupe de voyous de barrière. Il paraît, du moins au dire des *reporters*, qu'un des coquins de cette aimable confrérie, actuellement échouée à Mazas, a fait des révélations d'où il appert que ses camarades et lui seraient les mystérieux assassins du canton de Limours, qui ont jadis si bien mis les limiers de la police et l'imagination des *reporters* en campagne. Le *reporter* vous dit le chiffre de la somme que le chef de la sûreté a promise au révélateur pour acheter son secret : cinq cents francs, — pas un sou de moins ; — il a sténographié leurs conversations ; il prodigue les noms propres, afin d'éblouir le lecteur par le luxe de ses observations ; il sait comment s'appellent le dénonciateur et sa femme, le juge d'instruction, le commissaire de police et son chien, le gardien de la prison, etc., etc. Quel homme ! quel homme !

A ce propos, je voudrais vous faire saisir la différence du *reporter* de la vieille roche avec le *reporter* du nouveau style. De l'un à l'autre, il y a la même distance qui sépare la patache du chemin de fer.

Le *reporter* ancien modèle était, ou plutôt, — car il existe encore à de nombreux exemplaires au-dessous des rois du genre, — est un être modeste et pratique, jouant les utilités dans le journalisme et doué de plus de jambes que de talent. Véritable infusoire de la République des lettres, le plus humble parmi les infiniment petits, le plus effacé et le plus anonyme parmi la fourmillante cohue des animalcules microscopiques qui grouillent dans les bas-fonds de la presse, il ne lui faut pour tous instruments de travail qu'un carnet avec son crayon, des yeux perçants, l'oreille subtile du Mohican à l'affût, un pied infatigable, une curiosité impudente, une indiscrétion à toute épreuve, bronzée et cuirassée, qui ne recule devant aucune enquête, aucune importunité, aucun affront, aucune rebuffade. Moyennant quoi, ce rhizopode de la littérature a droit d'appeler Alexandre Dumas *mon confrère*.

Dès l'aube, Petit Poucet se met en chasse, le crayon derrière l'oreille, battant d'une semelle infatigable le pavé de Paris, fouillant d'un œil inquiet et furtif les portes cochères, le coin des bornes, les bouches d'égout, les berges de la Seine et les boutiques de pharmacien. Il passe à la Morgue, il fait un tour à la Fourrière et à la Halle; il s'est ménagé des accointances au Dépôt, il cause amicalement avec les cochers, les concierges et les sergents de ville. Que rapportera-t-il de sa chasse? Un enfant trouvé dans un numéro du *Siècle,* une femme qui s'est jetée par la fenêtre, un assassinat, un incendie, un mariage du grand monde, une rixe entre deux ivrognes, un passant qui s'est cassé la jambe en marchant sur une écorce d'orange, ou tout simplement un chien noyé? Je n'en sais rien; mais soyez sûr qu'il rapportera quelque chose.

Et tenez, justement, après quatre heures de courses infructueuses, au moment où il commence à désespérer, son œil de lynx aperçoit de loin un rassemblement. O bonheur! il court, il se précipite, il bouscule d'un air affairé les bonnes gens qui le prennent pour un personnage, il s'informe avec autorité. Hélas! il s'agit d'une voiture de blanchisseuse qui vient d'accrocher un fiacre, et de deux cochers qui se disputent avec accompagnement de coups de fouet. C'est peu de chose; mais, avec un léger arrangement, car il faut bien aider un peu le hasard, il y a là un *fait divers* de cinquante sous:

« Un accident qui aurait pu avoir les suites les plus désastreuses... Les chevaux de M. le comte de X..., qui venait du Bois dans son coupé, se sont emportés au coin de la rue ***. »

Et maintenant, en passant chez le portier de l'homme célèbre qui est malade et en copiant le bulletin du médecin, le *reporter* n'aura pas perdu tout à fait sa journée. Dieu sait qu'il ne lui veut pas de mal, à cet homme célèbre. Mais enfin, voilà si longtemps qu'il traîne ! S'il pouvait mourir aujourd'hui, car c'est demain la fin du mois, et le *reporter* a quelqu'un à dîner ! Il y a des hommes célèbres de tous les prix, depuis trois francs cinquante jusqu'à un louis, — *rara avis*. Celui-là est un hommes célèbre de cent sous seulement, l'un de ceux dont le *reporter* écrit : « Une noble existence vient de s'éteindre... » Mais cent sous ajoutés à deux francs cinquante ne sont pas à dédaigner.

Le *reporter* vieux style a ses clichés tout prêts pour chaque circonstance. Il tient bazar de phrases défraîchies et de lieux communs assortis. Nul besoin de recherches ni d'efforts : suivant le cas, l'expression et l'image même sortent du casier de son cerveau où elles sont classées et viennent se ranger sous sa plume. Un médecin est *l'homme de l'art*. Perdre son fils, c'est « être frappé dans ses plus chères affections ». La mère « folle de douleur » est réservée spécialement pour les petits enfants écrasés ou brûlés dans leur lit. (« Encore un accident dû aux allumettes chimiques ! ») L'*horrible événement* ou la *catastrophe épouvantable* qu'il raconte, invariablement « plonge plusieurs familles dans la désolation ». Est-il question d'un potiron colossal mesurant deux mètres de circonférence? « un Anglais en a offert mille francs », que le marchand a refusés. Vous avez lu mille fois l'histoire du chien « présentant tous les caractères de l'hydrophobie », qui parcourait la rue... « en répandant l'effroi sur son passage », et qui a été tué à coups d'épée par un courageux sergent de ville ; puis de la femme « donnant les signes de la plus vive agitation », laquelle s'est jetée à l'eau près du pont Neuf et en a été retirée aussitôt par un passant « qui a refusé de dire son nom », en déclarant « qu'il n'avait fait que son devoir » ; enfin de la mère dénaturée que les agents ont emmenée au poste, en la protégeant contre la foule « qui voulait lui faire un mauvais parti ».

Dans ces dernières années, l'ambition du *reporter* a grandi avec son rôle. Depuis que Stanley a découvert Livingstone et parcouru les régions inexplorées de l'Afrique; depuis qu'il est prouvé qu'on peut s'illustrer dans la profession, une noble émulation s'est emparée de la jeune école. Les développements du journalisme, la lutte des feuilles qui s'adressent à la curiosité, le besoin des nouvelles à sensation ont créé chez nous le *reporter* à l'Américaine, qui sait les nouvelles, non pas à l'heure même, mais la veille, qui les amplifie et les dramatise lorsqu'elles manquent de *chic,* qui les invente lorsqu'elles n'existent pas.

Le *reporter* de l'avenir a sa voiture à lui et il en parle de temps en temps au lecteur fasciné; il sait se faire de son état vingt ou trente bonnes mille livres de rente au bas mot. Il a élevé l'art d'arranger un suicide, une banqueroute ou un attentat aux mœurs à la hauteur du commerce le plus lucratif. Il va voir l'étranger célèbre de passage à Paris, cause guerre avec les généraux, diplomatie avec les ambassadeurs, arrache des indiscrétions aux hommes d'État et des confidences aux monarques en voyage ou à leurs valets de chambre. Il a ses brigades d'agents, ses escouades de *detectives,* son personnel ˙bservateurs subalternes et de praticiens qui lui prépa-
˙t lui dégrossissent la besogne.
˙ de visées littéraires, cet insecte remuant a étudié
˙ans Vidocq, Canler, Ponson du Terrail et
˙iau; il crée des personnages qu'il ressuscite

au besoin, comme Rocambole; il s'inspire des *Habits noirs* ou de l'*Affaire Lerouge*; il ajoute, étend, modifie, transfigure, crée des titres ronflants, soigne le dialogue, tire des inductions, redresse et complète la besogne de la police, mêle dans ses faits divers le roman, la comédie et le mélodrame, se met en frais d'esprit, allie le fantastique à l'horrible et au trivial, l'Edgar Poë au Timothée Trimm, et ne lâche jamais un assassinat ou un vol qu'il ne lui ait fait rendre, en le tournant et le pressurant, tout ce qu'il contient, souvent ce qu'il ne contient pas. Là où l'antique *reporter* n'eût trouvé qu'un fait divers de quarante sous, le *reporter* nouveau entame une série dans le genre du procès des Thugs, qui lui rapporte deux ou trois cents francs. Est-il besoin d'en dire plus pour prouver toute la supériorité du nouveau genre?

VII

LES PREMIERS SOUSCRIPTEURS AU CENTENAIRE
DE VOLTAIRE.

27 juin 1876.

Quarante-huit membres du conseil municipal de Paris, parmi lesquels le grand érudit Martin, le célèbre Braleret, l'illustre Bonnet-Duverdier, le fameux Grimaud et le glorieux Harant, se sont constitués en comité d'initiative *internationale* pour organiser la célébration, en 1878, du centenaire de Voltaire et de Rousseau. Nous avons la satisfaction d'annoncer à nos lecteurs que l'appel adressé au monde par ces représentants autorisés de l'intelligence parisienne a été entendu. Les adhésions arrivent de tous côtés. Parmi les premières et les plus caractéristiques, nous sommes heureux de pouvoir citer les suivantes :

« Messieurs,

« Votre lettre est parvenue jusqu'au fond du désert où je fuis l'odieuse société des hommes. Si l'approbation d'un vieux solitaire morose et rébarbatif peut vous être agréable, je vous l'offre et je me promets d'assister à la fête organisée par vos soins. Ce n'est pas seulement à cause de mon frère Jean-Jacques, le seul homme peut-être qui ait haï notre triste engeance plus que moi; c'est aussi à cause de ce coquin d'Arouet, qui eut au moins cela de bon qu'il méprisait le genre humain selon ses mérites. Vous ne partagez point la sotte erreur qui veut voir en lui un amoureux de l'humanité. On peut répéter cette rengaine aux souscripteurs du Voltaire-Touquet ou du Voltaire du *Siècle*. Mais votre savant confrère, le docteur Martin, avec son habitude de remonter aux sources, n'aura pas manqué sans doute de vous remettre sous les yeux tous les passages de sa correspondance où il *répète*, comme un refrain, à son ami d'Alembert : « Méprisez le genre humain... Je vous « recommande beaucoup de mépris pour le genre « humain. » L'auteur de la *Pucelle* ne se bornait pas à des recommandations; il payait d'exemple, et il méprisait surtout les imbéciles qui le prenaient pour un philanthrope. On dit que vous espérez surtout recueillir des souscriptions populaires. Tant mieux, morbleu! ce sera fort drôle, et son ombre pourra se donner la satisfaction de rire au nez des gens qui lui élèvent une statue pour le récompenser de les avoir toute sa vie traités de *canaille*, de *gueux*, d'*ignorants* et d'*idiots*.

« Timon. »

« Je souscris pour *cinque* francs à la fête de l'ami Voltaire. C'est un bon, et il était du métier, troun de l'air! Mais il a eu plus de chance que moi dans le commerce du *bois d'ébène* : il a fait sa fortune avec les négrillons du *Congo*, tandis que le pauvre vieux capitaine Pamphile, traqué par des viédases qui n'ont pas lu Voltaire, a dû vendre son fonds au rabais.

« Capitaine Pamphile, ex-négrier. »

« *A Monsieur le vicomte* de Heredia,
conseiller municipal de Paris.

« Vous ne serez pas étonné, vicomte, que, sans avoir

l'honneur de vous connaître, je choisisse votre nom entre tous ceux de vos confrères pour vous adresser ma réponse, comme à un homme de notre monde et à celui sans doute auquel on doit l'initiative du centenaire de M. de Voltaire. Ah ! vicomte, permettez à un ancien page de S. M. Louis XVIII, retiré dans son castel au 29 juillet 1830, et qui ne lit plus un journal depuis la disparition du *Drapeau blanc* et la mort de ce pauvre Martainville, de vous féliciter avec chaleur. Je n'ai pas eu le bonheur de connaître personnellement M. de Voltaire, mais j'en ai ouï bien souvent parler à ma grand'tante, madame la marquise de Pretintaille, qui en était folle, et à laquelle il offrit un jour galamment de faire pendre aux créneaux de Ferney un manant qui lui avait manqué de respect en apportant sa dîme au château, — car il avait droit, et il en était fier, de haute justice et de pilori dans son domaine, et s'il défendait les serfs du Jura, il n'avait pas eu la niaiserie d'émanciper les siens. — Mon aïeul, qui le rencontrait souvent chez M. le duc de Richelieu et chez l'adorable marquise, où il était très-empressé à faire sa cour, m'en a parlé aussi comme d'un homme qui pensait admirablement bien, et qui n'aurait donné pour rien au monde son titre de valet de chambre du roi et de seigneur féodal. Il était là le jour où M. de Voltaire improvisa dans les petits cabinets ces vers charmants, dont madame de Pompadour le récompensa en lui donnant sa main à baiser :

>   Pompadour, vous embellissez
>   La cour, le Parnasse et Cythère.
>   Charme de tous les cœurs, trésor d'un seul mortel,
>   Qu'un sort si beau soit éternel !
>   Que vos jours précieux soient comptés par des fêtes !

« Et d'ailleurs, vicomte, ne suffit-il pas d'ouvrir ses œuvres immortelles pour connaître son opinion sur *la canaille,* comme il ne se lasse pas de l'appeler; sur ces *gueux,* comme il dit encore; sur ce *sot peuple* pour lequel « la philosophie ne sera jamais faite », et qui n'est qu'un « troupeau de bœufs auxquels il faut un « joug, un aiguillon et du foin » ? Ce grand homme a cent fois démontré merveilleusement la nécessité de l'ignorance du populaire, la sottise des apôtres qui prétendent « éclairer les cordonniers et les servantes »; *l'absurde insolence* de ceux qui veulent vous faire penser « comme « votre tailleur et votre blanchisseuse ». Avec la supériorité de son lumineux bon sens, il a formulé ces grandes maximes politiques que je vous conseille de faire écrire en lettres d'or sur l'arc de triomphe que vous lui élèverez sans doute : « Il est à propos que le peuple soit « guidé, et non pas qu'il soit instruit; il n'est pas digne de « l'être. — Quand la populace se mêle de raisonner, tout « est perdu. » Voilà les vrais principes, vicomte, et l'on y reviendra.

« Aussi toutes les espèces, tous les drôles qui ont trempé dans notre infernale Révolution ont-ils accablé M. de Voltaire de leurs outrages, depuis l'affreux Marat, qui le traita d'écrivain scandaleux, flagorneur, dont « le « cœur fut le trône de l'envie, de l'avarice, de la malignité, « de la vengeance, de la perfidie et de toutes les passions « qui dégradent l'espèce humaine », jusqu'à l'abominable Mirabeau, qui parle de son avilissement et de son ignorance, et qualifie de ridicules et fort mauvaises rapsodies ses ouvrages d'histoire et d'histoire naturelle. Le citoyen Hugo l'a traité de singe de génie envoyé par le diable en mission chez l'homme. Il l'a insulté en vers et en prose, le qualifiant de *fétide* et de *vénéneux* dans *Littérature et philosophie mêlées*; de *serpent*, de *sophiste*, de *noir milan* et de *démon* dans les *Rayons et les ombres*. Le citoyen Louis Blanc a flétri sa servilité, sa bassesse, sa vanité puérile et ses palinodies. Palsambleu! vicomte, montrons à tous ces croquants leur béjaune. Oncques ne fut plus opportun de remettre en honneur l'homme de génie qui a eu le courage de dire nettement que le *système de l'égalité est l'orgueil d'un fou,* et que les *idées d'indépendance sont des chimères ridicules;* que ceux qui s'érigent en juges des rois et qui, de leur grenier, veulent gouverner le monde avec leur écritoire, sont des *polissons, des dindons qui se rengorgent, la plus sotte espèce du monde.*

« Je vous demande en grâce la faveur de porter un cierge à l'apothéose de M. de Voltaire, et je vous prie de transmettre à vos vénérables collègues tous les encouragements de leur aîné.

« Le marquis DE CARABAS. »

« *A Monsieur* KRYZANOWSKI, *dit* SIGISMOND LACROIX, *membre du Conseil municipal de Paris.*

« Monsieur,

« Votre nom pue la Pologne à plein nez, mais votre pseudonyme français et, mieux encore, votre signature au bas du manifeste pour le centenaire de Voltaire prouvent que vous avez su vous débarrasser de cette crasse et vous guérir de cette lèpre. J'admire votre courage, Monsieur, et il m'inspire l'idée d'envoyer mon adhésion par votre intermédiaire au projet de la municipalité parisienne. C'est un devoir pour moi d'honorer l'homme qui fut le protégé et l'ami de l'auguste aïeule de notre empereur; qui écrivait à la grande Catherine : « Je suis « catherin, et je mourrai catherin » ; qui jurait de l'invoquer, en mourant, comme *sa sainte,* et avait substitué son nom à celui de Dieu dans le *Te Deum* qu'il récitait chaque jour; l'homme qui a écrit : « Si j'étais plus jeune, « je me ferais Russe » ; qui admirait le partage de la Pologne comme un trait de génie, traitait les Polonais de *fous* et de *brigands,* et demandait à la glorieuse czarine, — dont la mémoire soit bénie ! — de faire déporter en Sibérie les *extravagants,* les *don Quichotte welches,* les *blancs-becs* français assez *impertinents* pour vouloir défendre ces Sarmates et l'empêcher de détruire l'anarchie dans leur pays.

« Touchez là, monsieur le Polonais libéré, et veuillez m'inscrire pour cent roubles parmi vos adhérents.

« Boris ZACHAROFF. »

Mais l'adhésion qui a dû être la plus précieuse aux quarante-huit est, sans contredit, la suivante, qui ne pouvait leur manquer, et qui suffirait à elle seule pour les dédommager des criailleries cléricales :

« Je viens de lire, Messieurs, l'appel que vous adressez à toutes les nations du monde pour la célébration du centenaire de Voltaire en 1878. En ce qui me concerne, je ne veux pas tarder une minute à vous assurer de toute ma sympathie. Je m'aperçois avec plaisir, Messieurs, que la France, renonçant enfin à de stériles rancunes et à ses désirs de revanche contre la Prusse, se résigne à prendre des sentiments mieux appropriés à sa situation et une attitude plus conforme à ses devoirs envers le vainqueur. Il m'est particulièrement agréable de voir le Conseil municipal de la ville de Paris servir d'organe à ces sentiments, et se faire entre la Prusse et le peuple qu'elle a châtié l'ange de la réconciliation. Croyez, Messieurs, que mon impérial maître sera sensible, comme il doit, à l'intention ingénieusement délicate qui vous a poussés, au lendemain de Wœrth et de Sedan, à célébrer la fête solennelle du Français sans préjugés qui chanta vingt fois la victoire de son auguste ancêtre à Rosbach, en le félicitant d'avoir taillé des croupières aux soldats du Roi Très-Chrétien et *vu leurs derrières*.

« Voltaire, Messieurs, s'écriait un jour : « Que Paris « est bête ! » Il a appelé Paris « une basse-cour composée « de coqs d'Inde et de perroquets » ; ses compatriotes, « la « chiasse du genre humain,..... un peuple de singes et de « tigres ». Ce sont là des exagérations regrettables, et vous nous rendrez cette justice que, même au plus fort de la guerre, nous ne sommes jamais allés aussi loin. On peut, en disant les mêmes choses, être au moins plus poli. Mais je sais faire la part des métaphores poétiques. Il a été plus raisonnable et plus mesuré en écrivant à *son roi,* comme il appelait notre grand Frédéric :

> Vous aurez le double plaisir
> Et de nous vaincre et de nous plaire.

« C'est là précisément notre ambition, Messieurs. Vous vaincre, c'est fait; mais vous plaire, nous n'espérions pas y arriver si tôt. Je vois avec bonheur qu'on vous avait calomniés en vous dénonçant comme des irréconciliables. Engagez vos compatriotes, Messieurs, à bien méditer la maxime suivante de votre grand écrivain :

« L'uniforme prussien ne doit servir qu'à faire mettre à
« genoux les Welches », et celle-ci encore :

> Chaque peuple à son tour a régné sur la terre ;
> Le siècle de la Prusse est à la fin venu.

« Voltaire écrivait cela longtemps avant Sedan et le traité de Versailles. Il écrivait encore au grand Frédéric : « Les Français sont tous Prussiens », et : « Paris est, « je crois, votre capitale », quoique le grand Frédéric ne fût point entré à Paris. Qu'aurait-il dit aujourd'hui? Quand vos concitoyens seront bien convaincus de la vérité de ces aphorismes, ils auront fait un grand pas dans la voie de la sagesse. Le centenaire de Voltaire n'eût-il d'autre but et d'autre résultat que de rabattre leur jactance ordinaire et de leur apprendre à ne point s'estimer plus haut qu'il ne convient, ce serait une œuvre pie, digne de l'approbation que la Prusse vous offre par ma bouche.

« J'aurai l'honneur, Messieurs, de proposer au Reichstag le vote d'un crédit pour concourir à l'éclat de cette belle fête internationale.

« Docteur Herman BIERTRINKER. »

VIII

LE STYLE PARLEMENTAIRE ET L'OMBRE DE LOUIS XIV.

11 juillet 1876.

Je ne sais plus qui a dit que la signification des mots se modifie sans cesse dans l'usage courant de la langue, et que le Dictionnaire serait à refaire tous les cinquante ans. Ce n'est pas là un paradoxe autant qu'on pourrait le croire. Choisissons une démonstration toute d'actualité. Il est bien certain, par exemple, que le mot *parlementaire* est en train de changer de sens, et que le Dictionnaire de l'Académie, qui, comme les carabiniers d'Offenbach, arrive toujours trop tard, ne pourra plus enregistrer sans rire la définition que je trouve dans des vocabulaires arriérés : « Ce mot se prend dans le sens de poli, courtois : style parlementaire, procédés parlementaires. »

Aujourd'hui, cette définition surannée ressemble aux vieilles métaphores prudhommesques : l'*Aurore aux doigts de rose,* le *Char de l'État,* le *Bandeau de Thémis,* qu'on voit traîner encore çà et là dans les livres écrits par des professeurs de belles-lettres pour dames. Elle a je ne sais quoi de gothique, de rococo, d'antédiluvien, de troubadour; elle rappelle les pataches, les coches, les coucous, les romances de Pauline Duchambge et de Loïsa Puget, les tableaux de Révoil, les modes à la girafe, la *Gaule poétique* de M. de Marchangy et le *Solitaire* du vicomte d'Arlincourt; elle évoque, dans un cadre de chapeaux Paméla et de manches à gigot, les mânes de Laîné, de M. de Serres, de Martignac, de Royer-Collard, de Berryer, ces sublimes ganaches du langage parlementaire, — vieux jeu.

Nous avons changé tout cela.

Voici ce qu'on lira prochainement dans la *Gazette des Tribunaux*.

POLICE CORRECTIONNELLE.

(7ᵉ chambre.)

Coups et voies de fait.

Le président. — Accusé, levez-vous. Votre nom?

L'accusé. — Polyte.

Le président. — Polyte qui?

L'accusé. — Ah! j' sais pas.

Mᵉ Floquet, *se levant*. — La recherche de la paternité est interdite.

Le président. — C'est bien. Votre profession?

L'accusé. — Nouvelle couche.

Le président. — Vous avez été surpris à onze heures du soir, piétinant avec vos souliers ferrés...

L'accusé. — J'en ai pas d'autres.

Le président. — ... sur le corps de M. Prudhomme ici présent.

L'accusé. — Pourquoi aussi qu'il m'avait agonisé d'épithètes parlementaires?

M. Prudhomme. — Mon jeune ami, vous exagérez.

Comme vous m'aviez marché sur le pied, en me soufflant la fumée de votre pipe au visage, je m'étais borné à vous traiter de malotru.

Le président. — *Malotru* n'est pas un terme parlementaire.

M⁰ Floquet. — Pardon, monsieur le président. Nous établirons que *malotru* est un terme absolument parlementaire. J'ai fait citer plusieurs de mes collègues qui viendront en déposer.

A moins cependant que ce ne soit tout le contraire, et que la chose ne tourne de la façon suivante :

Le président. — M. Prudhomme ayant levé sa canne sur vous, dans un mouvement d'indignation bien naturel, vous l'avez qualifié de mouchard, de Versailleux, d'assassin.

M⁰ Floquet. — Le tribunal entendra tout à l'heure, parmi les témoins à décharge, mon excellent collègue de la Chambre, M. X..., lequel viendra déposer que les mots incriminés par M. le président comme des injures appartiennent si bien au langage courant de la vie parlementaire qu'il ne s'est jamais servi d'autres expressions à la tribune.

Le progrès des mœurs démocratiques m'a parfois fait rêver à quelque scène comme celle-ci, dans l'une des Chambres de l'avenir :

L'orateur. — Messieurs, l'honorable préopinant...

Le président. — Je ferai observer à l'orateur que cette expression n'est pas parlementaire.

L'orateur. — ... l'infect préopinant, voulais-je dire (*Très-bien! à gauche. Rumeurs à droite*), dans le discours où, avec son talent ordinaire...

Le président, *sévèrement*. — Si l'orateur continue

à manquer ainsi à tous les usages parlementaires, je serai forcé de le rappeler à l'ordre. (*Approbation générale.*)

L'ORATEUR. — Mais, monsieur le président, laissez-moi achever; vous ne savez pas où j'en veux venir. Je disais donc que notre hon... inf..., notre collègue, dans le discours où, avec son talent ordinaire, il a captivé pendant deux heures l'attention de la Chambre suspendue à ses lèvres...

LE PRÉSIDENT. — C'est intolérable. Soyez parlementaire, monsieur, ou je vous retire la parole.

L'ORATEUR. — J'y arrive. Dans ce discours, dis-je, notre collègue, que je m'abstiens de qualifier, a prononcé autant de sottises que de mots. (*Très-bien! à gauche. Rumeurs à droite.*) Je n'aurais jamais cru, avant d'avoir entendu ce ramassis de calembredaines, qu'il fût possible de pousser l'ignorance et l'ineptie aussi loin. (*Tonnerre d'applaudissements à gauche. Rumeurs à droite.*)

Un membre de la droite modérée, se levant d'un air furieux (cet honorable membre est sourd comme un pot). — Vous en êtes un autre! (*Très-bien! à droite. Rumeurs à gauche.*)

Voilà ce que verront, ce qu'entendront certainement vos petits-fils, lecteur, si vous êtes marié, ou vos petits-neveux, si vous êtes garçon.

Lundi dernier, il s'est fait à la Chambre un tapage à ressusciter un mort. Au tonnerre enroué de M. Gambetta, aux éclats de voix de M. Robert Mitchell, de M. Ernest Dréolle, de M. Tristan Lambert, déchaînés comme les rugissements aigus d'un orchestre de cuivre, les échos de Versailles, depuis si longtemps endormis, se sont éveillés en sursaut, et, dans sa tombe de Saint-Denis, le roi Louis XIV a entendu avec une surprise inquiète le bruit effroyable qui venait de sa bonne ville de Versailles.

N'y pouvant plus tenir, son âme s'est précipitée dans la statue équestre de la cour du palais. Là il se trouvait à portée pour bien entendre les mots de *pourriture*, d'*infection*, de *fumier*, et tous les termes de la langue verte parlementaire arrivant jusqu'à son oreille. Il ne les comprenait pas tous et se demandait, non sans épouvante, quel idiome inconnu de Bossuet, de la Bruyère et de madame de Maintenon se parlait aujourd'hui dans les appartements de Versailles. Mais il n'osait descendre de son piédestal pour aller causer avec les curieux attroupés sous les fenêtres de la Chambre : il avait peur de produire sur eux l'effet de la statue du Commandeur dans le *Festin de Pierre*, et les sergents de ville qu'il apercevait de loin l'effrayaient vaguement. Il est certain, en effet, que le dernier des sergents de ville n'hésiterait pas à mettre la main au collet de la statue du Commandeur s'il la rencontrait vaguant par les rues.

Mais le soir était venu. On avait fermé les grilles de la cour. Le silence et la solitude enveloppaient la ville. En tapinois, Louis XIV se glissa à terre et, piquant d'un coup d'éperon les flancs de son cheval, s'achemina mystérieusement, à l'obscure clarté qui tombe des étoiles, vers la rue de la Bibliothèque, d'où partait tout à l'heure le sabbat infernal. Il avait fait quelques pas à peine quand il croisa un petit homme avec une chaîne d'argent au cou. C'était le chef des huissiers de l'Assemblée, l'illustre Bescherelle, qui, sous l'impression nerveuse de la séance du jour, se promenait dans la cour en état de somnambulisme lucide.

A la vue de cette ombre hagarde, le cheval de bronze fit un brusque écart.

— Qui vive? cria Bescherele.
— Le roi!

Bescherelle. — Le roi! Ah! mon Dieu!... A cheval, messieurs, à cheval!... Et dire que je n'étais pas prévenu!..... Courez chercher M. de la Rochette. Non, il est mort. M. de Franclieu alors; M. de Lorgeril... Pas par là, Sire : c'est la Chambre des députés. MM. Raspail père et fils ne vous laisseraient jamais passer; M. Thiers non plus. Le Sénat est par ici... Vive Henri V!

La statue. — Je m'appelle Louis XIV.

Bescherelle, *se faisant une lorgnette de sa main droite*. — Tiens! c'est vrai! Excusez, Sire! le trouble, l'émotion..... Que désire Votre Majesté?

Louis XIV. — J'ai été réveillé cette après-midi dans ma tombe par un vacarme plus effroyable que n'en firent jamais les meutes de Versailles, aux jours de grande chasse.

Bescherelle. — Ce sont ces messieurs de la Chambre qui se chamaillaient.

Louis XIV. — Quels messieurs? Quelle Chambre? La Chambre de la reine? La Chambre du roi? L'antichambre?

Bescherelle. — Oh! non, Sire, à l'antichambre nous sommes mieux élevés. Je crains qu'il ne soit bien difficile de faire comprendre à Votre Majesté le mécanisme du régime parlementaire. Laissez-moi vous apprendre que, depuis votre mort, la France a eu une douzaine de gouvernements divers. Chacun de ces gouvernements a été tour à tour acclamé par la nation tout entière avec ivresse comme l'honneur et le salut du pays, puis renversé avec non moins d'ivresse par la nation tout entière comme sa honte et sa ruine. Chacun a laissé des partisans, dont la seule satisfaction est de se dire de gros mots et de se montrer le poing pour prendre patience, en se disputant sur la question de savoir quel est celui qui a fait le plus de mal et en se disant réciproquement des vérités très-dures. Bref, le gouvernement que nous avons aujourd'hui, c'est la République. Votre Majesté ne connaît peut-être pas cela.

Louis XIV. — Si fait. Attendez donc. De mon temps, il y avait la Suisse, — républicaine chez elle, royaliste chez les autres. — Voilà donc la France descendue au niveau de la Suisse! Alors, vous n'avez plus de rois?

— C'est-à-dire que nous en avons dix millions. Tout le monde est roi et tout le monde est sujet en même temps. Les dix millions de rois délèguent leur royauté à quelques centaines d'élus. Tout le monde choisit, et tout le monde a le droit d'être choisi; c'est ce que nous appelons le suffrage universel.

— Très-ingénieux. Ainsi, le bottier d'un Montmorency peut être élu comme celui qu'il botte?

— Ah! ah! beaucoup mieux, Sire.

— Très-bien, je comprends. C'est pour cela que votre parlement fait tant de tapage, — plus encore que du temps de Broussel et de Blancmesnil! Et vous le logez à Versailles, dans mon palais?

— Puisque c'est le roi. Je regrette de n'avoir pas sur moi le numéro du *Rappel* du 19 ventôse dernier.

— Vous dites?...

— Je dis : *ventôse*... pour vous faire voir le bel article de M. Vacquerie, le Dangeau du monarque actuel, sur S. M. Raspail 1er, et la bonne grâce avec laquelle il présida la cérémonie de la transmission des pouvoirs et le sacre de la nouvelle Chambre, sous les lambris dorés de la vieille tyrannie morte, dans le temple de l'antique superstition monarchique.

— Qui est ce Raspail?

— Sire, un vieillard vénérable, marchand de camphre, qui a passé les deux tiers de sa vie en prison, et n'en pouvait croire ses yeux lorsqu'il s'est vu escorté des soldats qui lui présentaient les armes et d'agents de police qui ne lui mettaient pas les menottes.

— Mais, enfin, votre République a un chef?

— Oui, Sire, un parfait gentilhomme, un descendant des anciens rois d'Irlande, avec qui Votre Majesté s'entendrait parfaitement.

— Alors, je vais aller le voir.

— Gardez-vous-en bien, Sire : son ministre de l'intérieur vous ferait arrêter. Avant lui, elle avait eu un illustre vieillard qui ne se consolera jamais de n'avoir pu fonder une dynastie, et auparavant encore, le citoyen dont les coups de gorge et les coups de poing sur le marbre de la tribune ont réveillé Votre Majesté dans sa tombe.

— Et qu'avait-il fait pour mériter d'être élu roi?

— Il avait fait des discours, et il a perdu la Lorraine et l'Alsace, deux provinces dont Votre Majesté a sans doute entendu parler.

— On a donc raison de crier contre lui !

— Oui, mais ceux qui criaient le plus fort avaient commencé la besogne de leur mieux, et s'ils lui en veulent tant, c'est de leur avoir enlevé l'honneur de la terminer.

— L'Alsace ! Ils ont perdu l'Alsace !... Ah ! je me suis éveillé trop tard. Mais par qui donc l'ont-ils laissé prendre?

— Par les Prussiens, Sire.

— Je ne les connais pas. J'ai connu jadis un petit électeur de Brandebourg que je pensionnais sur ma cassette et qui mangeait à l'office quand il venait à Versailles. Mes courtisans le traitaient en baron de la Crasse : Pour mille écus de plus par an, il eût renié sa patrie.

— C'est à son descendant qu'ils ont rendu l'Alsace.

— Ah ! les temps sont changés ! Mais au moins devraient-ils laisser en repos dans son palais celui qui l'avait conquise.

En ce moment, l'Aurore aux doigts de rose entr'ouvrit les portes de l'Orient. Un coq chanta dans le lointain. Bescherelle tressaillit, s'éveilla et rougit de se surprendre, orné de sa chaîne d'argent, en conversation inconstitutionnelle avec la statue équestre d'un roi de France. Un autre coq répondit au premier sur un ton retentissant ; Bescherelle crut entendre la voix de sa conscience, ou celle de M. Naquet. La silhouette d'un képi se dessina aux alentours de la grille. Mais déjà Louis XIV avait repris sa place entre Turenne et Condé. Les Turennes de l'Empire et les Condés du 4 Septembre feraient sagement de ne plus l'éveiller.

IX

PARIS DANS L'EAU.

25 juillet 1876.

En dépit des discussions de la Chambre et du Sénat, de l'emprunt municipal et des affaires d'Orient, la question à l'ordre du jour est celle des bains froids. Les vingt-cinq ou trente établissements aquatiques à l'usage des deux sexes, qui s'échelonnent depuis les bains Lambert jusqu'aux bains Deligny, débordent matin et soir, depuis un mois, d'une clientèle bruyante, épanouie, heureuse comme le poisson dans l'eau. Une bonne moitié de Paris passe la meilleure partie de ses jours au milieu de la Seine. Cette population flottante (c'est le cas de le dire), qui fait sa première apparition dès six heures du matin, se renouvelle sans interruption jusqu'à la nuit, réjouissant le cœur des industriels peu accoutumés, sous le ciel variable de Paris, à la persistance d'une pareille aubaine, et qu'on voit se promener sur le pont de leur bâtiment en dénombrant d'un air satisfait, « tel que le vieux pasteur des troupeaux de Neptune », les phoques humains qui se livrent à leurs ébats. S'il est vrai que dix à quinze jours suffisent largement chaque année à couvrir leurs frais et à leur assurer un bénéfice des plus raisonnables, ces messieurs sont en voie de devenir millionnaires et de s'assurer du pain sur la planche pour plusieurs saisons. J'en connais un qui vient de lancer une circulaire à tous les directeurs, contrôleurs et caissiers des théâtres de Paris, pour leur offrir l'entrée libre dans son établissement, à condition d'obtenir en échange la sienne dans leurs salles pendant l'hiver.

La rage des bains froids qui prend le Parisien pendant la canicule est quelque chose d'analogue à celle qui le fait se ruer chaque dimanche à la campagne. Mêmes causes et à peu près mêmes illusions. Le Parisien que ses affaires ont enchaîné toute la semaine à son comptoir est tellement affamé de grand air, de verdure et d'ombrages, qu'il va de confiance s'exposer aux rayons d'un soleil ardent sur le gazon pelé et sous les arbres étiques de la banlieue. Calciné depuis le matin sur l'asphalte des boulevards comme une côtelette sur le gril, il s'en vient le soir chercher une fraîcheur équivoque dans les eaux de son fleuve.

« Les Parisiens sont donc bien sales qu'ils ont besoin de se baigner si souvent! » disait un maraîcher de Clamart en passant sur le pont Royal, et en entendant les clameurs joyeuses de la grenouillère humaine qui folâtrait à ses pieds.

Ce n'est pas qu'ils soient sales, mon ami, — sinon quelquefois en sortant du bain; c'est qu'ils ont envie de se rafraîchir, — toujours comme à la campagne, en plein soleil. Avec cette naïveté charmante qui fait du Parisien, en dépit des apparences, une vraie bête du bon Dieu, il va chercher la pureté et la fraîcheur dans des ondes ténébreuses dont il avale en moyenne, par chaque bain, une douzaine de gorgées immondes, lui qui pousserait les hauts cris si sa cuisinière lui servait un verre d'eau non filtrée. Au lieu des *prés fleuris* chantés par madame Deshoulières, la Seine, en traversant Paris, arrose la Morgue et l'Hôtel-Dieu, et elle est arrosée elle-même par le grand égout collecteur. Quand on pense à tout ce qu'elle reçoit et absorbe, à tout ce qu'elle charrie dans son cours; quand on pense aussi que les trois quarts des bains d'hommes sont placés dans le courant du fleuve, immédiatement au-dessous des bains de femmes, auxquels, par politesse, ils cèdent le pas, le cœur le plus solide se soulève vaguement; on dirait volontiers comme Diogène : « Où va-t-on se laver en sortant d'ici? »

Le mieux est de n'y pas songer.

Mieux ou pis encore qu'un atelier de photographie, un établissement de bains froids est le plus désolant musée de la laideur humaine qui se puisse voir; elle n'est pas moins prétentieuse ici que là, mais elle s'y montre avec moins de voiles. Je suppose qu'à Athènes, Timon le Misanthrope devait trouver des jouissances infinies à fréquenter les bains publics, quoique, j'aime à le croire, le culte du beau, la vue des chefs-d'œuvre, l'exercice de la gymnastique, les jeux Olympiques chantés par Pindare, tout, jusqu'au costume, dût entretenir, chez les Athéniens, une certaine rectitude de formes plastiques. Il en eût éprouvé de plus grandes à se promener dans les bains Henri IV. Si j'étais spirite, je voudrais y évoquer l'ombre de Phidias, pour voir la grimace que ferait, devant les Athéniens modernes, le grand sculpteur qui allait étudier les formes des dieux de l'Olympe dans le marbre vivant des athlètes de l'arène ou des baigneurs de la plage. Il se croirait transporté au pays dont Latone changea les habitants en grenouilles. Nos écoles de natation sont la terre promise, l'académie des caricaturistes. Ils peuvent y faire en un jour des provisions pour toute leur vie. J'ai toujours pensé que les théoriciens audacieux qui prétendent que l'homme est issu du singe ont conçu dans l'un de ces endroits l'idée de leur système.

Regardez le premier groupe venu, et dites si jamais Cham ou Daumier inventa pareille collection de désopilantes fantaisies corporelles : ces dos convexes, ces poitrines concaves, ces jambes circonflexes, ces ventres débordants ou rentrés en eux-mêmes, ces fûts colossaux et cyclopéens à côté de ces fuseaux mélancoliques qui n'en finissent pas et qui rappellent les pattes du héron. Rien n'y manque, pas même les contrastes, car invariablement les gros hommes, traînant leur abdomen comme Atlas portait un monde, causent avec des êtres d'une maigreur spectrale, perchés sur des échasses, et qui ressemblent à des porteplumes ou, si vous l'aimez mieux, à des asperges montées en graine.

On dit que l'habit ne fait pas le moine; je le veux bien; mais pour avouer qu'il fait au moins une partie de l'homme, il suffit d'aller passer une demi-heure dans une école de natation. Que c'est peu de chose, un grand orateur, un diplomate illustre, un élégant du *high-life,* vu ainsi face à face et dépouillé de tous ses ornements! Ce quinquagénaire défrisé et déplumé, lourd, gauche et obèse, c'est un héros du Jockey-Club et des salons aristocratiques, à qui, dans un moment, son coiffeur, son tailleur et son corset vont refaire une jeunesse. Cet être timide et malingre qui tâte l'eau du bout du pied, et s'avance pas à pas avec des frissons burlesques et des claquements de dents, c'est le conducteur du cotillon des derniers bals du ministère. Et cette bedaine frétillante, emmanchée de bras trop courts, dont l'un semble serrer contre son flanc un dossier imaginaire, tandis que l'autre, d'un tic nerveux, relève une manche chimérique, ou parfois cherche un gilet absent pour s'y plonger avec un geste à la Berryer, c'est maître X..., aigle du barreau et de la tribune, dépouillé ici de tout son prestige et réduit à ses seuls avantages naturels.

J'ai rencontré dernièrement un sous-secrétaire d'État adossé à l'une des colonnettes de Deligny; il causait de la question municipale avec un énorme député du centre gauche, qui l'avait guetté au passage et le tenait bloqué. Je fis le tour du bassin, et en repassant, je retrouvai les deux interlocuteurs; le député sollicitait une faveur, le sous-secrétaire d'État se défendait mollement. Il était gêné. Un instant il chercha d'un geste vague son carnet pour prendre une note. « D'ailleurs, lui dit le député en riant, je vous préviens que si vous ne m'accordez pas ce que je vous demande, je vous fais faire le plongeon tout à l'heure. » Le sous-secrétaire d'État rougit et n'osa descendre au bain, voyant son *incognito* trahi et trouvant sans doute qu'il ne nageait pas avec une élégance suffisante pour risquer de se compromettre aux yeux des masses. Je n'aurais jamais cru qu'un sous-secrétaire d'État sans faux-col et sans portefeuille pût être aussi complétement dénué de prestige.

A cinq pas de lui, mon bottier, homme superbe, drapé à l'arabe dans les plis d'un peignoir oriental et appuyé à l'un des piliers dans une attitude théâtrale, avec un savant effet de torse, écrasait absolument le pauvre homme de sa majesté et de son ampleur. Il venait de déjeuner plantureusement à l'issue de son bain, et fumait un londrès de premier ordre. Il me fit un salut protecteur, en homme qui se compare et qui sait qu'il a reconquis tous ses avantages sur le terrain de la nature. Parmi ces trois cents baigneurs, il était le seul qui sût porter le nu.

Que de scènes amusantes, que de types curieux à observer dans l'eau, depuis le nageur émérite, qui pique des têtes du haut du perchoir avec un ami sur le dos, qui se lance en arrière en faisant plusieurs tours sur lui-même afin d'éblouir la galerie, jusqu'au baigneur peureux qui ne lâche pas la barre, n'ose faire un pas sur le plancher glissant du petit bain, de peur de perdre l'équilibre dans un mètre d'eau, et se borne, en faisant des révérences de pensionnaire pour se mouiller les épaules, à circuler tout le long des galeries, où il reçoit sur la tête, à travers les claires-voies du plancher, la rosée qui tombe des pieds des baigneurs, dans les entr'actes de leurs immersions! Ici, c'est un bébé qui fait ses premières armes et se cramponne en se recroquevillant aux épaules paternelles avec des cris de terreur ; là, c'est un nageur novice qui s'exerce, soutenu sous le ventre par un camarade complaisant, soufflant comme un phoque, enfonçant à chaque brassée, avalant des gorgées d'eau trouble et se secouant comme un chien mouillé. Un gros homme se livre aux douceurs de la planche en fumant son cigare et laissant flotter son ventre comme un ballon à la surface de l'onde : on aurait envie d'y ficher un drapeau.

Un autre, tout bardé d'appareils natatoires, de ceintures de sauvetage, de tuyaux de caoutchouc, de vessies gonflées de vent, pareil à quelque monstre marin d'aspect insolite et inquiétant, recommence sans relâche pendant des heures, avec une confiance candide que rien ne rebute, ses tentatives toujours couronnées d'un insuccès éclatant.

N'oublions pas le maître nageur, vieux loup d'eau douce, Jean Bart des canotiers, forban à la peau basanée, à l'aspect farouche, qui a longtemps écumé les parages de Bougival et d'Asnières, et qui dirige au bout d'une corde quelque fils de famille, en lui laissant boire un petit coup de temps à autre, quand il n'a pas été suffisamment satisfait du dernier pourboire. Ce corsaire est sensible aux politesses ; il s'humanise à la moindre avance effective : prenez-le à part, avec un petit verre, — pas trop petit, — en tiers entre vous deux, et priez-le de vous raconter ses campagnes, en passant par ses diverses étapes de mousse sur les trains de bois, de canotier et de débardeur. C'est un roman de la Landelle. Il a eu toutes les émotions de son terrible métier : une bataille navale à Bercy, un abordage à Chaillot, un naufrage sur les écueils de l'île des Cygnes. Le récit de sa grande traversée de Clamecy au port Saint-Nicolas abonde en péripéties à la Cooper. Mais surtout il est précieux pour les renseignements, et personne ne peut vous dire mieux que lui quelle est de toutes les escales de la Seine ou du tour de Marne celle où l'on mange les meilleures matelotes.

Le maître-nageur, comme les garçons de cabinet, n'a qu'une saison. Ce qu'il devient pendant le reste de l'année, personne n'en sait rien. C'est l'un des mille petits mystères de la vie parisienne. Car je ne puis croire, comme me l'affirme un sceptique, que ce matelot fini se transforme alors en un vulgaire marchand de marrons.

X

LES CRI-CRI PARISIENS.

8 août 1876.

Je voulais vous parler jeudi dernier du jouet nouveau qui a envahi Paris depuis huit jours avec la rapidité d'une traînée de poudre : le cri-cri, ou le tambour japonais, qu'on appelle aussi de divers autres noms, car ce fléau n'a pas d'état civil nettement constitué. J'ai été retenu par une double honte : celle de venir à la suite d'une demi-douzaine de confrères, qui s'étaient jetés sur cette proie avec l'empressement naturel à tout chroniqueur en quête d'actualité, et celle d'avoir à enregistrer une nouvelle épreuve, si concluante et si lamentable, de l'éternelle badauderie parisienne.

Bien m'en a pris d'hésiter. Grâce à cette reculade, je peux aujourd'hui, en signalant l'épidémie à mes lecteurs, en annoncer la décroissance rapide et la fin prochaine. Cela me réconforte et me donne le courage de dire quelques mots de cette abominable invention, que les *camelots* de la rue avaient le front d'offrir aux passants sous la rubrique habituelle : « La joie des enfants, la tranquillité des parents ! »

Oh ! l'horrible chose pour les gens nerveux que ce joujou ingénieusement stupide, long d'un peu plus de trois centimètres, large d'un et demi, formé d'une petite lame d'acier légèrement convexe, s'encadrant dans un support d'étain cuivré! Cela n'a l'air de rien du tout, mais jamais plus de perversité ne se cacha sous une mine plus innocente et sous un plus mince volume. Une légère pression du pouce, machinalement répétée, il n'en faut pas davantage pour produire un bruit sec, clair, strident, qui tient à la fois de la castagnette, du tic-tac d'une horloge, d'un ressort qui se casse, de la morsure d'un instrument dans le fer, et du coassement âpre d'une grenouille mécanique. Ce qui rend particulièrement redoutable cette machine infernale, à la portée de toutes les bourses et de toutes les intelligences, c'est qu'elle peut fonctionner en se dissimulant dans la poche, dans la manche, dans le creux de la main. Les mystificateurs en jouaient à votre nez, tandis qu'ils causaient avec vous, et en s'interrompant de temps à autre pour crier, avec une grande apparence de conviction : « Quel imbécile ! »

Les personnages les plus sérieux, tout en pestant, cédaient à la contagion. Moi qui suis un homme grave, j'ai acheté mon cri-cri comme tout le monde, et quand je parle de la badauderie parisienne, veuillez croire que je ne m'excepte pas. Il m'a servi, du moins, à enclouer quelquefois les batteries de mes adversaires : à cri-cri, cri-cri et demi. Rien de tel pour réduire au silence un voisin d'omnibus ou de chemin de fer : en se voyant couvert par l'écho qui lui répond dans la poche d'un monsieur à physionomie impassible, correcte et digne, il se tait, étonné. Bref, on a vu le moment où le cri-cri, qui avait fait son apparition dans la galerie des Tombeaux et fonctionné dans plusieurs bureaux de l'Assemblée, allait gagner l'intérieur de la Chambre, comme une mitrailleuse d'interruptions à jet continu, et, qui sait? peut-être monter à la tribune dans la poche de M. de Tillancourt.

Mais, je l'ai dit, le fléau est dans sa période de décroissance. Le monstre se débat dans les convulsions de l'agonie. Encore deux ou trois jours, tout sera fini, et il ne restera de tout cela qu'un millionnaire de plus. L'odieux inventeur qui a inondé Paris de ses prétendus tambours japonais peut dès aujourd'hui réunir le reste de sa marchandise, en charger un navire et l'exporter au Japon sous le nom de *tambour parisien,* à moins, toutefois, que cet instrument de torture ne nous vienne réellement de la patrie du mikado, le pays du monde le plus raffiné en fait de supplices. En ce cas, je commence à comprendre l'habitude des Japonais de s'ouvrir le ventre, coutume que je m'expliquais difficilement jusqu'à ce jour.

Vous la comprendriez comme moi si vous aviez un cabinet de travail borné au sud, à l'orient et à l'occident par des fenêtres d'où s'échappe du matin au soir, depuis le commencement des vacances, un horripilant *concerto* exécuté par trois impitoyables virtuoses de huit à dix ans, avec la perfection cruelle de Paganini jouant sur la quatrième corde la *Prière de Moïse.* Mais ce que je comprends mieux encore, c'est le consolant *fait divers* que je viens de lire dans une feuille grave, renommée pour la sûreté de ses informations. Elle assure que vendredi soir, dans un café-concert des Champs-Elysées, la masse des consommateurs s'est soulevée avec furie contre de mauvais plaisants qui persistaient, malgré des avertissements énergiques, à faire un usage immodéré de cet instrument, et les a expulsés de l'enceinte. Elle ajoute même, la feuille grave, que quelques-uns de ces mauvais plaisants ayant eu l'air de vouloir narguer la juste indignation du public, qui, la veille, eût trouvé leur farce charmante, en exécutant leur retraite au son du *tambour,* les plus exaspérés se sont précipités sur eux la canne à la main et ont changé leur fuite en déroute.

Le procédé est peut-être un peu violent. Ce récit ne m'a pas moins soulagé. Il m'a semblé un moment que ma canne était de la partie. J'ai coupé le *fait divers* et je l'ai envoyé sous enveloppe au plus acharné de mes jeunes voisins, avec une ligne de commentaire anonyme bien senti : « Petit malheureux, lis et tremble ! » Il a lu et il a tremblé. Depuis lors, il reste coi.

Le tambour japonais restera célèbre dans les fastes des engouements parisiens, comme l'un des plus courts qu'on ait jamais vus. Il obtiendra tout au moins une ligne des historiens futurs, à la suite de ces modes passagères qui, de temps à autre, fondent sur Paris comme un vautour sur sa proie et, après être venues on ne sait comment, s'envolent tout à coup on ne sait pourquoi. C'est ainsi que Paris a eu le bilboquet, les découpures, les pantins, le parfilage, l'émigrette, la potichomanie, la question romaine, — j'en passe quelques milliers. Le dernier chapitre de cette maladie chronique, qui se manifeste par des crises plus ou moins aiguës et plus ou moins longues, s'appelle jusqu'à présent le tambour japonais. Historiens présents ou futurs, faites-y bien attention : cette chronique, que vous trouvez sans doute passablement frivole, eh bien, c'est un chapitre d'histoire, — tout comme les pages où l'avocat Barbier et Bachaumont nous montrent les Parisiens du dix-huitième siècle, même les vieillards, même les magistrats, tirant un pantin de leur poche dès qu'ils entraient dans un salon et le faisant danser devant la maîtresse de la maison.

Ces folies subites prennent toutes les formes. Tantôt c'est un jouet comme le cri-cri, tantôt une mode comme la crinoline, tantôt un homme comme le général Lamarque ou Manuel, tantôt un journal comme la *Lanterne,* tantôt un acteur comme Odry ou Lassagne, tantôt une fille de bal public comme Rigolboche, une chanteuse de chansonnette ou d'opérette comme Thérésa ou madame Théo ; tantôt un cri stupide, comme : *Ohé! Lambert!* tantôt un simple mot, comme : *épatant, pourri de chic, du galbe, c'est nature, c'est infect, c'est immense;* tantôt une chanson comme les *Petits Agneaux,* les *Bottes à Bastien,* le *Pied qui r'mue,* ou la grande nouveauté du jour, bien digne de pareilles aïeules : l'*Amant d'Amanda.*

On a remarqué que c'est surtout en été, dans le courant des mois de juin, de juillet et d'août, que ces maladies mentales s'abattent sur Paris. C'est pendant la canicule que Paris a fait les trois quarts de ses révolutions et subi les trois quarts de ses crises de folie. C'est en juillet qu'il a pris la Bastille, et inventé la *question romaine.* C'est en août qu'il a envahi les Tuileries et hurlé par trois cent mille bouches à la fois ce cri absolument idiot dont le seul souvenir, au bout de treize ans, nous stupéfie encore : *Ohé! Lambert!* Sa folie n'est pas toujours aiguë et furieuse, et Jocrisse alterne avec Camille Desmoulins.

Pourquoi cette influence désastreuse de l'été sur les Parisiens ? Est-ce parce que la canicule les rend enragés ? Est-ce parce qu'elle les désarme, les démoralise et les laisse sans force de résistance ? De plus habiles décideront la question ; mais comme, en tout cas, le résultat est le même, elle n'a qu'une importance purement théorique, et je l'abandonne aux méditations des aliénistes.

Il fut un temps, je m'en souviens, où l'on passait pour excessivement spirituel dans un certain monde en répondant à toutes les questions : *Et ta sœur?* ou bien : *Gnouf! gnouf!* ou encore, ce qui était le comble de l'enjouement ingénieux et de la gaieté attique : *Oh! mon Dieur-je!* Aujourd'hui même, malgré une longue carrière, *Fallait pas qu'y aille!* se porte toujours assez bien, et *Ma vieille branche* n'a pas cessé d'avoir cours, comme une fine plaisanterie, dans le monde des commis en nouveautés. On dit toujours *Allons-y gaiement,* et, après une carrière de près d'un quart de siècle, nombre de loustics abusent encore de *Je me l' demande,* pour éblouir les novices.

Il y a aussi : « C'est un détail. — Ça fait bien dans le paysage. — Est-ce assez nature ? — Soyons calme et inodore. — Je la trouve mauvaise. — Il ne faut pas me la faire. — On n'a jamais pu savoir. — Elle est roide. — Je le retiens. — Je vais vous en dire une bien bonne. » Et les phrases tirées des pièces de théâtre anciennes ou nouvelles : « C'était une noble tête de vieillard. — Que j'ai donc bien fait d'emporter une forte somme! » etc., etc., le tout prononcé avec des intonations et des tics à la Frédérick Lemaître, à la Brasseur, à la Gil-Pérès, ou genre Dupuis, Léonce et Baron.

Je n'ai pas l'intention d'épuiser le répertoire entier.

Quand vous verrez se former devant vous — au foyer d'un théâtre, sur le boulevard, n'importe où, — un groupe de petits jeunes gens à crânes pointus et à raie au milieu de la tête, — approchez sans faire semblant de rien, et si vous ne recueillez pas vingt fois en cinq minutes dans leur conversation ces lamentables épaves de l'esprit français usées sur toutes les coutures, sentant le cabotin en décrépitude et le vaudeville en décomposition, lieux communs rances et moisis de l'esprit de théâtre, de boulevard et de petit journal, tombés de chute en chute aux lèvres des idiots coiffés à la Capoul et des garçons coiffeurs qui les recueillent précieusement de leur bouche, je veux bien consentir à entendre jouer du cri-cri pendant quarante-huit heures sans relâche.

— Eh bien! mais, va me répondre peut-être un de ces messieurs, et vous autres, plumitifs, n'avez-vous pas, comme nous, vos phrases toutes faites, vos rengaînes, vos lieux communs à répétition, vos clichés, vos plaisanteries économiques, toujours les mêmes, et qu'on prévoit dès la première ligne qui va les amener, comme ce coucou horripilant qui vient chanter à toutes les heures dans les horloges de la forêt Noire? Tenez, voici un journal du matin. Ouvrons-le à la troisième page et lisons la *Journée à Paris,* rédigée par un *reporter* qui passe pour l'un des hommes d'esprit de sa profession : « Triste! triste! triste! — Tableau! — Pas de commentaires, n'est-ce pas? — Ce qu'on a ri! — Tête du propriétaire! » Tout cela en deux colonnes de faits divers, terminés à peu près invariablement par des réflexions d'une aussi piquante nouveauté. Remontons maintenant à la deuxième et à la première pages. Article littéraire et articles politiques rédigés par les fortes plumes de l'endroit; entre-filets qui sentent leur érudit et abondent en citations d'une originalité saisissante : « *Alas! poor Yorick! — Audaces Fortuna juvat. — Ab Jove principium. — To be, or not to be. — E pur si muove! — Lasciate ogni speranza!* »

Assez, assez, de grâce. Votre riposte est sévère, mais juste. La littérature et la politique ont aussi leurs *gommeux,* j'en conviens. La phraséologie des petits crevés du journalisme vaut à peu près la vôtre, je le reconnais. Et vous me voyez tout prêt à confesser avec accablement que le plus agaçant des cri-cri n'est pas celui qui m'a donné l'idée de cette chronique.

XI

DISTRIBUTION DES PRIX.

A L'INSTITUTION LOUISE MICHEL.

18 août 1876.

On lit dans la *Nouvelle Couche* du 15 août 188. :

Hier, à deux heures de l'après-midi, une petite fête charmante réunissait dans le local du bal Constant une société nombreuse, par malheur un peu mêlée, mais où pourtant le bonnet démocratique et la casquette sociale dominaient largement. On distribuait les prix aux jeunes élèves de l'école mixte et laïque tenue par la citoyenne Louise Michel. Le citoyen Jobbé-Duval, peintre ordinaire de la République, chargé de la décoration de la salle, avait bien voulu prêter pour la circonstance les célèbres *Mystères de Bacchus* qu'il a exposés au Salon de 1873 et que l'ignorance crasse, l'épaisse stupidité des amateurs et des administrateurs de l'ordre moral lui ont laissés pour compte. On a remarqué l'intérêt que cette belle œuvre d'art a inspiré aux jeunes garçons et aux jeunes filles de l'institution.

L'aimable liberté que la République — la vraie — laisse à ses partisans n'a cessé de régner dans la brillante réunion. Plusieurs couples, arrivés avant la séance, ont esquissé des exercices chorégraphiques qui eussent inspiré les pinceaux de notre grand artiste. Les garçons ne pouvaient suffire à apporter les saladiers de vin chaud. Des interpellations joyeuses s'échangeaient d'un bout de la salle à l'autre. On se reconnaissait, on s'appelait avec cette familiarité cordiale du peuple qui méprise les périphrases hypocrites du langage académique : « C'est Joséphine. Ohé! Joséphine, ohé! — Tiens, v'là m'man. Piwitt! Piwitt! — Todore, criait un autre à un charmant petit blondin de neuf ans, aux yeux bleus pétillants de malice, auras-tu des prix? — Ça, par exemple, répondit l'espiègle, je m'en bats l'œil supérieurement. — Et ta sœur? — Des navets! » Les garçons eux-mêmes riaient, de ce bon rire du peuple qui était perdu depuis la fatale journée du 9 thermidor.

Mais au moment où le vénérable Raspail, le centenaire de la démocratie, a fait son entrée, soutenu à droite par Blanqui, à gauche par Rochefort, pour venir s'asseoir au fauteuil de la présidence, les applaudissements ont éclaté avec force, puis il s'est fait un silence profond. Au cri : « A bas les brûle-gueule! » la plupart des pipes se sont éteintes comme par enchantement. Il a suffi d'un second cri : « Fourrez vos tuyaux de poêle dans vos poches », pour faire disparaître aussitôt la moitié des casquettes. Et voilà le peuple que l'odieuse réaction ne cesse de calomnier!

L'orchestre a enlevé avec verve le *Retour des pontons*, valse brillante. Pendant ce temps, les notabilités se massaient sur l'estrade. On y remarquait particulièrement les citoyens Tardieu et Lockroy, qui ont eu le mérite, il ne faut pas l'oublier, d'ouvrir la voie de l'émancipation morale dans des cérémonies condamnées jusqu'alors à la fadeur la plus écœurante, et, par des paroles bien timides encore, mais qu'il ne faut pas juger du point où nous en sommes parvenus, de gratter la lèpre dévorante que nous avons si heureusement extirpée.

Aussitôt après le morceau, le président, pour rendre hommage au dernier choix de la population parisienne, a donné la parole au citoyen Ugène Balochard, que la Nouvelle-Calédonie a restitué depuis peu à la France, et auquel le quartier des Carrières d'Amérique vient de confier le soin de ses intérêts. Avec cette franche virilité de langage, cette éloquence à la fois populaire et élevée qui le caractérisent, d'une voix légèrement enrouée par la température, l'émotion ou toute autre cause, le citoyen Ugène a prononcé un discours fréquemment interrompu par les applaudissements.

« Gosses des deux sexes, espoir de la République et de la libre pensée, enfants de pères émancipés et de mères affranchies, le proscrit vous salue ! A la voix de ce vieux bronze de Raspail, — notre modèle à tous, — que j'appellerais le Bayard de la démocratie, si je ne craignais de l'insulter, — et de la vaillante citoyenne Michel, que j'ai connue sous d'autres cieux, je suis accouru au boulevard *Montpernasse* du fond du faubourg Antoine pour y aller de mon petit bout de boniment. Mais je ne suis pas un avocat, moi. Tout pour l'action, rien pour la blague; voilà ma devise. Des avocats, n'en faut plus, pas plus que des Jésuites et des curés. Le peuple en a jusque-là. En attendant qu'il les traite à l'exemple de ses pères de 93 et de 1871, il a balayé dans le panier aux ordures les capucins et toute la bande à Loyola. Mômes qui m'écoutez, retenez-moi ça : ni calotins, ni mouchards; toute la République est là dedans.

« Nous en avons fini des vieilles guenilles superstitieuses, des balançoires spiritualistes, des rocamboles de l'autre monde. Le *Credo?* remplacé par les *Droits de l'homme*. Le *Syllabus?* asseyez-vous dessus. (*Explosion de bravos. M. Lockroy et M. Tardieu donnent le signal d'une deuxième salve d'applaudissements.*) Le catéchisme? N-i, ni, c'est fini. Nous avons remplacé la foi par la science. Autrefois, les hommes noirs démoralisaient l'enfance avec leur *Décalogue,* cette machine infernale fabriquée par les Jésuites pour abrutir l'humanité et la maintenir en esclavage. Ils lui enseignaient qu'il y a un Dieu, que nous avons été créés par lui, qu'il ne faut pas jurer (*Malheur!*), qu'il faut respecter ses père et mère et obéir aux tyrans, qu'il faut refouler les plus légitimes instincts de la nature, qu'on ne doit pas tuer son prochain quand même ce serait un gendarme, ni dire de mensonges (*Oh! là! là!*), ni toucher à l'infâme capital, — que sais-je encore? Ils avaient dressé un grand catalogue de toutes les vertus radicales pour les déshonorer, par une tactique familière à tous les Tartufes, en les qualifiant de péchés capitaux. Ils condamnaient l'orgueil, cette force de l'homme libre, pour nous maintenir sous le joug; ils flétrissaient du nom d'envie le sentiment fécond auquel on doit la plupart des révolutions; ils foudroyaient la paresse pour exploiter le travailleur, et la gourmandise pour l'empêcher de manger à sa faim et de boire à sa soif. (*Sensation profonde. Plusieurs assistants redemandent des saladiers de vin chaud.*) Ils lui enseignaient qu'il avait une âme, qu'aucun savant n'a jamais vue, et un autre monde, d'où personne n'est jamais revenu. Citoyens, on revient de Nouméa : j'en suis la preuve ; mais si vous en connaissez un qui soit revenu de l'autre monde inventé par les Jésuites, j'offre dix centimes, deux sous, à celui qui me le montrera. (*Hilarité bruyante et prolongée.*)

« C'est par ces doctrines immorales qu'on pervertissait l'homme dès son enfance. Nous le relevons, nous, en lui enseignant que le seul Dieu, c'est la matière et la force; qu'il n'a rien à attendre dans une autre vie, et qu'il doit chercher toutes ses jouissances dans celle-ci; qu'il vient du singe (*tous les regards se tournent vers M. Littré, modestement assis au dernier rang*) et qu'il va dans le trou à l'engrais; que l'homme est un tube digestif troué par les deux bouts; l'âme, un dégagement phosphorique comme vous en pouvez produire en frottant une allumette, — pourvu qu'elle ne soit pas de la régie (*On rit*), et la pensée une salivation du cerveau; que le vice et la vertu, le mérite et le démérite sont des mots vides de sens; que le bien, c'est le plaisir, et le mal, la souffrance, rien de plus, rien de moins; enfin, que le but de la vie est de satisfaire toutes les forces mises en nous par la nature. (*Bravo! bravo! Quelques citoyens redemandent un troisième saladier.*)

« Voilà ce que nous vous apprenons, gosses des deux sexes, pour faire de vous, le plus tôt possible, des hommes et des républicains, des vrais! Vous le serez, je le jure. L'éteignoir sanglant de l'obscurantisme ne saurait vous atteindre dans cet asile de la lumière, du progrès et de la science, dont le maître et la maîtresse, permettez-moi de leur rendre cet hommage en terminant, ont poussé l'amour de l'esprit laïque et civil jusqu'à ne vouloir s'unir que par les liens d'un mariage libre. » (*Applaudissements frénétiques. L'orateur reçoit les félicitations de ses collègues. L'orchestre joue : Voyez ce beau garçon-là : C'est l'amant d'A, c'est l'amant d'A.*)

On a procédé ensuite à la distribution des prix. Le prix fondé par le citoyen Naquet en faveur de la jeune personne qui a le plus complétement secoué le joug des préjugés a été décerné par le suffrage des élèves à la citoyenne Charlotte Mégy (*Religion, Propriété, Famille,* un beau volume doré sur tranches). La citoyenne Clélie Hardouin et le citoyen Brutus-Timoléon Ferré, fils posthume de notre regretté patriote de 1871, se sont partagé *ex æquo* le prix destiné par le vénérable Raspail à l'élève qui déteste le plus les Jésuites. L'orchestre joue : *Hommes noirs, d'où sortez-vous?* et l'assistance s'écoule, doucement émue, aux cris de : A bas la calotte! Vive *la bonne!*

XII

UN SATIRIQUE INCOMPRIS.

M. GAGNE.

29 août 1876.

Tous les journaux ont parlé longuement du père Gagne, qui vient de mourir dans sa soixante-neuvième année. Le résumé de leurs articles, c'est que Gagne était un monotone et inoffensif maniaque, ce que l'argot contemporain appelle un *toqué*. Mais, en les lisant, je me disais : « Eh! eh! pas si fou, vraiment! Qu'aurait donc fait de mieux le plus habile homme pour arriver sûrement à une réputation universelle? De son vivant, on a parlé de lui autant que de Lamartine. Mort, il a pris dans tous les journaux et dans toutes les chroniques vingt fois plus de place que M. Nefftzer, dont le cercueil a été refoulé dans l'ombre par cette concurrence inattendue. Combien de membres de l'Académie des sciences, voire de l'Académie française, ont travaillé toute leur vie à conquérir la gloire sans arriver à obtenir la centième partie des oraisons funèbres qu'a récoltées la tombe du père Gagne! Eh! eh! pas si fou! pas si fou! »

Sans doute, je n'oserais prétendre que Paulin Gagne n'eût pas un léger coup de marteau. Il a raconté lui-même son séjour et son traitement dans la maison de santé de Picpus. Mais vous savez ce qu'a dit Montesquieu : « Les Français ont construit des maisons de fous pour faire croire que ceux qu'on n'y renferme pas ont toute leur raison. » Cette pensée est profonde, et le père Gagne semblait se l'être appropriée. « Vous me traitez de fou, eût-il pu nous dire, pour faire croire que vous êtes des sages. Vous ajoutez que c'est par la folie que j'ai conquis la célébrité. Voudriez-vous me dire de quelle façon les neuf dixièmes de vos contemporains ont conquis la leur. Comparons, si vous en avez envie. J'attends ce rapprochement de pied ferme. »

Nous ne suivrons pas M. Gagne sur ce terrain dangereux. Mais avouez au moins que ce fou avait une vue singulièrement lucide des moyens qu'il faut employer pour forcer l'attention de ses contemporains et les contraindre de prendre garde à lui.

Gagne raconte — toujours dans l'*Histoire de ma mort*, qu'il appelle ainsi, dit-il, parce qu'elle embrasse le temps où il a vécu en mauvais chrétien et en état de péché mortel (eh! eh! pas si fou!) — une entrevue qu'il eut avec Alexandre Dumas père dont il allait solliciter l'appui pour son Théâtre du Monde. Le Théâtre du Monde était un cours gratuit de littérature, où tous les poëtes étaient invités à réciter des vers ; il venait de s'ouvrir par une séance solennelle, qui, dit l'excellent M. Gagne, « avait réuni miraculeusement neuf Muses, au milieu desquelles je me trouvais seul, et dont j'étais nécessairement l'Apollon ». Dumas reçut M. Gagne « sans chapeau, sans cravate et sans veste », et lui donna d'abord une cordiale poignée de main. « Mais quand je lui dis que j'étais autorisé par le conseil académique, croyant qu'il s'agissait de l'Académie française, dont il ne veut pas, il entra dans un accès de fureur ; il me dit que presque tous les fauteuils de l'Académie étaient volés, et que, s'il était magistrat, il ferait condamner tous les académiciens aux galères ! Puis, grandissant toujours de fureur et d'orgueil, il me dit, en poussant des *rauquements,* ces paroles pleines de modestie : *Le siècle actuel a fait son effort ; il a produit trois grands hommes, Victor Hugo, Lamartine et moi ! Il n'y a plus rien !!!* Je crois que je lui répondis mentalement avec la même modestie : *Et moi donc !* et je partis, me demandant si je n'avais pas parlé à un fou furieux plutôt qu'à un homme de génie ; il est vrai que le docteur Moreau dit que le génie est voisin de la folie ! »

Cette réflexion, que M. Gagne applique à Alexandre Dumas, qu'il nous permette de la lui retourner. Dumas ne se doutait guère, probablement, en causant avec le directeur du Théâtre du Monde, qu'il parlait à un homme qui deviendrait aussi célèbre que lui, et qui avait déjà le droit de lui répondre tout bas : Et moi donc !

J'ai sous les yeux la collection complète des œuvres de M. Gagne, publiées « chez tous les libraires », particulièrement la *Monopanglotte ou langue universelle,* l'*Océan des catastrophes,* qui roule sur le tremblement de terre de la Guadeloupe, l'incendie de Hambourg, etc. ; le *Martyre des rois,* l'*Unitéide,* poëme en douze chants, soixante actes et vingt mille vers ; le *Journalophage,* recueil de vers satiriques contre les scandales de la presse ; l'*Uniteur,* l'*Histoire des miracles,* l'*Archi monarquéide, ou Gagne premier archimonarque de la France et du monde, par la grâce de Dieu et de la volonté nationale,* ouvrage mis généreusement par l'auteur, attendu que « le génie doit resplendir pour tous », dans le domaine public des lettres, et qu'il ne permettait pas seulement à tous les théâtres de monter gratis, mais où il offrait encore de jouer le rôle de l'Archimonarque. Les ouvrages en vers de M. Gagne sont rimés aussi richement que ceux de Victor Hugo. Malgré ce mérite incontestable, il faut bien avouer que c'est de la poésie de chef-lieu de canton, qui aurait tout au plus suffi, sans l'étrangeté des idées, à assurer au nom de M. Gagne une modeste célébrité dans la société philotechnique de Montélimar, la patrie du nougat et la sienne. Vous voyez bien qu'il lui a servi à quelque chose d'être *toqué* — ou de le paraître.

En parcourant ces opuscules, il me venait une idée, que confirmaient de plus en plus les lectures suivantes : c'est que M. Gagne, dont on s'est tant moqué, pourrait bien, au fond, s'être moqué de nous. Il m'a tout l'air d'un philosophe excentrique qui a pris dans la démocratie moderne le rôle des fous de cours dans la société aristocratique, afin de pouvoir nous dire impunément nos vérités sous le couvert de l'extravagance. Il a passé sa vie à railler les travers de ses concitoyens en leur offrant dans ses œuvres, sans qu'ils eussent l'air de s'en douter, la parodie satirique de toutes leurs sottises. Il le faisait sans fiel, avec une gravité et une douceur imperturbables, quelquefois même avec un air de conviction qui avait peut-être fini par le gagner à demi et le sauvait de n'être qu'un simple mystificateur; avec une sorte de naïveté inconsciente qui a pu contribuer à l'illusion, mais qui n'ajoute en réalité que plus de force à cette réfutation par l'absurde.

Parodie littéraire d'abord. L'école de la rime millionnaire et de la machine à coudre appliquée à la fabrication du vers, l'école chinoise du *Parnasse contemporain* n'a jamais été plus finement raillée, quoique indirectement que dans les poésies de M. Gagne. M. Gagne est un romantique à tous crins. Il unit et fond les genres les plus divers dans un amalgame qui fait songer au chaudron des sorcières de *Macbeth*. Le poëme encyclopédique et symbolique décrit à Dupont par son ami Durand, dans Alfred de Musset, où le monde entier est renfermé, où la lune se bat contre le soleil et où l'on entend un chœur de lézards chantant au bord de l'eau, vaut-il ce « poëme-comédie-drame-opéra épique en cinq actes et douze chants *logozides* », avec prologue et épilogue à réveils, ayant pour personnages l'Archimonarque, l'Archi-France, la Gunécratie, le Vélocitète, la Ouicratie, le Journaliscite, le Sens-Commun, la Folie, le prince du Soleil, la duchesse de Lune, le Diable Cribletout, Fulmina, la Guerriade, l'Expositionide, l'Obélisquéide, l'Oracle Pantoglotte, Journalistes-Soleils, Peuples, Rois, etc., etc., avec des jeux de scène où l'on voit s'élever dans l'espace le Monde en forme de soleil lumineux, sur lequel plane une oriflamme arc-en-ciel de feu, et Dieu *fusiller* d'un seul coup la troupe de révoltés qui veulent tuer l'Archimonarque? Ne dirait-on pas un livret de Wagner? Il n'y manque rien que sa musique pour en faire un drame de l'avenir. Gagne avait bien raison, — nouveau **trait de ressemblance**, — de braver les critiques de la *Cruche-Routine*, en déclarant que « l'avenir le vengerait du présent assassin et lui élèverait des statues d'obélisque et de reconnaissance ».

Pas un des rêves creux de notre époque, pas une utopie philosophique ou scientifique, politique ou sociale, qui n'ait été doucement et ingénieusement tournée en dérision par ce cerveau toujours en enfantement. Gagne accouchait d'une idée par jour. C'est lui qui a imaginé le *Phylloxéracide Gagne-à-l'Ail*, — oublié par les chroniqueurs, — pour détruire « tous les phylloxeras des vignes et du corps humain », — et qui a attaché aux utopies de Proudhon, de Cabet, d'Émile de Girardin, de Dumas fils, de Victor Hugo, comme un écolier facétieux attache une queue de papier à l'appendice dorsal d'une mouche, ses fantaisies drôlatiques de la Banque universelle économique du Monde uni, de la Gunécratie, du Congrès universel du Monde uni, du Peuple homme-femme législateur du Monde uni, de la Paix universelle et de l'Amnistie universelle du Monde uni, — car le bon Gagne avait la passion de l'union et de l'unité. On sait qu'il hantait assidûment les réunions publiques, où il faisait avec un sang-froid prodigieux les motions les plus extraordinaires. Avait-il nourri l'espoir de les discréditer en présentant aux tribuns et à l'auditoire la caricature bouffonne de ce que disaient les uns et de ce qu'applaudissaient les autres? Il se trompait, malheureusement, car il était toujours dépassé par des orateurs plus fous et surtout plus méchants que lui, dont les extravagances faisaient pâlir les siennes.

Peut-on imaginer une satire plus ingénieuse dans la forme, plus amèrement éloquente au fond, de notre gâchis politique et de nos divisions intestines, de notre confusion et de nos replâtrages, que sa *République-ide-Empire-Royauté* et son *Quinque-vir-salvat*, où il proposait, pour mettre tout le monde d'accord, de fusionner nos trois grands régimes historiques en un archigouvernement, qui réunirait pour chefs unis le comte de Chambord, Napoléon IV, le comte de Paris, M. Thiers et M. Gambetta?

Mais le chef-d'œuvre épigrammatique de M. Gagne, son triomphe, ce fut la *Philanthropophagie* ou manducation amicale et fraternelle des humains les uns par les autres. Je regrette pour l'intelligence de mes concitoyens qu'ils n'aient point semblé comprendre la portée de cette invention et la leçon qu'elle contenait à leur adresse. On a traduit le troisième mot de la devise révolutionnaire par cette périphrase : « Sois mon frère, ou je te tue. » M. Gagne, observant à son tour que jamais les Français ne s'étaient plus entre-dévorés que depuis qu'ils ont inscrit la fraternité sur toutes leurs murailles, trouva la plus sanglante raillerie qu'on ait jamais faite de cette fraternité de Caïn en élevant la *manducation fraternelle* à la hauteur d'un principe, en la réglant comme une institution réclamée par les besoins des temps modernes. « Mes petits enfants, disait le Code tracé par cet apôtre de la Philanthropophagie, mangez-vous les uns les autres, puisqu'il le faut, mais du moins mangez-vous amicalement et sans vous fâcher. »

N'avais-je pas raison de vous dire que le père Gagne était un grand philosophe incompris et un satirique méconnu?

XIII

LA FÊTE DES LOGES.

5 septembre 1876.

La fête des Loges, qui s'est ouverte dimanche soir et se ferme demain, est une reine bien déchue. Il n'y en avait pas jadis de plus fameuse, de plus bruyante et de plus courue dans les environs de Paris, et la foire de Saint-Cloud elle-même baissait pavillon devant elle.

Ah! les belles parties qu'ont faites aux Loges nos pères de 1830 et de 1840! Ils arrivaient par longs et folâtres cortéges, d'une gaieté résolue, d'une expansion turbulente. Les chevauchées sur les rosses des loueurs d'alentour, les cavalcades à dos d'âne rivalisaient avec les classiques tapissières. Par l'avenue qui conduit du château de Saint-Germain aux Loges roulait impétueusement, comme le Rhône au sortir du lac de Genève, un flot continu d'omnibus, de coucous, de pataches, de chars à bancs, de cabriolets détraqués, de citadines dépenaillées, de berlingots remontant aux croisades, dan un tourbillon de cris, de chansons, de disputes, de coups de fouet, de rixes joyeuses, quelquefois de culbutes dans les fossés de la route. Les tables des cabarets et des restaurants en plein air étaient prises d'assaut. On allait décrocher son poulet à la broche, qui tournait du matin au soir devant le grand mur en briques ou en terre sèche élevé pour lui servir de foyer. On choisissait laborieusement, sur l'étagère décorée de feuillage, son cantaloup, que tous les membres de la société venaient flairer tour à tour. Les raffinés mangeaient, en guise de pain, de la galette toute chaude, fabriquée sans interruption par les pâtissiers voisins, et qui donnait un goût exquis au suresnes du restaurant.

Après le dîner, le champ de foire était envahi : on cassait une poupée au tir, on gagnait une douzaine de macarons, une demi-douzaine de salières et de coquetiers au jeu du tourniquet ou de la toupie hollandaise, quelquefois un lapin au jeu de boule, ce qui mettait le comble à la belle humeur. On allait dire bonjour à la femme colosse — la plus belle créature de l'univers, — voir travailler l'équilibriste sans pareil, écouter la harangue de mademoiselle Eloa, dentiste-pédicure, brevetée par S. M. l'empereur du Maroc et du Congo. On comtemplait les illuminations, on se répandait sous les arbres, et jusqu'au matin, dans la forêt changée en campement, retentissait derrière la charrette du bohème ou sous la tente des nomades le bruit des rires et des chants, des libations et des danses.

Voilà, du moins, ce que racontent les anciens, — *laudatores temporis acti se puero*. On entrevoit un tout petit coin de cette fête légendaire des Loges dans le *Lion amoureux*, de Frédéric Soulié; on la retrouverait au long en feuilletant les œuvres complètes de Paul de Kock et autres romanciers populaires, ses émules. Nos *pères* étaient plus gais que leurs *neveux*. Nous sommes une génération mélancolique. La politique est sombre; le monde et les foires deviennent ternes. Impossible de se le dissimuler : les Loges sont en pleine décadence, quoique les morceaux en soient encore bons et qu'elle ait des restes dont se contenterait mainte fête des environs de Paris, parmi les plus huppées.

Il m'a pris une certaine pitié de cette ruine, généralement dédaignée aujourd'hui par les chroniqueurs. Je suis allé la voir, le dernier jour, en considération de ce qu'elle fut autrefois, comme les dames de la cour de Louis XVI allaient faire visite au vieux maréchal de Richelieu. Devant la gare, à la grille du château, sur tous les chemins de la forêt, deux cents véhicules, des formes les plus diverses, avec leurs automédons à la voix enrouée, se disputaient une cinquantaine de piétons ahuris. J'ai vu une famille éperdue que trois cochers s'arrachaient l'un à l'autre, à coups de fouet sur le dos du père et des enfants. L'un tenait le premier par le coude, l'autre tirait la mère par sa robe, le troisième avait pris le plus petit enfant dans ses bras, et comme toute la famille se tenait par les mains, ce tableau me fit songer à l'écartèlement de Brunehaut.

Pour moi, je fus délicatement cueilli au passage par un postillon à magnifique gilet rouge, dont le costume devait remonter aux dernières années de la Restauration et la figure aux premières années de ce siècle. Il ressemblait à Chapelou, et je n'eus pas la force de lui résister. Pendant le trajet, nous causâmes :

« Il me semble que vous n'avez pas beaucoup de monde aujourd'hui?

— Ah! monsieur, me dit le bonhomme en larmoyant, tout s'en va. On ne fait plus ses frais. Pourtant, dimanche, nous n'avons pas eu à nous plaindre. Mais c'est il y a trente ans qu'il fallait venir aux Loges! Moi qui vous parle, j'ai vu des six rangées de voitures à la file, d'un bout à l'autre du chemin, tout ça au galop. On s'accrochait, on se décrochait, et les gendarmes se tenaient les côtes. Une fois, nous avons roulé les uns sur les autres comme des capucins de cartes. Ça faisait une fricassée de voyageurs qui grouillaient et se débattaient en piaulant. Avons-nous ri ! »

Ce souvenir le ranima, et par réminiscence, il se remit à rire silencieusement, comme le Bas-de-Cuir de Fenimore Cooper, en allongeant un coup de fouet à son cheval.

« Tenez, ajouta-t-il en me montrant du manche les chênes, les ormes et les châtaigniers qui bordaient la route, c'est comme ces arbres sous lesquels vous voyez deux ou trois douzaines de fainéants qui font semblant d'être ivres ; eh bien, il n'y en avait pas un qui n'eût sa société dans ce temps-là : elle vous apostrophait au passage, et on répondait de son mieux. C'était gentil. Mais on ne sait plus rire aujourd'hui. On fait trop de politique. »

Sur ce mot profond, une rafale d'harmonie qui arrive tout à coup jusqu'à mon oreille m'annonce que nous sommes arrivés. Je descends de voiture et m'engage sur la vaste pelouse qui sert de champ de foire, devant la Maison des Loges, autour du vénérable chêne de Diane de Poitiers.

L'aspect général de la fête est resté à peu près le même qu'autrefois. Je salue au passage la bannière du Grand Fiacre, ressouvenir des origines religieuses de la foire des Loges. Voici le quartier des victuailles, les fabricants de gaufres et de galettes, les broches à contrepoids tournant devant la flamme qui dore les flancs du poulet, les étalages formés de draps et de rideaux de lit, enguirlandés de gigots et de fleurs, de branchages et de longes de veau; voici les piles de saucissons, de jambonneaux, de langues fourrées qui donnent à ce côté de la fête l'aspect des noces de Gamache, et les rangées de tables blanches avec l'hôtelier rubicond de Maisons, de Conflans ou de Poissy, trônant auprès du comptoir. Voici enfin les innombrables cabarets : *A la renommée du bon* **20**, *Brasserie de cidre*, *Sirop américain remplaçant la bière, à cinq centimes*. Mais toutes les tables sont vides, et les marmitons, comme sœur Anne, regardent à l'horizon s'ils ne voient rien venir.

Franchissons, sans nous arrêter, le domaine des boutiques vulgaires, des loteries où l'on gagne à tout coup, des chevaux de bois, des balançoires, des chemins de fer mécaniques, des tirs où l'on remporte « une médaille d'honneur », et courons où nous appelle le bruit d'une musique enragée. Ici, la foule est plus nombreuse : quatre à cinq cents personnes, parmi lesquelles une quantité notable de militaires non gradés, écoutent bouche béante les virulentes oraisons des banquistes. Les cirques abondent, les somnambules lucides et les miroirs magiques fourmillent. Un mulâtre, à la parole embrasée comme le soleil des tropiques, exhibe sur le devant d'une voiture une dormeuse « brevetée par le gouvernement national et républicain de Versailles », et veut absolument que vous lui crachiez à la face devant la société, en le traitant d'imposteur et de fourbe, si elle ne lit pas tout ce que vous avez dans le cœur. — « Le présent amuse, le passé distrait et l'avenir occupe, dit sur la porte de la baraque voisine une inscription sentencieuse comme un quatrain de Pibrac. Ici, on voit la personne que l'on aime et dont on est aimé : au loin comme auprès, affaires d'amour et d'intérêt. Cette dame ne laisse rien à désirer. Ayant donné dans toutes les cours d'Europe des preuves de son incontestable talent, elle a été par là même surnommée la FEMME AU MIRACLE ! »

La Tente américaine se vante de posséder le « magnifique et très-rare singe de Garibaldi ». Qu'est-ce que cela peut bien être ? Il faudra que, à la première occasion, je consulte là-dessus le général Bordone.

A côté de la Charmeuse de serpents, Zaïre, la femme torpille, est représentée sur un tableau superbe, dégageant des étincelles et des éclairs, donnant à un civil et à un militaire qui se sont mis en rapport avec sa machine électrique un choc qui fait bondir le chapeau du bourgeois et le bonnet à poil du sapeur à dix pas derrière eux. Plus loin, le Théâtre indien exhibe toute une famille de féroces cannibales pris dans les déserts de l'Inde, à quatre mille kilomètres au-dessus du niveau de la mer. Vous y remarquerez principalement la jeune Carita, âgée de cinq ans, ayant déjà tout le développement d'une personne naturelle, et qui, d'un coup de dent, coupe le cou d'un lapin dont elle suce le sang avec volupté. A preuve qu'on vous montre le lapin. L'*impresario* exhibe par une lucarne un échantillon de sa famille indienne. On voit passer une tête crépue, camuse, tatouée, grimaçante, noire à désespérer un Nubien. Elle a un anneau dans le nez, roule les yeux, montre les dents et attrape au vol, à la force de la mâchoire, un navet cru qu'elle broie avec rage, pour donner un spécimen de ses goûts anthropophages. Elle répond aux questions du patron dans le plus pur français de Charonne, avec l'organe d'un électeur de M. Calvinhac, — tandis que, derrière la toile, le grand chef, son épouse et la jeune

Carita poussent, en secouant leurs chaînes, des hurlements à faire dresser les cheveux sur la tête.

Amour sacré de l'art, où ne peux-tu conduire des citoyens jouissant (peut-être) de leurs droits politiques, et émancipés par l'immortelle Révolution de 89?

L'heure du dîner approchait, et l'éloquence des banquistes aiguillonnée par l'appétit, — car, pour être pitre, on n'en est pas moins homme, — atteignait des hauteurs vertigineuses. Les lanciers polonais eux-mêmes faisaient passer dans leurs clarinettes et leurs trombones je ne sais quels accents partis des entrailles. Les tambours imitaient les roulements du tonnerre, la grosse caisse jetait des appels désespérés, la trompette avait des cris déchirants. Un saltimbanque austère, tout de noir habillé, portant des favoris à l'anglaise sur un visage d'une coupe parlementaire, tenait d'une main à ses lèvres un porte-voix où il poussait des clameurs sauvages comme durent en jeter les naufragés de la *Méduse* quand ils aperçurent une voile à l'horizon, et de l'autre il secouait une cloche qui, au milieu de ce charivari infernal, faisait songer au *Miserere* du *Trouvère*. Le public ne bougeait pas. Tout à coup il s'interrompit, prit deux pistolets derrière lui et, d'un air inspiré, les déchargea en l'air. La foule s'ébranla aussitôt pour escalader les marches de la baraque, et je m'en allai, admirant le trait de génie de cet industriel, qui venait de ressusciter Musard et de trouver naïvement le dernier mot du succès.

XIV

LES PATAQUÈS.

26 septembre 1876.

Tous ceux qui ont lu les *Lettres parisiennes* du vicomte de Launay se rappellent la dame *aux sept petites chaises*, qui avait la vocation d'estropier d'une façon si drôlatique les termes dont elle se servait. Le spirituel vicomte a peut-être un peu abusé de ce personnage, qu'il ramène sans cesse dans ses chroniques, et pour lequel il en était venu à quêter des mots auprès de tous ses amis. Cependant la dame *aux sept petites chaises (steeple-chase)* n'est pas une chimère : elle existe en chair et en os; je l'ai rencontrée bien des fois dans ma vie; la semaine dernière encore, j'ai longuement causé avec elle et avec son mari, et je vous assure que si le vicomte de Launay avait pu assister à cette conversation, il eût recueilli en une heure une provision inépuisable pour les jours maigres.

Ma dame *aux sept petites chaises* est une excellente bourgeoise de cinquante-huit ans, fraîche comme une rose, ronde comme une pomme, contente de vivre, qui a fait fortune dans la quincaillerie et habite, au hameau de Montretout, une ravissante maison de campagne toute pleine d'ombrage, de fruits et de fleurs. Comme je descendais de wagon à Bellevue il y a une douzaine de jour, pour me rendre, à travers le parc, à la foire de Saint-Cloud, elle m'a aperçu au moment où je m'informais du chemin qu'il fallait suivre, et elle a fait arrêter sa voiture.

« Tiens ! c'est vous, m'a-t-elle dit. Que faites-vous là ? Vous avez l'air d'un *âne en plaine*, soit dit sans vous offenser.

— Mais vous-même, madame, par quel hasard...?

— Je sors de l'établissement *idiothérapique*.

— Seriez-vous malade, madame?

— Oh! moi, je me porte comme un *œuf*. (Il est plus aisé de deviner que d'expliquer par quelle filière de déductions l'esprit de la bonne créature a pu être amené à substituer un *œuf* au *pont Neuf*.) Tout au plus quelques *rampes* d'estomac de temps en temps. Mais c'est mon mari...

— Qu'a donc M. Lambert ?

— Une goutte *asiatique* atroce. Il a souffert toute la nuit comme un *pendu*. Ses cris m'ont réveillée en *cerceau*, et j'ai même eu peur un moment. Mais montez donc, vous dînerez avec nous ; il sera bien content de vous voir. »

J'eus beau me défendre, elle insista avec son affabilité prolixe et bruyante, et m'enleva sans rien vouloir entendre. Vingt minutes après, nous débarquions à la porte de la maison de campagne.

« Coralie, dit-elle à une jeune fille qui était accourue au-devant de sa mère, presse le dîner, mon enfant, j'ai une faim *câline.* »

Et se retournant vers moi :

« Voyez-vous, fit-elle avec une complaisance toute maternelle, c'est la *chenille* ouvrière de la maison. »

Pendant qu'on préparait le dîner, elle me fit visiter en détail son jardin, — un -n-Eden, — un vrai *Néden,* comme elle me le répétait avec conviction, me montra le *jeu d'eau,* la *caserne* de rocailles, ainsi que les divers autres *arccessoires* pittoresques dont elle l'avait enrichi, et me présenta son fils, un bambin d'une douzaine d'années, qui est déjà *fort comme un Turc* sur le latin et qui a tant de mémoire qu'il apprend ses leçons en un *coin d'œil.*

Cinq minutes avant de nous mettre à table, nous fûmes rejoints par le mari, qui arriva clopin-clopant. M. Lambert est un digne homme, à la fois jovial et solennel, à la conversation toute farcie de métaphores boiteuses, de locutions saugrenues, de proverbes en travesti. Il se plaignit de sa goutte : hier encore il avait fait deux lieues à pied, tandis qu'aujourd'hui il était *ingambe* et impotent. Elle l'avait pris en traître, pendant la nuit : un vrai *coup de Jeanne d'Arc!* Cependant il n'avait jamais fait d'excès; sans détester un verre de vin, il n'était pas de ces gens qui boivent à *tour-larigot.* Il conseilla à sa femme de prendre de *l'eau d'ânon* pour ses tiraillements d'estomac. Il appelait la belladone de la *belle et bonne,* et confondait les *pellicules* avec les *pédicures.* Au dessert, comme j'avais paru goûter son vin de Champagne, il me donna une recette pour en fabriquer avec le premier vin blanc venu, du sucre *candide* et je ne sais plus quoi.

Nous causâmes politique, voyages, littérature et théâtre, — du canal de *Suède,* qu'il regarde comme l'œuvre la plus utile de ce siècle, de l'*armistice* réclamé par M. Louis *Leblanc,* « un homme fin comme un cheveu, monsieur », me dit-il d'une voix sentencieuse; d'une actrice du théâtre de Saint-Cloud qui avait, peu de temps auparavant, joué *Célimène,* dans le *Cid,* d'une façon bien remarquable. Pendant le café, il se surpassa. Les apoththegmes fleurissaient sur ses lèvres. Entre autres confidences, il me déclara, je m'en souviens, qu'il n'était pas de ces hommes qui ont deux *poils* et deux mesures, et qui voient une *caille* dans l'œil de leur prochain sans voir une *poule* dans le leur.

Cette pluie de pataquès m'avait littéralement abasourdi. Je sentais le besoin d'être seul, et je pris congé de ces bonnes gens en chancelant comme un homme ivre.

J'avais à peu près oublié cette scène, quand, hier, je me suis rencontré tout à coup face à face avec M. Lambert dans la rue Saint-Honoré. Il sortait de chez un pharmacien, accompagné d'un garçon qui transportait un assez gros paquet dans sa voiture.

« Je ne me trompe pas, lui dis-je en l'abordant. C'est bien M. Lambert !

— Tiens ! fit-il, si je m'y attendais, par exemple ! Vous êtes bien gentil de passer par la rue Saint-Honoré quand j'y suis.

— Vous voilà donc à Paris ?

— J'y suis venu pour mes provisions *franmaceutiques.*

— C'est pour vous tout ce gros paquet ?

— Tout. Il faut tant de choses à la campagne ! De l'*ordure* de potassium, du *surface* de magnésie, du sel de *mitre,* des feuilles d'*amande* poivrée, de l'eau de *délice* des Carmes...

— Mon Dieu !... Mais vous avez donc toutes les maladies de la création ?

— Oh ! moi, je me porte comme un *pont.* »

Il se pencha à mon oreille, et, en rougissant : « Simplement quelques *éphémérides*... Les chaleurs ; vous comprenez. Ce sera l'affaire d'un cataplasme *humiliant*. Mais c'est ma pauvre femme...

— Comment ! madame Lambert ne va pas bien !

— Non, pas trop. Elle ne dort plus qu'à force de potions *à pioncer*. Et, aussitôt qu'elle dort, elle a des *coquemars* si affreux qu'elle aime quelquefois mieux passer toute la nuit sur son *océan*. Ça n'est pas drôle. Hier, je l'entendais gémir tout doucement. Je me suis levé en *tapis noir*, et je suis allé à sa chambre. Il était quatre heures du matin, et elle n'avait pas encore fermé l'œil. Ça n'est pas drôle du tout.

— Avez-vous au moins un bon médecin ?

— Oh ! pour ça oui : un *homapatte*, Allemand, par malheur ; mais il s'est fait *neutraliser* Français pendant la guerre. Il y a un mois, je ne le connaissais encore *ni des lèvres ni des dents*. C'est un voisin qui me l'a présenté. Il est très-instruit, vous savez, et moi j'aime les gens instruits.

— Ce goût ne m'étonne pas de votre part, monsieur Lambert.

— Mais montez donc ; je vous reconduirai à votre porte.

— Non, je ne demeure pas sur votre route.

— Montez toujours. Cela me fera plaisir de *retrousser* chemin pour causer avec vous pendant un quart d'heure. D'ailleurs, j'ai une bouteille d'huile d'olive à prendre chez mon épicier, qui en vend d'excellente : il la fait venir d'Olive même. »

Il insista si bien que je montai, et, tout le long du trajet, il se répandit en confidences. Quel dommage ! Ils étaient si bien dans leur maison de campagne, comme de vrais coqs *en plâtre!* Mais que voulez-vous? on n'est jamais tranquille. Il espérait bien pourtant se tirer de ce mauvais pas, car, comme le lui répétait tous les jours sa fille Coralie : « *Aie de quoi,* le ciel t'aidera. »

Nous étions arrivés à ma porte, et je descendis sur ce mot, en lui jetant un coup d'œil de côté pour voir si, au fond, M. Lambert n'était pas un Français né malin qui avait voulu renouveler un vieux proverbe par une variante ingénieuse, du genre de celles-ci :

« Il faut battre *son frère* pendant qu'il est chaud ! — C'est comme un *notaire* sur une jambe de bois. — Péché *d'avoué* est à moitié pardonné. — L'occasion fait *le baron* », — soit dit sans allusion aucune à M. Baron Brisse, etc., etc.

« Mais regardez-moi donc ces chevaux-là, fit-il d'un air un peu fâché, au moment où je lui donnais une poignée de main. Vous ne les avez seulement pas vus.

— Si fait, monsieur Lambert, et j'étais justement en train de me dire : Quelles magnifiques bêtes !

— N'est-ce pas ? Et ma voiture ?

— Oh ! tout à fait confortable ! Vous êtes un heureux homme, monsieur Lambert. C'est comme votre campagne : elle est digne d'un prince.

— Mais oui, mais oui, je ne suis pas trop mal installé, fit-il avec une satisfaction majestueuse. Que voulez-vous, cher monsieur, la roue de la fortune m'a souri ! »

Ce fut le bouquet, le mot de la fin, comme disent les chroniqueurs. J'en eus d'abord un éblouissement. Mais, après tout, la roue de la fortune qui sourit ne vaut ni plus ni moins que le char de l'État qui navigue sur un volcan et tous ces autres échantillons du style poétique et oratoire qui sont d'un usage si fréquent encore : *couronner une flamme, saper les liens de la famille* ou *les bases du lien social,* etc., etc. Je suis même étonné qu'une métaphore d'une si belle venue n'ait été portée jusqu'à présent à la tribune par aucun des Prudhommes du parlementarisme.

Et cette phrase cueillie l'an dernier dans les plates-bandes d'un *échotier* de théâtre : « Mademoiselle X., une étoile en herbe, a chanté de main de maître. » Et cette autre qui est pourtant d'un écrivain habituellement distingué : « Hier encore, une main qu'on a reconnue à sa haute compétence jetait dans la *Revue des Deux Mondes* un cri d'alarme. »

En fait de pataquès, il y en aurait de plus pressants à relever que ceux de M. et de madame Lambert, je le reconnais.

XV

LE JOUR DE MADAME.

16 novembre 1876.

L'approche de l'hiver a rallumé tous les foyers éteints. La campagne a rendu à Paris ses retardataires les plus obstinés, et les salons qu'avait fermés le printemps se rouvrent les uns après les autres. Les réceptions recommencent, et j'ai reçu hier un petit mot de madame de X... — je ne le dis point pour vous prouver que je suis un chroniqueur du grand monde, moi aussi, comme Fervacques, M. Chapus et madame de Girardin — me rappelant qu'elle est chez elle le lundi dans la matinée.

On sait que les mots n'ont pas toujours la même signification à Paris qu'en province. En province, la matinée commence à huit heures, quelquefois plus tôt, pour finir à midi ; à Paris, elle ne commence pas avant deux heures. Autrefois, on recevait tous les jours ; maintenant, on ne reçoit plus qu'un jour par semaine, ce qui est une façon polie d'exclure les autres et de dire à ses bons amis : « Je fais le sacrifice d'une journée pour m'imposer la corvée de vous recevoir, mais c'est à la condition que vous me laisserez tranquille le reste du temps. » Puis on a réduit cette journée à quelques heures à peine, pendant lesquelles on se voit en cercle banal et l'on échange des conversations compassées qui ne touchent à rien ni à personne, de peur de choquer les opinions ou les relations des inconnus avec qui l'on se trouve.

L'invention *d'un jour* est le pendant naturel de l'invention des cartes de visite : de part et d'autre, c'est le même genre de politesse. Mais il faut avouer pourtant qu'elle a son bon côté, car elle garantit du moins le visiteur contre tout risque de trouver porte close, — ce qui est bien quelque chose dans une ville où les distances sont aussi longues et les vies aussi occupées qu'à Paris. En outre, elle permet à la maîtresse de maison de vaquer elle-même les autres jours à ses devoirs ou aux soins de son intérieur en toute sécurité, sans courir le risque d'être surprise en robe de chambre, à demi coiffée, et en lui ménageant le bonheur — auquel madame Benoîton elle-même doit être sensible — de se détendre quelquefois et de n'être point toujours sous les armes. Ménage, au sortir de l'hôtel de Rambouillet, éprouvait le besoin de parler patois et de faire des fautes de français. Je suppose qu'il y a des moments où ce doit être une jouissance ineffable pour la femme du monde la plus *mondaine* de passer son après-midi en bonnet de nuit. Si je me trompe, madame, veuillez m'excuser ; je n'ai point prétendu vous manquer de respect.

Tout bien compensé, le jour de ces dames a donc du bon.

Mais, avant de vous y rendre, vous ferez prudemment de parcourir l'*Almanach du savoir-vivre,* que vient de publier madame la comtesse de Bassanville. J'ai été terrifié en parcourant ce code du bon ton. Combien de choses essentielles que j'ignorais absolument! Que de solécismes on fait contre les beaux usages, comme M. Jourdain faisait de la prose, sans s'en douter! C'est à désespérer de devenir jamais un homme du monde accompli, selon le cœur de madame de Bassanville.

Par exemple, le chapitre des chapeaux est tout un poëme. Sachez que le signe le plus infaillible auquel se reconnaît le parfait homme du monde, c'est à la façon aisée et gracieuse dont il tient son chapeau. — Dès votre premier pas dans le salon, vous serez jugé et classé à cette marque infaillible. « Votre chapeau, façon tuyau de poêle, disait madame de Girardin, est bien laid, bien incommode; mais gardez-le, car il est si difficile à bien porter que c'est le dernier détail où puisse se marquer l'éducation qu'on a reçue et le monde dans lequel on vit. » — Non-seulement le visiteur doit garder avec élégance son chapeau à la main, mais vous manquez de savoir-vivre si vous mettez de l'empressement à le prier de s'en débarrasser. Rencontrez-vous une femme inconnue dans l'escalier, vous devez porter la main à votre chapeau, suivant madame de Bassanville. Cependant, un jour, ayant agi conformément à ce précepte, j'en fus repris par un ami, gentleman aussi distingué par les manières que par la naissance, comme d'un manque de tact, attendu que mon salut pouvait faire croire à cette dame que j'avais eu l'honneur de la voir quelquefois ailleurs, tandis qu'il n'en était rien. Toutes ces nuances sont bien délicates! Hippocrate dit oui, mais Galien dit non, et le plus difficile, lorsqu'on se croise avec une dame dans un escalier, ce n'est pas de faire son devoir, c'est de le connaître.

On doit toucher son chapeau en entrant dans un omnibus. Ajoutons, puisque la parenthèse est ouverte, que dans la rue, en cas d'averse subite, « un homme peut prendre la liberté d'offrir la moitié de son parapluie » à une personne de l'autre sexe dont il n'a pas l'honneur d'être connu. Sans doute, pour justifier cette liberté, il faut que l'averse soit de première catégorie et tout à fait imprévue. Il est vrai aussi que l'inconnue, si elle est jeune, « fera bien de refuser », et, si elle est n'est pas jeune ou si elle a cru devoir accepter, garder un silence modeste et remercier avec une politesse froide, « sans rien dire qui puisse faire connaître ni son nom, ni sa position dans le monde ». Cette dernière recommandation semblera peut-être superflue, et en général madame la comtesse de Bassanville pousse les précautions un peu loin. Elle assure qu'on entend dire « tous les jours, par des personnes du monde : *votre dame* et *votre demoiselle* ». Je ne l'aurais pas cru. Et elle recommande aux gens comme il faut de s'abstenir de ces locutions vicieuses. Ce conseil et quelques autres du même genre m'ont fait songer à la *Civilité puérile et honnête*, ce livre d'or de la vieille politesse française, qui contenait tant d'aphorismes d'une bonhomie toute patriarcale.

Si vous recevez le soir et si vous craignez l'invasion de la politique dans la conversation, madame la comtesse de Bassanville vous donne un conseil où respire la ruse du serpent. Procurez-vous un bon livre, qui occupe la curiosité publique, puis un bon lecteur : « les visiteurs, obligés d'écouter, ou tout au moins d'en faire semblant, sont forcément condamnés au silence. Si cela les ennuie, leur visite sera courte, voilà tout. » Voilà tout, madame la comtesse, en êtes-vous bien sûre ? Il me semble que ce *voilà tout* manque de civilité envers les victimes, et je doute que ce moyen trop ingénieux, ou trop naïf, puisse servir bien longtemps à une maîtresse de maison.

Suivant l'*Almanach du savoir-vivre*, les maisons distinguées ont renoncé à l'usage de faire annoncer les personnes à la porte du salon par le domestique. Je le crois sur parole. Il est bien vrai que les domestiques avaient et ont encore la fâcheuse habitude de bredouiller ou d'estropier les noms. On en cite des exemples dont quelques-uns touchent à la charge : M. Pozzo di Borgho, par exemple, et le prince avec la princesse Pallavicini, annoncés, à quelques minutes d'intervalle, par un Jocrisse à voix de stentor, le premier : « M. le maître de poste de Bordeaux » ; les autres : « le prince et la princesse Paul et Virginie. » En pareille circonstance, M. Marco Saint-Hilaire répara spirituellement la bévue d'un valet. « M. le *marquis* de Saint-Hilaire », avait annoncé celui-ci. — Pardon! fit l'historien de Napoléon Ier en s'avançant précipitamment vers le maître et la maîtresse de maison, que cette pompeuse annonce avait mis en émoi, ne vous dérangez pas : c'est un *quis pro co*.

Dans l'une de ses tournées académiques, Casimir Bonjour s'était présenté chez un immortel de modeste fortune, ayant pour tout valet de chambre une jeune paysanne encore assez mal dégrossie, que sa femme avait ramenée de province. « Monsieur veut-il me dire son nom? demanda la jeune bonne. — Bonjour. — Bonjour, monsieur, répond l'enfant très-flattée. Mais je demande à monsieur son nom. — Eh bien, je vous dis : Bonjour. — Moi aussi, monsieur ; mais qui annoncerai-je? » En ce moment l'académicien, entendant une dicussion dans l'antichambre, ouvre la porte du salon. « Ah! dit-il, c'est M. Bonjour ! — Vous voyez, mon enfant, fit l'auteur des *Deux Cousines* en se retournant vers la femme de chambre, au lieu de dire : « Bonjour, monsieur », il fallait dire : « Monsieur Bonjour », tout simplement. »

L'une des plus terribles bévues de ce genre est celle de ce valet annonçant : *M. le maréchal Ney,* pour : *M. Maréchal aîné,* dans le salon du procureur général Bellart, le soir même de l'exécution du prince de la Moskowa. L'histoire est bien connue ; je la rappelle sans m'y arrêter. En voici une autre de même nature, qui a été moins souvent citée :

La scène se passe peu de temps après les *trois glorieuses,* dans le salon du comte de B..., qui, comblé de faveurs par Louis XVIII et Charles X, ne s'en était pas moins rallié au nouveau régime avec un empressement d'assez mauvais goût. Ses réceptions étaient devenues le rendez-vous de toute l'aristocratie ralliée comme lui. Un jour, un député tout récemment élu se présente. « M. Leduc, dit-il au valet de chambre. — M. le duc de...? demanda le Frontin, habitué à voir défiler chez son maître les plus hauts personnages, et qui ne soupçonnait pas l'existence d'un nom si vulgaire. — Leduc,... de Bordeaux », fit le député, croyant qu'on lui demandait le nom de son collége électoral. Le valet de chambre ouvre à deux battants la porte du salon, et, d'une voix retentissante :

« M. le duc de Bordeaux ! »

Tableau ! — comme on dit dans le style du *reportage*. Tandis que M. Leduc s'avançait vers lui d'un air aimable, le comte de B... tombait évanoui dans un fauteuil.

Mais l'usage d'introduire sans annoncer a bien aussi ses inconvénients. Pour peu surtout que la maîtresse de maison pèche par les yeux ou par la mémoire, elle risque de se trouver parfois prise fort au dépourvu. Vous figurez-vous sa situation en face d'un visiteur à qui elle n'ose et ne peut avouer qu'elle ne le reconnaît pas du tout? Et la situation de ce visiteur lui-même, dans un cercle de personnes étrangères qu'il gêne et qui le gênent, ne sachant que dire, n'osant d'ailleurs ouvrir la bouche, parce qu'il devine vaguement qu'on l'a oublié et que cela l'humilie, tâchant d'appuyer d'un geste gauche et d'un sourire niais la conversation de madame qui, avec une sueur d'angoisse, parle au hasard des élections, des courses, de la *comtesse Romani,* de la réception de M. Charles Blanc, du grand bal qui se prépare, de la dernière vente à l'hôtel Drouot et du dernier livre en vogue, des modes de l'hiver et de la femme coupée en morceaux.

Il y a dans *Gilberte,* de M. Gondinet, une jolie scène qui semble faite tout exprès pour cette chronique. En l'absence de sa mère, Gilberte tient un moment sa place au salon. Pendant la réception, on voit entrer tout à coup un monsieur grave, que personne ne connaît et qui, après avoir salué, s'asseoit sans mot dire. Vainement Gilberte tâte le terrain, pousse des reconnaissances, jette la sonde : le monsieur lève les yeux au plafond, rajuste ses gants, sourit avec courtoisie, mais demeure silencieux. Au bout de dix minutes, il se lève comme par l'effet d'un ressort, salue profondément et gagne la porte du salon, où il croise la maîtresse de maison qui rentre. « Vous vous en allez déjà, monsieur! » dit-elle d'un ton plaintif. Le monsieur salue d'un air pénétré et continue sa route : « Ah! enfin! vous le connaissez donc? s'écrie-t-on en chœur. — Moi? Pas du tout. Vous ne le connaissez donc pas? »

La conversation doit être dirigée par la maîtresse de maison, dit encore madame de Bassanville. C'est un grand art de savoir l'assortir au caractère particulier de sa réunion, si celle-ci a un caractère, et si elle n'en a pas, de la maintenir dans des régions générales où elle peut intéresser tout le monde sans ennuyer ni embarrasser personne. Mais cet art demande beaucoup de tact et une longue expérience. Il est recommandé particulièrement de ne causer ni politique, ce qui pourrait amener des discussions fâcheuses, comme nous l'avons vu plus haut, ni littérature, ce qui sent son bas bleu et peut gêner les dames dont la *Mode illustrée* constitue toute la lecture.

Ceci me rappelle une petite anecdote qui va me fournir le mot de la fin. C'était vers les dernières années de l'Empire. Une jeune dame, fort à la mode aux bals des Tuileries, faisait visite à une amie du même monde. Elle entre dans son salon, toutes voiles dehors, et, à peine assise :

« Vous étiez en conversation très-animée, dit-elle, je m'en voudrais de vous interrompre. De quoi parliez-vous ?

— Nous causions des *Lundis* de M. Sainte-Beuve.

— Ah ! fit-elle étourdiment, il paraît que c'est fort bien. Tout le monde y va. J'aurai une invitation quand je voudrai ; mais vous savez, ma chère, le lundi, c'est justement mon jour... »

XVI

UN REGARD JETÉ DANS UNE CASERNE.

§ 1. LES VOLONTAIRES D'UN AN.

9 novembre 1876.

Hier, grand départ des volontaires parisiens. Ceux qui, dans la nuit du 7 au 8, voyageaient sur la ligne de Bretagne, ont pu s'en apercevoir. Les rires joyeux, les chants, les interpellations réciproques de wagon à wagon, les épanchements tumultueux et les bruyantes confidences ne permettaient pas de s'y méprendre. Une douzaine de jeunes gens, qui ne se connaissaient peut-être point la veille, mais qui semblaient s'être liés fort intimement à la gare, s'étaient munis de tout un arsenal de mirlitons, sur lesquels ils exécutaient avec acharnement les symphonies les plus variées. J'ai reconnu notamment au passage des lambeaux de la *Marseillaise*, mêlés à quelques fragments de la *Casquette du père Bugeaud*. Le coryphée de la bande prétendait reproduire sur son instrument, avec une irréprochable netteté, toutes les sonneries militaires ; nous eûmes successivement la diane, le boute-selle, la générale, l'appel, la retraite, la charge. Heureusement, vers deux heures du matin, ce charivari infernal commença à mollir ; çà et là, un mirliton partait encore tout seul, mais sans entrain, sans conviction, et il se taisait bientôt, comme un tapageur glacé par le silence qui l'entoure. A deux heures et demie, le sommeil bienfaisant avait éteint tous les feux, et la grande symphonie guerrière était remplacée par un concert de ronflements.

Dans la journée, j'ai retrouvé la plupart de mes instrumentistes nocturnes à la caserne de la ville de X... J'ai dépassé de près d'un quart de siècle l'âge heureux d'être volontaire. A quel titre allais-je donc à la caserne? Le lecteur perspicace le devinera aisément, s'il y tient ; mais ce détail importe peu à l'histoire. Quoi qu'il en soit, je dois constater en passant que le volontaire m'a paru une valeur difficile à faire encaisser, et que la partie prenante, qui ne badinerait pas pourtant si l'on essayait de se mettre en faillite, n'était guère pressée de recevoir. Pendant une demi-journée, avec l'ami qui nous pilotait vaillamment par les rues de sa ville natale, nous avons erré de bureau en bureau, renvoyés de la caserne au cabinet du major, du cabinet du major à l'intendance, de l'intendance au capitaine de recrutement ou au commandant de place, je ne me souviens plus au juste, de celui-ci rabattu sur le major et du major rejeté à la caserne.

Enfin, toutes les opérations terminées, on offre gracieusement aux volontaires un congé pour la nuit. Plusieurs acceptent avec empressement ; d'autres remercient : ils ne connaissent personne en ville, et ils aiment mieux coucher à la caserne. C'est égal, ils auront *quand même* cette permission dont ils ne veulent pas. On tient à leur être agréable malgré eux ; et comme un Breton d'entendement dur persiste à vouloir se conformer aux prescriptions de sa feuille de route, on lui répond sans ambages que la caserne n'a pas, cette nuit, de lit pour le recevoir.

« Et moi, s'écrie-t-il, qui craignais d'être porté comme déserteur si je n'arrivais pas aujourd'hui! C'était bien la peine de tant me presser! Si j'avais su, je serais resté un jour de plus à la maison, au lieu de battre le pavé de X... jusqu'à demain. »

J'interroge le secrétaire du major :

« A quelle heure devons-nous être à la caserne demain matin, sergent?

— A sept heures précises.

— C'est bien tôt. Nous demeurons à l'autre bout de la ville. Il faudra déjeuner auparavant. Ne pourrait-on avoir une demi-heure de répit?

— Impossible. Heure militaire.

— Très-bien! nous y serons. »

Et le lendemain nous y étions. Il avait fallu déranger toute la maison hospitalière où j'étais descendu. Les domestiques s'étaient levés à cinq heures pour nous réveiller à cinq heures et demie, faire le café au lait, porter la petite valise du soldat; puis nous nous étions acheminés, à travers le brouillard glacial de l'aube, faisant d'énormes enjambées, de peur d'être en retard d'une minute. La bise nous transperçait et la sueur nous inondait en même temps. Après quarante minutes de cet exercice, nous arrivions essoufflés :

« Caporal, est-ce que nous sommes en retard?

— Oh! vous avez bien le temps! Ce n'est que pour huit heures. »

Les volontaires arrivent de toutes parts, grelottants, déconfits, mal éveillés, après avoir passé la nuit je ne sais où. Ils se promènent comme nous. Mais plus de mirlitons, plus de chants, plus de rires. Qu'il fait froid dans cette cour ! La bise la transperce de tous les côtés. On dirait un carrefour de courants d'air. Chacun se calfeutre dans son pardessus, excepté ceux qui n'en ont pas, et l'on se promène de long en large, en claquant des dents et en battant la semelle. Huit heures étaient sonnées quand des caporaux d'aspect fort débonnaire sont venus chercher les volontaires de chaque compagnie pour l'immatriculation, la visite et l'habillement.

A quelque chose malheur est bon. Cette longue attente m'avait permis, du moins, d'assister dans toutes ses phases au réveil de la caserne, et ce spectacle m'a réchauffé.

A sept heures précises, un clairon débutant, qui parsème ses *soli* de quelques *couacs,* va sonner la diane à tous les coins de la caserne. Déjà des têtes rasées passent gaiement par toutes les fenêtres. « Tiens ! voilà les *quinze cents francs !* » s'écrie un *pantalon* rouge en *manches* de chemise, occupé à se faire la barbe devant une glace de deux sous, tout en sifflant la *Casquette.* Cinquante physionomies curieuses plongent à la fois dans la cour, puis se retirent de l'air le plus indifférent du monde.

On entend des rires, des chansons, d'énormes plaisanteries. De folâtres militaires, vêtus de capotes où se retrouvent des échantillons de tous les draps fantastiques fournis au gouvernement de la Défense nationale, dégringolent l'escalier de la chambrée comme une trombe, se donnant des poussées, se portant des bottes en tierce ou en quarte, faisant sauter leurs képis en l'air, ébauchant de joyeuses parties de boxe et de savate. Pendant que les uns arrivent, les autres partent ; on devine ceux-ci à leur joie exubérante et aux interpellations amicales de leurs compagnons. La cantine est envahie par une demi-douzaine de *mauvais soldats* qui ne perdent pas une minute pour tuer le ver.

Cependant le mouvement s'accroît, la fourmilière humaine s'agite de plus en plus, les sonneries se multiplient de toutes parts. On sonne pour le poste, on sonne pour les corvées, pour les consignés, pour les recrues. On sonne au pain, on sonne à la viande. Les hommes s'alignent, chargés de sacs et d'immenses corbeilles, sous lesquels ils reviendront ployés tout à l'heure. Les voitures de subsistances s'ébranlent les unes après les autres pour aller approvisionner la gamelle du régiment. Le troupeau des cuisiniers défile, en sarraux jadis blancs, maintenant noirs de crasse. L'aspect de ces marmitons graisseux suffirait à couper l'appétit d'un naufragé de la *Méduse*. A la pompe, une douzaine de fantassins remplissent à tour de bras les seaux et les baquets, qu'ils vont vider ensuite dans le tonneau de la cuisine, vrai tonneau des Danaïdes, toujours comblé et toujours vide. Dans le fond, un sapeur formidablement barbu plonge dans un lavoir et tord avec d'héroïques effets de biceps, qu'admirent autour de lui les blanchisseuses du régiment, un caleçon et une paire de bas.

Mais quel est ce tourbillon de gros rires et d'épigrammes malodorantes? Ce sont les hommes de la corvée de quartier qui s'en vont gaiement, le balai sur l'épaule, à leur besogne infâme, assaillis de quolibets rabelaisiens qu'ils rendent à usure. Dans ce coin, des soldats de première classe dressent les jeunes recrues à toutes les évolutions militaires. Les commandements se croisent : « Garde à vos! — Portez... harrm! Une, deux! Une, deux! — Par file à droite, pas gymnastique.

— Le petit doigt à la couture du pantalon ; l'œil à quinze pas. » Et là-bas un vieux sergent, l'air rébarbatif, tient bloqué contre le mur le peloton des hommes punis, qui vont pendant des heures entières se tenir au port d'armes et répéter, jusqu'à ce qu'ils tombent de fatigue, tous les exercices décrits par la théorie.

Le colonel, à cheval, a fait son entrée dans la cour de la caserne et vient jeter partout l'œil du maître. Il me semble que, dans le salut des soldats, se mêle à un profond respect une nuance d'affection. Sa figure ouverte et loyale respire je ne sais quelle mâle bonté. Si j'étais inquiet, je me sentirais rassuré en le regardant.

— Allons, adieu, mon garçon. Voici neuf heures : la caserne est en pleine vie. On va bientôt sonner la soupe. Le capitaine d'habillement t'attend pour te faire endosser l'uniforme réglementaire. Deviens un homme et un soldat ; reste un brave garçon et un bon chrétien. Si le harnais te pèse quelquefois, songe à la France, rappelle-toi le passé, pense à l'avenir, et que Dieu te bénisse, jeune volontaire d'un an !

§ 2. LA MONOGRAPHIE DU SAC.

15 juin 1877.

Une récente ordonnance ministérielle a fait du sac militaire un objet de chronique et d'actualité. Le sac est le complément naturel du soldat ; on ne peut parler de l'un sans songer à l'autre. Sans doute le touriste qui visite la Suisse à pied et se prépare à escalader, en digne membre du club Alpin, tous les glaciers de l'Oberland ; le paysagiste qui va de grand matin installer sa tente sous un chêne de la forêt de Fontainebleau ; l'enfant qu'on envoie à l'école avec sa provision de livres et de confitures, tout cela part le sac au dos. Et quand on dit d'un homme qu'il a le sac, ce n'est ni de Boquillon ni de Dumanet qu'on a l'intention de parler. Il n'en est pas moins vrai que, parmi tous ces sacs, le plus intéressant, le plus français, celui auquel le mot fait penser tout d'abord, c'est le sac du soldat. M. de Rothschild *a le sac,* l'alpiniste en partance pour le mont Blanc *porte un sac;* Pitou seul *porte le sac.*

Le ministre de la guerre a décidé que désormais, non-seulement dans les exercices, mais dans les simples factions, le troupier devra avoir sac au dos. Les sergents-majors eux-mêmes, dispensés jusqu'ici du sac en temps de paix, le porteront désormais dans les marches et autres prises d'armes.

D'après la nouvelle mesure, le sac du soldat doit renfermer l'*ordonnance* et le *campement;* de plus, dix cartouches à enveloppe de cuivre et, au besoin, des paquets supplémentaires destinés à en élever progressivement le poids jusqu'à vingt-deux kilos. Il s'agit *d'entraîner* peu à peu le fantassin français, ainsi qu'un bon cheval de course; de le dresser, comme jadis le légionnaire romain, à atteindre le maximum de sa force. C'est toujours la vieille histoire de l'homme qui faisait le tour du cirque avec un bœuf sur ses épaules, parce qu'il avait commencé à porter l'animal le jour même de sa naissance, à l'état de simple petit veau, et qu'il n'avait jamais suspendu cet exercice, si bien qu'il ne s'était même pas aperçu du changement insensible qui avait fini par faire du veau un bœuf.

Je conçois que cette expérience manque d'agrément par trente-deux degrés de chaleur, et qu'elle fasse un peu maugréer le fusilier Pitou et les jeunes volontaires. Ce gredin de sac pèse rudement par derrière ; les courroies scient les épaules et tirent sur le collet, qui arrête la respiration et donne à la face congestionnée les couleurs d'un coquelicot. Diable de sac ! Au diable le sac ! Pitou ne cache pas qu'il le changerait volontiers contre celui de M. de Rothschild, et même qu'il donnerait encore du retour. Mais, après cinq heures de marche, il le retire sans colère, bien qu'avec soulagement, et en montrant à Dumanet sa chemise trempée comme si elle sortait de la lessive, il se borne à lancer avec un bon rire la plaisanterie classique du vieux soldat qui garde un coin de gaieté jusque dans sa mauvaise humeur : « Allons, laissons-leur la graisse ; ils n'auront pas les os ! »

Esquissons rapidement la physiologie du sac.

Le sac du fantassin français est divisé en deux parties principales : d'abord la boîte à cartouches, qui a cinq centimètres de hauteur ; puis, au-dessous, le grand compartiment, haut de vingt centimètres. La carcasse est revêtue d'une peau de mouton qui, du côté opposé à celui que le soldat s'applique sur le dos, se relève en tablier et se boucle par en bas. Nous ne parlons pas des sacs recouverts en simple toile, souvenir de la guerre de 1870, qu'on achève d'user.

Sur la peau sont cousues de fortes courroies : deux par devant pour attacher le sac au dos ; trois sur le haut servant à le charger à outrance, en ficelant les habits et couvertures ; deux *contre-sanglons,* de chaque côté, pour retenir chacun un soulier, ou attacher les bouts de la capote roulée.

CE QU'ON MET DANS LE SAC.

Le troupier qui a son sac complet dit en sa langue qu'il a l'ordonnance dans le sac.

Voici l'exacte nomenclature de l'*ordonnance :*

Une chemise, un caleçon, un mouchoir ordinaire, un mouchoir d'installage — vaste pièce de toile sur laquelle est dessinée la place de chaque objet donné au soldat, et où il doit étaler méthodiquement tout son bagage pour les revues de détail faites dans les chambrées — une paire de *godillots,* une de gants, deux de guêtres, une boîte en fer-blanc pour la graisse, un martinet, une trousse en cuir contenant boutons, bobine et aiguilles, ciseaux, dé, peigne, etc., etc., une *patience,* instrument qui sert à enfiler les boutons de cuivre pour les astiquer, enfin six brosses, renfermées dans un sac qui en temps ordinaire reste suspendu à la tête du lit. Apprendre à faire tenir tout cela dans le sac, c'est peut-être le plus rude apprentissage du volontaire.

De plus, l'ordonnance ministérielle ajoute au sac le poids des cartouches supplémentaires.

Jusqu'à ces derniers jours, le troupier, dressé à tous les secrets de l'art militaire, avait divers trucs pour simuler avantageusement l'*ordonnance,* par exemple à l'aide d'un simple pain de munition ou de quatre brosses disposées en croix dans le sens de l'épaisseur, qui tendaient la peau du sac de manière à tromper l'œil le plus exercé. On risquerait gros, actuellement, de se livrer à ces fantaisies, et l'on m'assure que, la semaine passée, cet intrigant de Boquillon a attrapé huit jours de *clou* pour avoir dû, sur l'ordre du capitaine, détacher son sac dans une marche et en étaler sur la route le contenu, où une ingénieuse disposition des godillots masquait de déplorables lacunes.

CE QU'ON MET SUR LE SAC ET AUTOUR DU SAC.

Pour l'exercice journalier, rien. En tenue de service, la capote roulée et les outils. En tenue de campagne — quand on a la capote sur le dos — une veste de mobile roulée dans le sac en toile qu'on appelle l'étui-musette, une toile de tente, cinq piquets et des cordeaux, deux outils, deux marmites et deux grands bidons par escouade, une grande gamelle pour deux, sa gamelle à soi, une paire de souliers, les vivres et la couverture de campement.

C'est tout un musée, et le troupier peut dire comme le philosophe Bias : « Je porte tout sur moi. » Est-il heureux ! est-il gâté, ce sybarite ! On va jusqu'à penser à le munir d'une bonne couverture pour le garantir des rhumatismes. Epicurien de Pitou !... Hein ? quoi ? — Ça pèse lourd ! geint un quinze cents francs harassé. — Ingrat ! Le gouvernement le comble, et il murmure ! Silence dans les rangs ! En avant, marche, et tenons-nous droit, sans rouler les yeux, sans allonger le cou, sans tirer la langue !

— Bah ! dit un vieux sergent qui a fait la guerre de Crimée, qu'est-ce que c'est que ça ? De mon temps, le sac en tenait bien d'autres ! Il fallait voir les zouaves avec leurs *bibelots !* J'en ai connu un qui, par-dessus les marmites, les vivres et les bidons, portait un flageolet, un violon, une demi-douzaine de guignols pour jouer la comédie, le soir, au bivac, et un perroquet qui criait toute la journée : « Vive la France ! A bas les Cosaques ! »

— Et puis, ajoute un Parisien, qui est le loustic de la compagnie, en temps de campagne, n'aie pas peur, cela diminue vite, et l'on porte le sac comme une plume. Une paire de souliers ne dure guère, et il faut si souvent renverser la marmite qu'on ne pense pas toujours à la ramasser. Les cartouches ne sont pas éternelles, ni les vivres non plus ; on voudrait quelquefois bien en recevoir, quand même cela devrait peser le double. Il y a des mauvais soldats qui jettent leurs brosses le premier jour ; ils ont tort, car on n'en a jamais trop en campagne pour se brosser le ventre.

Au fond, voyez-vous, le sac est l'intime ami du soldat, comme le chien et le lézard sont les amis de l'homme. C'est un compagnon qu'il trouve de temps en temps désagréable, qu'il boude quelquefois, souvent même, mais auquel il revient toujours, et dont il serait bien fâché de se séparer. En campagne, il lui sert d'oreiller pour dormir, de table pour manger, de banc pour s'asseoir, de manteau contre la pluie et la neige, d'ombrelle contre le soleil, de secrétaire pour écrire au pays. C'est tout son mobilier ; que dis-je ? c'est son domicile. Il en tire sa tente, son couvert et son lit ; il y fourre des objets précieux auxquels il tient : la pipe d'écume, charme du campement, le petit livre préféré, les souvenirs de la famille. Pour un sac de *fricoteur* qui enfouit dans ses profondeurs ténébreuses quelque corps de délit à poil ou à plume, vous en trouverez deux cents qui cachent les lettres de la mère et la photographie de la sœur ou de la fiancée.

Le sac est d'une importance si majeure dans l'habillement du fantassin qu'on ne dit pas : *s'apprêter;* on dit : *mettre sac au dos.* Ces quatre mots sont absolument inséparables et n'en font qu'un. L'ordonnance ministérielle a déjà inspiré à un poëte anonyme de caserne ce distique digne de Malebranche, dont le lecteur jugera peut-être la rime peu riche, mais qui n'en produit pas moins beaucoup d'effet lorsqu'il se chante sur l'air de clairon qu'on appelle *l'assemblée :*

Les homm' de gard', mettez vite sac au dos,
Ou l' sergent d' semain' va vous tomber sur l' dos!

C'est ainsi que la poésie s'inspire de tous les sujets. Les Parnassiens trouveront ces vers d'une simplicité par trop primitive; mais ils auraient charmé Alceste, et ils ont suffi pour consoler Pitou.

XVII

UN CHEVALIER D'INDUSTRIE POLITIQUE.

ÉTUDE D'APRÈS NATURE.

31 octobre 1876.

Nous venons d'avoir une nouvelle affaire Markariantz. On se souvient de ce chevalier d'industrie, arrêté tout à coup par l'intervention de la police dans le développement de sa brillante carrière, au moment où il se préparait à la couronner par un dernier et fructueux exploit. Le pseudo-comte Belinsky, ce magnifique ami des artistes, qui traitait à la façon de Lucullus les acteurs des Variétés, qui avait loué une avant-scène aux Bouffes pour toute la saison, afin de se repaître à l'aise des charmes de madame Judic, et qui se faisait défrayer par son hôte en lui déposant royalement pour gage un diamant de quinze sous, vient de raviver le souvenir de cette comédie, qui se joue, d'ailleurs, perpétuellement à Paris. La police correctionnelle s'est chargée du dénoûment de la pièce. Attendons !

Paris est le grand rendez-vous de tous les Belinsky et de tous les Markariantz du globe. Belinsky est un Russe ; il a voulu prouver de quoi le Nord était capable lorsqu'il s'en mêle. Mais il faut avouer pourtant que, dans cette exportation de personnages bizarres qui viennent à Paris tenter la fortune avec un assortiment de dés pipés, aucun pays ne peut disputer la palme à l'Orient. Tout le monde a connu cet autre Markariantz qui s'est fait naturaliser Français et qui a failli devenir un homme d'État sous l'Empire. Puisqu'une nouvelle occasion vient me solliciter, je ne résiste pas au désir de vous tracer son portrait.

Timophile — laissez-moi vous le présenter à la façon de la Bruyère — est un jeune Grec (ou s'il ne l'est, il devrait l'être) souple et félin qui, ne pouvant arriver à rien dans sa patrie, où ses petits talents trouvaient trop de rivaux, vint chercher en France un théâtre plus vaste et des juges moins blasés.

Ses deux chaînes de montre et la bague, ornée d'une émeraude (de 3 francs 25 centimes), qu'il portait à la main gauche, séduisirent un huissier du ministère; il acheva adroitement sa conquête en lui offrant un cigare et en lui empruntant un louis. Par l'huissier, il arriva au chef de division, et par le chef de division, ou plutôt par sa femme, dont il avait gagné la protection en se tenant devant elle dans l'attitude d'un malheureux foudroyé, en proie à une passion muette, mais dévorante, et en allant rassortir à la *Fileuse* ses écheveaux de soie, il monta jusqu'au ministre. Il lui plut tout de suite par sa suffisance orientale et l'aplomb de sa nullité. Timophile était, d'ailleurs, un garçon fort spirituel, mettant résolûment en pratique le conseil de d'Argenson, qu'il n'avait pas lu, mais qu'il avait deviné par le seul instinct d'une belle nature, à savoir qu'il faut tenir le..... vase aux gens en place, quitte à le leur vider sur la tête quand ils s'en vont.

Pour lui témoigner son estime, le ministre fourra

Timophile dans la première affaire où il y avait quelque argent à gagner par des moyens ingénieux. Il s'agissait, si j'ai bonne mémoire, d'un arbitrage entre de pauvres diables de créanciers et un grand prince qui ne voulait pas les payer. Timophile mena cette affaire à l'orientale. Il parla haut, effraya le prince, qui lui offrit en tremblant la dîme de sa dette, et le laissa ensuite bâtonner à son aise ces faquins de créanciers.

Ayant ainsi justifié la confiance du ministre, Timophile s'en revint en France pour voler à des destinées plus hautes. Son ambition croissait avec sa fortune. Il acheta un paletot doublé d'astrakan, une autre chaîne de montre, deux bagues nouvelles, une propriété à Fouilly-les-Oies, près Paris, fonda un journal et se posa en homme politique.

On le vit dans tous les salons officiels. Il suivait gravement les débats de la Chambre, il causait avec les commissaires du gouvernement et donnait à dîner aux plus accommodants parmi les ambassadeurs des petites puissances étrangères.

Un jour, il écrivit au souverain, comme au génie des temps modernes, pour lui proposer un plan infaillible de domination sur l'Europe entière. Il le traita de César, de Charlemagne, de saint Louis; il l'appela son héros et son Dieu; il le compara au soleil, à la lune et aux étoiles. Ne recevant point de réponse, Timophile s'avisa d'un stratagème renouvelé du marquis de Carabas. Il alla se promener tous les jours au Bois sur le passage du souverain, dans un équipage somptueux, flanqué de deux laquais à grandes cocardes tricolores et attelé de deux chevaux portant sur leurs harnais son chiffre et les armoiries qu'il s'était données (peu de *champ* sur beaucoup de *gueules,* avec *deux carottes* en sautoir, comme disait un ami plus fort en calembour qu'en blason). En croisant pour la vingtième fois ce jeune homme à figure intelligente et pensive, qui le saluait d'un air accablé de respect et d'admiration, Sa Majesté finit par demander son nom, et il apprit que c'était le célèbre Timophile. A la rencontre suivante, Timophile fut présenté à l'empereur par un ami. Il l'aborda, tenant les *Commentaires de César* à la main :

« Sire, lui dit-il, z'étais occoupé à lire votre histoire. »

Le mois suivant, Timophile se présentait au conseil général avec le concours des agents de l'autorité. Il se promena dans tous les villages du canton où s'élevait sa maison de campagne, fit de la popularité, ouvrit un crédit illimité aux populations dans tous les cabarets, promit des dots aux filles et des chemins vicinaux aux pères, pressa douze cents paysans sur son cœur et recommença dans vingt salles de bal une harangue politique, mêlée de détails pittoresques sur sa famille princière et sur les deux précepteurs qui l'avaient accompagné jadis dans son tour d'Europe, — harangue à laquelle il ne manquait que le casque de Mangin et l'orgue de Vert-de-Gris pour valoir les discours du célèbre marchand de crayons.

On se moqua de lui, mais il fut élu haut la main. Pas un villageois n'a oublié ce candidat qui faisait des discours si amusants et abreuvait si bien ses électeurs.

Il allait arriver à la Chambre, quand survint le 4 Septembre. Timophile, un moment déconcerté, ne tarda pas à retomber sur ses jambes. Quinze jours après, il démontrait à la délégation de Tours qu'il avait toujours été *répoublicain*. La bohème démocratique, fort jalouse de ses places, mit d'abord ce bohème oriental à la porte; mais il rentra par la cheminée.

Timophile est patient : il fit chorus avec ceux qui se moquaient de lui, désarma les épigrammes par des pantalonnades, et se montra si propre à toutes les besognes qu'on finit par lui en confier quelques-unes. Six mois plus tard, on le trouvait faufilé fort avant dans les bonnes grâces d'un illustre vieillard, dont il admirait depuis son enfance le *loumineux zénie*. A force de ridicule, il était parvenu à se faire passer pour quelqu'un, et les politiques perspicaces répétaient, en hochant la tête, qu'un homme si fameux devait nécessairement être très-fort.

Après le 24 Mai, Timophile eut des moments assez durs à passer. Sa fortune, si honorablement acquise, se trouvait fortement ébréchée par son faste, les dépenses de sa candidature et diverses entreprises malheureuses. Il fonda successivement une demi-douzaine de journaux, paraissant quelquefois et disparaissant souvent, pour chacun desquels il s'efforçait d'obtenir une subvention, en démontrant aux bureaux que si sa feuille n'avait pas d'abonnés en France, elle jouissait d'un grand crédit auprès des chancelleries européennes. Quand un collaborateur naïf s'oubliait jusqu'à lui demander un peu d'argent, Timophile détournait adroitement la conversation, en protestant qu'il avait la plus haute estime pour sa capacité politique. On en cite un qui, moins patient que les autres, lui administra un jour une leçon sévère, mais juste, tandis que Timophile, douloureusement étonné, répétait d'une voix, insinuante : « Mais mon *cer*, qu'est-ce qui vous prend? Mais *ze* vous assoure que *ze* vous estime. »

Par suite de l'ingratitude des chancelleries, Timophile est bien bas, mais il ne désespère ni de son génie, ni de la sottise de ses contemporains. Le rédacteur du *high life* dans son dernier journal, à qui il redoit 75 francs, l'a dernièrement surpris dans le gîte mystérieux où il se dérobe aux *importuns*. Il habite, en un faubourg de Paris, une maisonnette ravagée par les huissiers. Au rez-de-chaussée, une salle à manger, laissant voir pour tous meubles, par la porte entr'ouverte, un billot de cuisine et une selle de cheval à son chiffre ; au premier, une antichambre avec une glace fendue posée à terre ; une chambre à coucher avec une peau de tigre écaillée sur le carreau, une cuvette ébréchée sur la table de nuit, et, sur la cheminée, un Tacite ouvert ! Dans sa couchette en fer, Timophile, un petit miroir à la main, s'épilait, se peignait, se parfumait, étirait ses moustaches en les enduisant de cosmétique. Il reçut son ancien rédacteur d'un air affable, lui parla sans embarras de son petit pied-à-terre, et trouva si bien moyen de l'éblouir encore, en l'invitant à venir dîner avec lui dans son château de Fouilly-les-Oies et en endossant sous ses yeux une magnifique robe de chambre à ramages comme en doivent porter les sultans, qu'il le renvoya après lui avoir soutiré un autre article pour son prochain journal et lui avoir emprunté ses boutons de manchettes en or pour aller à la soirée de la présidence.

De ses magnificences passées, Timophile a gardé un parapluie à manche d'ivoire, ciselé comme un objet d'art ; une collection de bagues, une longue redingote aux parements et aux revers de velours, ornée d'une rosette multicolore qui lui donne la physionomie d'un homme d'État ; un ample mac-farlane quatre fois plus large que lui, garni de fourrures, avec deux rangées de boutons gigantesques et une doublure de soie sur laquelle sont dessinés des paons, des oiseaux de paradis, des plantes exotiques, car il y a un petit coin de sauvage dans ce Grec du Bas-Empire qui porterait volontiers des plumes et des colliers de verroterie. « *Oun* reste de ma splendeur », dit-il avec une complaisance mélancolique. Ce sont ses armes de combat. Là-dessous, il a encore assez belle mine pour séduire un capitaliste ingénu, ce merle blanc rêvé par tous les chevaliers d'industrie, ou pour fasciner une riche héritière. Il déjeune au bouillon Duval et dîne chez des ambassadeurs. Sa vieille bonne le sert à crédit, attendant avec confiance le moment où il sera ministre.

Et qui sait? Il est vrai que Timophile a des dettes; mais César, Fox, Mirabeau, M. de Persigny, sans parler de quelques autres, en avaient aussi. Timophile est capable de tout, même de devenir honnête homme si les circonstances l'exigent. Il peut jouer à volonté les Mazarin ou les Pantalon. C'est un Scapin qui se sent l'étoffe d'un Richelieu, et je le crois parfaitement capable de nous donner un ministre comme nous en avons eu quelques-uns, s'il ne lui arrive point d'*accident* d'ici là.

XVIII

L'OEUVRE DES PORTRAITS ABANDONNÉS
ET LES MARCHANDS D'ANCÊTRES.

22 décembre 1876.

Nous recevons la lettre suivante :

Monsieur Bernadille,

Je viens de lire vos *Esquisses et croquis parisiens*. Permettez-moi de vous donner l'opinion d'une vieille femme qui passait pour s'y connaître lorsqu'elle n'avait pas encore de cheveux gris, et dont l'opinion était fort goûtée entre 1820 et 1830 : c'est l'œuvre d'un homme d'esprit et de cœur ! Mais la page qui m'a frappée entre toutes est celle où vous développez le projet de l'*OEuvre des petites chaufferettes en faveur des dames infirmes et âgées*. Mon âge, Monsieur, me donne le triste droit d'avoir une opinion compétente sur ce point, et j'ai si souvent senti le besoin de cette œuvre que, le jour où vous la fonderez, je serai disposée à me priver de quelques autres douceurs dont la vieillesse a l'habitude pour vous témoigner mon approbation d'une manière moins platonique.

Puisque j'ai l'honneur d'écrire à un homme sensible, — encore une expression du temps jadis, — me permettrez-vous, Monsieur, de vous suggérer une autre idée qui, grâce à votre concours, pourrait devenir une réalité bienfaisante? Ici, une petite explication devient nécessaire. Voici bien des années déjà que j'ai eu le malheur de perdre mon mari, qui était, sous la Restauration, lieutenant-colonel dans l'armée française. J'avais une fille charmante, morte de la poitrine en 1839, et un fils, aspirant de marine, qui est parti un jour pour le Japon et n'en est jamais revenu. Restée seule et sans appui, j'ai dû me résoudre à venir chercher le repos de mes derniers jours dans un *asile* où, moyennant une rétribution modeste, j'ai retrouvé un foyer et ce qui peut remplacer la famille pour une pauvre abandonnée comme moi. Ah! Monsieur, ce n'est pas impunément qu'on arrive à mon âge. Songez que, sortie de nourrice avant que le siècle eût poussé son premier vagissement, j'étais déjà une femme mûre quand M. Thiers commençait à faire parler de lui, et que je suis l'aînée d'un hospice dont la plus jeune est une petite folle qui se vante sans cesse d'avoir dansé avec M. de Salvandy, au bal du Palais-Royal, en 1830.

J'ai emporté avec moi dans ma retraite, pour en décorer ma cellule, tous les portraits de mes chers défunts. Il y a la miniature de ma fille sur la cheminée, les portraits à l'huile de mon mari, décoré de la croix de Saint-Louis, et de mon fils, l'aspirant de marine, de chaque côté de mon lit. J'ai cru longtemps que c'étaient des chefs-d'œuvre de peinture; les réflexions quelquefois désobligeantes des plus jeunes de mes compagnes, de celles qui ont à peine dépassé leurs soixante ans, m'en ont fait douter depuis. Il paraît qu'on ne peint plus comme cela maintenant. Mais c'est égal, ces trois portraits sont pour moi tout un monde de souvenirs, qui peuplent et réchauffent ma solitude. Je les regarde, je leur parle et ils me répondent; ils me sourient et je pleure, mais ces larmes-là me soulagent. Depuis quarante ans je n'ai jamais manqué de mettre devant chacun d'eux, le jour de leur fête, un bouquet des fleurs qu'ils aimaient.

Pardonnez-moi ces détails, Monsieur; la vieillesse est bavarde, et ils vous feront mieux comprendre l'émotion qui m'a poussée à vous écrire. Je n'avais jamais pensé, jusqu'à présent, au sort qui attendait ces chères figures le lendemain de ma mort, lorsque, la semaine dernière, ayant eu besoin de monter au grenier, où l'on entasse le mobilier des pensionnaires décédées, — car, d'après la règle, l'établissement est leur héritier, — j'y ai aperçu, dans un fouillis de vieux fauteuils style Directoire et Empire, une multitude de portraits de famille tristement entassés les uns sur les autres, couchés à terre ou retournés contre le mur. Il y avait là, Monsieur, de charmants babys en béguins roses, d'adorables jeunes filles en bandeaux plats et en manches à gigot, des incroyables en coiffure à la Caracalla, en cadenettes et catogans, de vénérables aïeules en robes puce ou vert-pomme, et en bonnets à la *veuve du Malabar*. Un magnifique capitaine de la garde nationale, dont l'œil droit avait été crevé par une tringle, me regardait tristement de l'œil gauche. Les araignées avaient tissé leurs toiles sur les blonds cheveux et la couronne de fleurs d'oranger d'une fiancée en robe blanche, et je pensais, en la contemplant, à ce jour de fête où elle posa, toute rougissante, devant le peintre; à la joie avec laquelle on avait accroché dans le salon ce portrait abandonné maintenant, sous une triple couche de poussière, dans le coin d'un grenier. Où es-tu, bel amoureux ? Mais où sont les oiseaux bleus des contes de fées ?

Pendant bien des années, sans doute, des regards amis s'étaient reposés sur ces figures ; des mains pieuses en avaient écarté la poussière ; des cœurs fraternels s'étaient réchauffés à les voir. Hélas ! ces regards se sont fermés, ces cœurs ont cessé de battre, ces mains ont été paralysées par la mort, — et la solitude, l'abandon, l'oubli se sont faits autour d'eux. Je suis rentrée dans ma chambre avec un profond sentiment d'angoisse, en faisant un retour sur moi-même. Eh quoi ! mes chers portraits, voilà donc le sort qui vous attend ! Après les quelques jours de grâce que Dieu me laisse, vous irez rejoindre là-haut vos aînés, délaissés comme eux, méprisés comme eux, même de la grossière servante qui vous repoussera du pied au passage et vous prendra pour y poser ses hardes.

J'ai beaucoup pleuré. Mais, en m'attristant, cette idée m'a fait réfléchir. Je me suis demandé s'il ne serait pas possible de fonder une société pour l'adoption des portraits abandonnés. Ce sont des orphelins, eux aussi. Ils ont eu une famille, une maison, un foyer ; ils ont connu de beaux jours ; chacun d'eux a une âme. Quel poëme de tristesse dans un portrait jeté au grenier et oublié en un coin ! Cela est navrant comme une ruine, navrant comme un tombeau, — plus navrant encore, car un tombeau n'enferme qu'un mort, et le portrait enfermait un vivant. Une société composée d'hommes d'esprit et de cœur comme vous, Monsieur, ne pourrait-elle se consacrer à recueillir ces délaissés dans les greniers de Sainte-Périnne, de Villas, des Petits-Ménages, des hospices et maisons de retraite, pour leur assurer, après l'extinction de la famille et du foyer, une existence convenable, à l'abri de la poussière et des araignées? On en formerait un musée pieux, qui n'aurait pas sans doute l'intérêt artistique d'une galerie de Van Dyck ou de Titien, mais qui offrirait un grand intérêt moral et pourrait bien ne pas être aussi sans quelque valeur historique. Autant que possible, on inscrirait, au bas du cadre, le nom de l'original, avec les dates de sa naissance et de sa mort, ce qui permettrait de l'entourer d'un culte particulier le jour de sa fête. Chaque portrait aurait aussi son anniversaire, comme lorsqu'il ornait le foyer domestique, et tout sociétaire pourrait, d'ailleurs, adopter spécialement, pour leur rendre un devoir plus affectueux, ceux de ces portraits vers lesquels l'entraînerait un penchant personnel, né d'une similitude de nom, d'un attrait de physionomie ou d'une autre circonstance particulière.

Voilà mon idée, Monsieur ; je vous la livre, en la soumettant à votre bienveillante appréciation. Peut-être ne la trouverez-vous pas très-pratique, mais elle part d'un bon sentiment, et il me semble qu'il y a quelque chose à faire. Ah! Monsieur, si vous pouvez sauver du grenier ou du brocanteur, plus redoutable encore que le grenier ; si vous pouvez arracher à la promiscuité sordide de l'horrible magasin de bric-à-brac les portraits de mon Élodie et de mon cher aspirant de marine, croyez à la reconnaissance éternelle

De votre bien dévouée
CLARISSE-PAMÉLA ***.

Et moi aussi, madame, j'ai été bien souvent frappé du malheureux sort des portraits de famille tombés dans le domaine public après la mort de leurs possesseurs et l'extinction du dernier représentant du nom. Je n'avais jamais réfléchi au cas que vous signalez, mais il m'avait suffi de passer devant les brocanteurs et les magasins de bric-à-brac qui se rencontrent par milliers dans les rues de Paris pour être frappé de la quantité prodigieuse de vieux portraits qui s'y trouvent, tombés en déshérence, jetés au rebut, confondus parmi la ferraille et exposés sans défense, tout le long de la devanture, aux insultes des mouches, des chiens et des passants. Si je ne parlais à une dame et si je n'avais horreur des citations banales, ce serait le cas d'ajouter avec Virgile : *Sunt lacrymæ rerum...* Puisque la citation m'est échappée, M. l'aumônier vous l'expliquera.

J'ai surtout, à vingt pas de chez moi, un magasin de vieux tableaux où, depuis deux ans, je voyais invariablement accrochés au dehors, à droite et à gauche de la porte d'entrée, un adorable blondin de huit ans, vêtu en lancier polonais, ce qui fut, vous vous en souvenez peut-être, madame, la grande mode pour enfants sous le premier empire, au temps de Poniatowski, et une bonne vieille grand'mère, affable et souriante sous sa couronne de cheveux blancs, une grand'mère comme il y en avait tant à l'époque où l'on savait être grand'mère, comme il y en a beaucoup encore aujourd'hui et comme tout le monde voudrait en avoir une, — une vraie grand'mère, sans *eau des Fées* et sans faux chignon, mais avec la bonté de son âme dans ses yeux, de la neige sur le front et de l'amour plein le cœur. Je l'avais regardée bien souvent au passage, et elle me regardait aussi avec son bon sourire. Après avoir reçu votre lettre, madame, l'idée m'est venue tout à coup que ce sourire était une invitation et qu'il me disait clairement : « Tu n'as jamais connu ta grand'mère : elle est morte un mois avant ta naissance ; mais elle me ressemblait, elle devait me ressembler. Aie pitié de moi ; ne me laisse pas accrochée plus longtemps dans cet horrible magasin. Achète-moi, achète-moi ! »

Je suis entré.

« Combien ? » ai-je dit au marchand en lui montrant de ma canne le portrait de l'aïeule et en me composant une figure glaciale.

Il me regarda d'un œil surpris d'abord, puis interrogatif :

« Ce tableau ? fit-il en tâtant le terrain. C'est un de mes meilleurs, — l'œuvre d'un artiste remarquable, certainement, comme monsieur peut voir... Monsieur est connaisseur... Aussi je le mets en montre.

— Combien ?

— Il n'y a pas encore longtemps qu'un Anglais m'en a offert vingt francs.

— Combien ? repris-je impatienté et d'un ton sec.

— Pour vous, fit le marchand intimidé, ce sera cent sous. »

Je pris le portrait, — il me sembla qu'il me souriait de plus belle, — et je l'emportai. C'est ainsi que j'ai jeté à moi tout seul les bases de l'OEuvre des portraits abandonnés. J'étais en train de le suspendre dans ma chambre à coucher, quand un ami m'a surpris dans cette occupation.

« Tiens ! dit-il d'une voix légèrement railleuse, je ne connaissais pas celui-là. Qui est-ce ?

— C'est ma grand'mère.

— Ah ! »

Et il examina la toile sans ajouter un mot.

Mais, cinq minutes après, le remords me prit de ce demi-mensonge, et peut-être aussi la crainte que mon ami, qui est critique d'art, n'eût trouvé le portrait véritablement par trop détestable. Je lui fis lire votre lettre.

« Je comprends, s'écria-t-il. C'est votre grand'mère adoptive... Mais dites à votre correspondante que son idée est appliquée depuis longtemps, sans qu'elle s'en doute. Il existe une œuvre qui recueille les portraits abandonnés. Ce petit métier, qui n'existait pas encore du temps où Privat d'Anglemont étudiait les *Industries inconnues,* est exercé tout en haut du faubourg Saint-Denis par le père Pigeonnat, marchand d'ancêtres.

— Vous dites?

— Je dis : marchand d'ancêtres. On vend de tout à Paris. Le père Pigeonnat a longtemps fait le même métier que votre brocanteur. Il débuta par établir sa pacotille de tableaux au rabais, fabriqués à la mécanique, dans les rez-de-chaussée des maisons en construction et dans les boutiques non louées. Puis il s'est établi pour son compte. Vous avez dû voir longtemps, rue de Tournon, son étalage qui débordait jusque sur les trottoirs. Il tenait tableaux de genre et tableaux d'histoire, vues de Suisse ornées de chalets et de glaciers, pâturages avec grands bœufs, « par un élève de Rosa Bonheur »; couchers de soleil « dans le style de Claude Lorrain », article cher qui pouvait monter jusqu'à un louis; des Teniers à trois francs cinquante, des natures mortes à quarante sous. Cela ne marchait pas trop mal. Vous ne sauriez croire combien il y a, parmi les petits commerçants, de braves gens qui se plaisent à avoir des *objets d'art* dans leur arrière-boutique, et de bonnes bourgeoises n'ayant jamais dépassé Asnières, ou tout au plus Versailles, qui éprouvent le besoin d'ouvrir une issue à leurs aspirations poétiques et vagabondes en exposant dans leur chambre à coucher une vue des Alpes, avec chalet et Suissesse en chapeau de paille aux larges bords. Mais la guerre vint, puis le siége, puis la Commune, et lorsque le père Pigeonnat essaya de reprendre son commerce, il n'allait plus du tout.

« Ayant des loisirs, il se mit à lire les journaux à un sou. Un jour, il vit dans l'une de ces feuilles que jamais les demandes de croix n'avaient afflué en aussi grand nombre que depuis l'établissement de la République. Cette observation philosophique le frappa; il en fit part le lendemain à un ami, frotteur à la Bibliothèque nationale. « Ça ne m'étonne pas, lui dit celui-ci, qui était éga-
« lement philosophe et réactionnaire. On n'avait jamais
« non plus tant vu travailler de fabricants de généalogies
« et de blasons dans la salle des manuscrits ». Comme c'était un industriel avisé, le père Pigeonnat réfléchit là-dessus pendant toute la nuit. Il se rappela qu'un général inconnu lui avait été acheté, la semaine précédente, par un bourgeois qui n'avait pas marchandé. « Si j'ou-
« vrais une galerie d'ancêtres! » se dit-il. Au matin, l'idée avait pris corps, et son plan était fait. Il se mit à courir les ventes, achetant à vil prix, au tas, tous les portraits de famille qui pouvaient figurer avantageusement dans son musée d'ancêtres. Il en commanda aussi un certain nombre aux rapins chauves et avortés qu'il faisait travailler au prix de trente-six francs la douzaine, — le treizième en sus; — mais il y renonça bientôt : les ancêtres fournis par ses rapins étaient trop neufs, et d'ailleurs les ventes suffisaient à l'approvisionner.

« Depuis lors, son commerce a pris des développements considérables. Les Jourdains de notre époque, qui en a plus que celle de Molière, vont chercher dans sa boutique les aïeux indispensables pour décorer leur salon. Son assortiment est toujours au complet. Il en tient dans tous les prix, depuis vingt-cinq francs, pour les petits bourgeois, jusqu'à trois cents, pour les millionnaires. Votre grand'mère n'aurait pas coûté plus de vingt-cinq francs chez lui : elle peut à la rigueur, mais à la rigueur seulement, passer pour une présidente du temps de Louis XVI. Un colonel de la garde nationale ne dépasse pas trente; l'aspirant de marine de votre correspondante — avec la croix, qu'il est toujours facile d'ajouter — monterait à quatre-vingts francs. J'ai vu vendre un président à mortier, avec sa perruque à trois marteaux, cent cinquante francs, et un commandeur de Malte est monté jusqu'à trois cents. Il est vrai que le père Pigeonnat a donné par-dessus le marché une grand'tante poudrée à la royale et un mousquetaire de la reine, chargé de représenter un cousin qui s'était mal conduit.

« Notez que les ancêtres sont fournis ressemblance garantie. Son magasin est si bien garni qu'un client finit toujours par y trouver les airs de famille dont il a besoin pour reconnaître ses aïeux. Quelques retouches industrieuses font le reste. Dans dix ans, le père Pigeonnat annoncera la vente de son fonds dans les *Petites Affiches :*
« A céder, après fortune faite. »

Ainsi parla mon ami, me laissant muet d'étonnement. Nous devons aller voir ensemble, un de ces jours, l'établissement du marchand d'ancêtres. Mais, en attendant, vous comprenez, madame, pourquoi il n'y a pas lieu de donner suite à votre proposition. L'OEuvre des portraits abandonnés existe. Il est vrai que ce n'est point ainsi que vous l'aviez comprise. Mais si l'on essayait de la fonder d'après vos plans, elle ne profiterait qu'aux marchands d'ancêtres. Les Pigeonnat s'en feraient recevoir avec empressement, et ils rafleraient tout. Mieux vaut encore, n'est-ce pas? que feu votre époux s'en aille dormir au grenier que de fournir une enseigne, avec sa croix de *cinq louis,* au magasin d'un entrepreneur d'aïeux, et de servir de grand-père, ou même de parent éloigné, à une madame Angot qui a acquis, en vendant de la marée, le moyen d'acheter une belle famille en peinture.

Croyez donc, madame, à tous les regrets de votre respectueusement dévoué.

XIX

LE JOUR DE L'AN A PARIS.

§ 1. LES QUÉMANDEURS D'ÉTRENNES.

29 décembre 1876.

Nous voici dans la grande huitaine, dans la huitaine fiévreuse, haletante, qui précède le jour de l'an. Si l'on voulait donner à un tranquille provincial qui n'est jamais sorti de son chef-lieu de canton que pour faire, dans les cas graves, une apparition en son chef-lieu d'arrondissement, une idée accablante du bruit et du mouvement de Paris, il faudrait l'enlever aujourd'hui par les cheveux pour le transporter tout à coup, comme l'ange transporta Habacuc à Babylone, sur le boulevard des Italiens, dans la rue Montmartre et aux portes de nos grands magasins.

Quelle foule, bon Dieu! et d'où sort tout ce monde? Il semble que la légende de Deucalion se soit renouvelée, et que chaque pavé ait enfanté un passant. Il en sort de partout. Sur la chaussée, les voitures s'accrochent, les chevaux piaffent, les cochers s'injurient; c'est un fouillis inextricable de roues empêtrées les unes dans les autres et qui ne peuvent parvenir à se décrocher, ou de longues files immobilisées sur une étendue d'un kilomètre, comme les soirs de bal à l'Élysée, et avançant d'un pas toutes les cinq minutes, grâce à l'intervention des sergents de ville, tandis que par les portières on voit passer des têtes impatientes, inquiètes, effarées, suppliantes, furieuses. Sur les trottoirs, on s'écrase les pieds, on s'enfonce les coudes dans les côtes, on s'avance en zigzag, on fend la multitude à la façon d'une barque qui remonte un courant rapide et dangereux, on tourne les obstacles, on piétine sur place, on s'arrête au coin de chaque rue, refoulé sur le rivage par le mascaret des voitures, lassé, étouffant, étouffé, perdu, noyé dans le remous de la vague humaine.

Tout le long des boulevards, où la foule, canalisée d'un côté par les magasins luxueux, de l'autre par les boutiques de bois, roule des flots plus profonds et plus compacts, il faut un besoin pressant, ou une curiosité ardente, ou beaucoup de flegme et de patience pour se hasarder. Le supplice de la cohue se complique de plusieurs autres. Les marchands vous interpellent au passage : « Allons, messieurs, mesdames, la joie des enfants, la tranquillité des parents. — Le jouet nouveau, le jouet à la mode, le succès de l'année. — C'est la boutique à treize. Tout à treize. Tout à treize. — Mettez l'article en main. — Les mêmes de vingt-neuf sous à dix-neuf, pour les finir. » On souffle dans les trompettes, on joue de l'accordéon, on fait rouler les chemins de fer, nasiller Polichinelle, aboyer les chiens, chanter les coqs, tourner les totons, ronfler les toupies allemandes. A droite, vous voyez tourbillonner des bonshommes de bois qui courent les uns après les autres; à gauche, dans l'embrasure d'une porte, sauter un pantin et cabrioler un clown, qui rebondit en passant à travers un cerceau. Au bout d'un quart d'heure de ce spectacle, on sent qu'on deviendrait fou, et l'on s'échappe, en poussant un soupir de soulagement, par la première rue latérale qui se présente.

Regardez bien : en dehors des simples flâneurs, reconnaissables du premier coup d'œil, la plupart des gens qui passent ont une physionomie spéciale. Entre Noël et le jour de l'an, le Parisien, comme sa ville, prend une figure nouvelle, la figure de la personne qui va acheter des étrennes. De tous ces piétons, la moitié portent des paquets à la main : ce sont ceux qui sortent des magasins; l'autre moitié ne porte rien : ce sont ceux qui y vont. Suivez le flot : vous le verrez s'engouffrer au Louvre, chez Giroux, Susse, Tahan, Barbedienne, Fontaine, Goupil, Siraudin, Boissier, où une armée de commis, la moustache cirée, le sourire aux lèvres, l'œil insinuant, la voix melliflue, et des bataillons de demoiselles de magasin, toutes voiles dehors, parfumées, avenantes, vaporeuses, idéales, attendent leur proie. Dans huit jours, la situation sera retournée : les personnes ornées de petits paquets seront celles qui sortent de chez elles, et quand elles auront les mains vides, c'est qu'elles y rentreront.

Paris ne se divise plus maintenant qu'en deux classes : les gens qui se préparent à donner des étrennes, et les gens qui se préparent à en recevoir.

Elle est là, dans l'ombre et le silence, l'armée des quémandeurs d'étrennes; elle prépare l'invasion du territoire ennemi, cachée dans ses bois et se dissimulant de son mieux, mais visible et sensible pourtant à une foule de signes précurseurs. Déjà l'avant-garde a engagé l'action; ce n'est rien encore, et cette escarmouche peut à peine donner l'idée de la bataille. Attention! Voici le gros de l'armée qui s'ébranle. Fermez vos fenêtres, barricadez vos portes, bouchez vos cheminées. Ils viennent, ils viennent! Toutes les rues en sont pleines. Les entendez-vous dans l'escalier, comme le flot de la mer montante, comme un ouragan, comme une trombe! Ils entrent avec votre porteur d'eau, avec votre porteuse de pain, avec votre frotteur, avec le garçon boucher, avec le facteur et avec le concierge. Par le toit, par le dessous de la porte, par le trou de la serrure, ils inondent l'appartement, vous poursuivent et vous traquent de pièce en pièce. Défendez-vous; autrement, ils vous dévoreront tout vif.

Qui ne connaît la légende de Hatto attaqué par les rats? Pour échapper à la bande infâme qui l'assiége dans son palais, il s'enfuit, il se jette dans le Rhin et gagne à la nage une tour où il veut s'enfermer. Mais les rats, dont le nombre grossit à chaque pas, y pénètrent avec lui; ils escaladent la tour, se glissent par toutes les embrasures et les meurtrières, grimpent à ses vêtements, s'accrochent à ses membres, se suspendent à ses cheveux et à sa barbe, et finissent par le manger cru. Image lamentable, mais presque insuffisante, du Parisien en proie aux rats du 1er janvier!

L'histoire, qu'il ne faut pas confondre avec la légende, raconte que la ville de Paris elle-même fut prise d'assaut, dans les premières années du règne de Louis XV, par une armée de rongeurs à la dent aiguë, venus en colonnes serrées des bords de la mer Caspienne, d'où les avaient chassés d'effroyables tremblements de terre. Toute résistance était impossible. Paris fut occupé en deux heures. Depuis lors, il paye à ses conquérants un tribut dont on ne connaîtra jamais l'étendue. Chaque année, cette invasion se renouvelle pour le Parisien. Quel assaut! L'ennemi est partout, et il use de tous les moyens, de la ruse et de la force, de la sape, de la mine, du bélier et du canon; il chemine par les tranchées, s'avance à découvert, se cache derrière tous les buissons. Il entretient des intelligences dans la place; les sentinelles sont gagnées; il sait le moyen de surprendre et de désarmer la garnison. Vous aurez beau faire : impossible de fuir. Regardez à droite, à gauche, en avant, en arrière, à tous les points cardinaux, vous verrez une escopette braquée sur vous, à côté d'un chapeau renversé à terre, et vous entendrez une voix suppliante : « Seigneur cavalier, jetez, de grâce, quelques pièces blanches dans ce chapeau; vous serez récompensé dans l'autre monde. »

Je vous engageais tout à l'heure à vous défendre; c'est inutile, vous n'y gagneriez rien. Rendez-vous plutôt, en tâchant d'en imposer par votre attitude à l'ennemi et d'obtenir les conditions les plus avantageuses.

§ 2. CE QUE DEVIENNENT LES VIEUX JOUETS.

5 janvier 1877.

« Maman, demandait un jour un petit garçon, qu'est-ce que deviennent les vieilles lunes? — Mon fils, répondit la mère après un moment de réflexion, le bon Dieu en fait des étoiles. » Elle eût été plus embarrassée s'il lui avait demandé ce que deviennent les vieux jouets. Mais un enfant ne posera jamais une question pareille, car les vieux jouets n'existent pas pour lui. Si vous la lui posiez, il répondrait sans hésiter : « On les casse. »

Telle est, en effet, la destinée à peu près invariable

qui attend les plus magnifiques comme les plus humbles joujoux, tombés entre ces chères petites mains que pousse un si terrible instinct de destruction. Il n'est pas une de ces têtes roses et blondes qui n'ait en soi l'étoffe d'un Attila, d'un Gengis-Khan, d'un Timour-Lenk et d'un Genséric. Tous ces ravageurs s'avancent en faisant litière de pantins et de polichinelles, en balayant, en fauchant, en broyant sous leurs pieds des troupeaux de chiens, de chats, de bœufs et de moutons ; en couchant pour jamais dans la poussière des armées de soldats de plomb. Ces doigts mignons, à travers lesquels on voit le jour, comme à travers un coquillage nacré, broient le fer, tordent l'étain et font éclater le bois plus sûrement que des canons chargés à mitraille. Cette chambrette blanche, où l'on dort à poings fermés de huit heures du soir à huit heures du matin, en rêvant des anges, est un gouffre sans fond où viennent s'engloutir, comme dans la mer Rouge, les chevaux, les chars et les cavaliers. Repassez le lendemain : ils ne sont déjà plus.

Mais nous autres, grands enfants à barbe noire ou grise, qui croyons avoir renoncé depuis vingt ans aux joujoux parce que nous avons deux ou trois fois changé de hochets, il nous est impossible de ne pas nous demander quelquefois, en parcourant les magasins où s'étalent les jouets du jour dans toute la fraîcheur de leur nouveauté, ce que deviennent les joujoux d'antan. Qu'a-t-on fait du cri-cri ? Où est passé le Prussien à la pendule ? Et le *Tour du monde ?* Et l'*Oncle Sam ?* Et l'obus porteplume ou porte-montre ? Comment n'a-t-on pas eu l'idée de transformer la *Question romaine* en *Question d'Orient*, ce qui n'eût pas exigé de grands frais d'invention ? Et ce ne sont pas seulement les joujoux nés de l'actualité qui disparaissent avec l'actualité même. Demandez le jeu de grâces à hélices, la toupie japonaise, la toupie caméléon, toutes ces inventions charmantes qui ont tour à tour fait fureur chaque année depuis la guerre, en dehors des jouets traditionnels et séculaires constituant le grand fond invariable de la bimbeloterie, et il y a gros à parier qu'on vous répondra : « Cela ne se fait plus. »

Mais tout n'a pas été vendu ; tout n'a pas été cassé. Encore une fois, que deviennent ces jouets passés de mode, dédaignés, qui étaient partout l'an dernier et que vous ne trouveriez nulle part aujourd'hui ? Je suppose qu'on les envoie au fond des provinces les plus reculées, avec les modes de l'avant-dernière saison ; qu'on les exporte en Amérique, qu'on les donne en étrennes aux enfants assistés ou en cadeaux de Noël aux petits Alsaciens-Lorrains, qu'on les vend au rabais dans les foires de la banlieue, que d'habiles gens peut-être parviennent à en refaire un certain nombre en les accommodant aux modes nouvelles.

Comment un collectionneur n'a-t-il pas encore eu l'idée de former une galerie de jouets de tous les temps et de tous les pays ? On collectionne les objets les plus extravagants et les plus invraisemblables : des pipes, des boutons, des tabatières, des pantoufles, de vieilles bottes. Une collection de vieux joujoux, depuis les hochets à cercles garnis de grelots trouvés à Pompéi, les sistres, les crotales, les tessères et tous les jouets découverts dans les tombeaux antiques, jusqu'aux pantins et aux découpures du dix-huitième siècle, ou plutôt jusqu'à l'*Amanda* de l'an 1877, offrirait un bien autre intérêt. Ce serait un véritable musée historique. On pourrait écrire l'histoire par les jouets, comme on a écrit l'histoire par les modes.

Il en est absolument de nos joujoux comme de ceux des enfants. Nous avons nos polichinelles et nos magots, nos poussahs et nos pantins, en chair et en os, qui vieillissent et passent de mode aussi bien que les autres. Qu'en faisons-nous ? — Que fait-on des vieux comédiens qui esayent de rugir encore avec un râtelier et de décocher le regard fatal d'Antony sous une perruque en crinière de lion ? Demandez à M. Laferrière. Ils écrivent leurs mémoires, rédigent des prospectus pour les parfumeurs, et patronnent des eaux de jouvence ou des pâtes épilatoires. — Que fait-on des vieux ténors ? Demandez à M. Montaubry. Ils chantent dans le *Roi Carotte* ou le *Voyage dans la lune*, achètent les Délassements-Comiques ou l'Alcazar, fondent un café-concert ou dirigent un conservatoire au quatrième étage dans le faubourg Saint-Martin. — Que fait-on des vieux prestidigitateurs, des vieux pitres, des vieux clowns, des vieux acrobates ? Cela varie beaucoup. Il y en a qui vieillissent dans une retraite honorable, comme M. Auriol ; d'autres dont on perd la trace, comme Léotard ; d'autres qui se cassent le cou ou qui entrent à l'hôpital. Il y en a que Paris repasse à la banlieue quand ils sont trop usés pour briller encore sur la première scène ; qui, lorsqu'on n'en veut plus à Landerneau, s'en vont à Carpentras ; qu'on met au rancart, qu'on exporte en Amérique ou en Nouvelle-Calédonie...

Mais, hélas ! il y en a aussi qu'on rafistole tant bien que mal après chaque culbute, qui s'accommodent de leur mieux aux modes nouvelles, et continuent leurs grimaces ou leurs cabrioles avec des cheveux blancs et des jarrets usés, devant un public qui s'y laisse prendre encore de temps à autre. Ils conservent leurs claqueurs, qui les consolent des sifflets. Quelquefois même, à force de sauts et de tours, ils reconquièrent la vogue, et les grands enfants qui voulaient les casser la veille et qui avaient commencé à leur découdre le ventre, pour voir qu'il n'y avait rien dedans, — que du son, — se reprennent d'engouement pour eux.

Hélas! que de vieux jouets nous avons revus! Est-il rien de plus lamentable qu'un vieux comédien qui s'obstine à jouer les jeunes premiers jusqu'à ce qu'il meure sur les planches? Tout ténor qui, passé la cinquantaine, s'acharne à roucouler sous un balcon : « Idole de mon âme! » : ou « Je suis le beau Lindor », en pantalon collant et en taille mince, devrait être enfermé aux Petites-Maisons. Tous politiques qui gardent des ambitions personnelles après soixante-dix ans et consacrent les dernières heures de grâce que Dieu leur laisse à combiner des plans stratégiques à long terme, à semer laborieusement des discordes dont ils espèrent récolter le fruit dans cinq ou six ans, c'est-à-dire lorsque, selon toute probabilité, ils seront morts ou en enfance, mériteraient d'être accrochés comme des phénomènes dans le musée des vieux jouets dont je réclame l'ouverture. Ces messieurs pourraient intéresser comme objets d'art ou comme documents historiques; ils sont fort ridicules en voulant encore amuser la galerie, — et ils risquent de se faire casser. Le peuple est un grand enfant qui s'amuse de temps en temps à briser ses pantins.

Mais la question est de savoir si ce sont eux qui sont les joujoux de ce grand enfant, ou si c'est ce grand enfant qui est leur joujou.

XX

LE TESTAMENT DE DUBOSC.

LES MODÈLES D'ATELIERS.

25 janvier 1877.

La France entière connaît maintenant la libéralité posthume du vieux modèle Dubosc, qui a voulu rendre en bloc aux artistes ce qu'il en avait reçu en détail, et qui, parvenu à amasser près de 200,000 francs, dans une profession où l'on n'arrive généralement qu'à mourir à l'hôpital, en a fait un legs si intelligent à la classe des jeunes artistes les plus dignes d'intérêt. Dubosc a déjà trouvé sa légitime récompense. Son nom, jadis fameux dans tous les ateliers, un peu oublié depuis plus de quinze ans qu'il avait pris définitivement sa retraite, a retenti dans toute la presse, et il est permis de croire que l'École des Beaux-Arts voudra consacrer par un souvenir permanent un exemple si louable et si rare. Nous ne demandons pour lui ni une statue de bronze ou de marbre, ni même un buste de simple pierre; un médaillon suffirait, ou, à défaut d'un médaillon, une inscription gravée sur le mur, *ad perpetuam rei memoriam*. Mais d'une manière quelconque, et sous la forme qu'on jugera convenable, ce bienfaiteur des artistes recruté dans une classe qui en est le fléau, doit avoir son monument commémoratif à l'École des Beaux-Arts.

Si cela pouvait encourager les modèles, d'abord à faire des économies, puis à en faire le même usage!

Mais, hélas! il faut bien reconnaître que ce nom de *modèle* ressemble à une pure et simple antiphrase en dehors du cercle tout spécial et très-restreint de son application, — les modèles de tête ou de torse, pas plus que les modèles d'ensemble, n'étant généralement des modèles de toutes les vertus.

Le peintre et le sculpteur distinguent deux grandes catégories de têtes : la tête du bourgeois, qui paye le peintre, et la tête du modèle, que le peintre paye, — différence *capitale,* c'est le cas de le dire, qui constitue la grande division de l'humanité pour la plupart des artistes. Le modèle lui-même est un genre qui compte une foule d'espèces. Distinguons d'abord le côté des hommes et le côté des femmes; pour une foule de raisons, nous ne parlerons pas, ou nous parlerons peu de ces dames, qui se partagent en deux grandes classes : la juive et l'Italienne. Celle-ci est d'importation relativement récente, ou du moins elle s'est multipliée dans des proportions étonnantes. Elle fait à la juive, autrefois reine du marché, une concurrence désastreuse. L'Italienne est bien usée depuis Schnetz et Léopold Robert, semble-t-il, et l'on se demande comment un peintre peut avoir encore le courage de reproduire un pareil *poncif;* mais il séduit toujours nombre de gens, et d'ailleurs l'Italienne a tous les genres de tête, depuis la tête d'ange ou de madone jusqu'à la tête à caractère du Transtévère et des Abruzzes.

Matin et soir, ou vers le milieu du jour, entre les

deux séances, vous rencontrez par troupeaux ces filles des marais pontins, sortant des garnis de la rue Mouffetard et de la rue Saint-Placide pour s'acheminer vers les ateliers de la rue d'Assas, de la rue Carnot, de la rue Notre-Dame des Champs. La profession est bonne : c'est l'un des rares métiers où la femme gagne autant que l'homme. Il est vrai que celui-ci peut exercer à la rigueur un demi-siècle et plus, comme Dubosc, en suivant la gradation correspondante à son âge et en posant successivement l'Amour, l'un des enfants d'Hersilie, Achille, un Horace, le licteur du *saint Symphorien*, le bourreau de *Jane Grey*, Léonidas, saint Joseph, Bélisaire, le Père éternel.

Souvent la famille entière, échelonnée en tuyaux d'orgue, encombre le trottoir. La petite fille va poser *Pasqua Maria* chez M. Bonnat; la grande sœur, une bouquetière de Naples chez M. de Curzon, une *Pensierosa* chez M. Ch. Landelle, ou une *Fiénarolle* chez M. Hébert; le jeune frère, un pâtre jouant de la flûte, un *pifferaro* donnant une sérénade à la Madone du coin, ou quelque berger des idylles de M. Lévy; la mère, une Cornélie entourée de ses enfants, ou la *Charité* de M. Paul Dubois, — tandis que le père, grand diable basané, qu'on ne serait pas flatté de rencontrer au coin d'un bois, tant il reproduit, avec ses yeux noirs, son chapeau pointu, sa peau de bique et ses longues guêtres, le type du brigand calabrais au repos, va s'offrir à l'École des Beaux-Arts pour les têtes d'expression.

Un professeur de l'École avait donné rendez-vous, dans son atelier, à un modèle italien rencontré la veille chez un confrère et dont il avait admiré les formes. Le modèle est exact. On lui indique l'atelier du maître, et il s'y achemine de son mieux, à travers le dédale des cours et des couloirs. Le voilà devant une porte : c'est bien là ; il ouvre,... et tout à coup s'enfuit précipitamment en jetant un cri d'épouvante. Il venait d'entrer dans la salle d'anatomie et s'était trouvé en face d'un confrère, dans le costume de l'emploi, mais étendu sur une table et qu'on se préparait à découper sous les regards attentifs des élèves. Cependant, le professeur avait vu la retraite précipitée du modèle, et, n'y comprenant rien, il courait après lui, l'appelant d'une voix caressante, dans sa langue maternelle : « Eh! Giacomo... Presto, presto! » Mais plus il l'invitait, plus l'autre détalait à belles jambes, comme le poulet à qui le cuisinier, son couteau à la ceinture, dit sur un ton insinuant : « Petit! petit! » Il ne s'arrêta que rue Saint-Jacques et se barricada dans sa mansarde, en soufflant comme un phoque : « *Corpo di Baccho!*... Si c'est comme ça qu'on vous fait poser à l'École des Beaux-Arts! »

Éliminons encore le modèle d'occasion, celui pour qui l'atelier n'est qu'un pis-aller, une ressource d'un moment quand le commerce de lorgnettes ne va plus. C'est cette variété qui fournit généralement le modèle *ficeleur,* toujours à l'affût d'un nouveau moyen pour faire perdre à l'artiste son temps et son argent, toujours abondant en prétextes et en stratagèmes pour commencer plus tard, finir plus tôt et abandonner une pose fatigante. Le seul qui compte est le modèle de profession ; le seul complet, c'est celui qui a commencé tout petit et qui a grandi dans la partie, comme Dubosc, en parcourant toutes les étapes du métier. Vous n'avez pas à craindre qu'il déserte tout à coup, au milieu d'un *Épaminondas mourant*, après avoir reçu sa paye. Il a l'amour de l'art et des artistes ; il s'intéresse à l'œuvre pour laquelle il pose, il en suivra la destinée au Salon. Vous le verrez le jour de l'ouverture, bouffi d'un immense orgueil, devant le tableau ou la statue qui fait sensation, écoutant les avis de la critique et les réflexions du passant avec un air capable qui donne à réfléchir, et en brûlant d'envie d'écrire sur son chapeau : « C'est moi qui ai posé ! »

Le vrai modèle a fini par acquérir une habitude et un coup d'œil qui en font pour l'artiste un précieux auxiliaire. Il trouve du premier coup l'expression et le mouvement voulus ; parfois, il les suggère ; il apporte dans ses poses la passion et l'orgueil du comédien. Il juge l'œuvre qui se poursuit devant lui et par lui ; il donne des conseils au peintre, et les lui donne généralement bons. Il connaît, d'ailleurs, la langue technique, parle de *méplats,* de *galbe* et d'*attaches* comme un expert. Il sait où sont situés le grand *zygomatique* et les muscles *jumeaux pelviens.* Il connaît aussi l'argot, les charges, les calembours et les plaisanteries courantes de l'atelier, riposte aux lazzis des rapins et se prête volontiers à mystifier les bourgeois.

Le modèle de la vieille roche est, d'ailleurs, un pur classique ; sans remonter jusqu'à David, comme Dubosc, il remonte jusqu'au baron Regnault, à Vincent, à Guérin, tout au moins à Ingres, Picot et Abel de Pujol. C'était le bon temps ! le siècle d'or, l'âge héroïque des modèles ! Ces artistes savaient le prix d'un beau torse et d'une rotule irréprochable. Dans l'école du nu académique, le modèle avait toute sa valeur ; il en a perdu la moitié avec la peinture militaire d'Horace Vernet et de son école, avec la peinture romantique de Devéria, de Louis Boulanger, même d'Eugène Delacroix, avec l'invasion des uniformes, des armures du moyen âge, des costumes pittoresques, des paillons et des oripeaux. Après avoir salué avec enthousiasme le début de M. Paul Dubois : *Narcisse au bain,* il lui retira son estime au *Petit Chanteur florentin* et déclara, en fronçant le sourcil, que c'était un dessus de pendule.

Il porte M. Bin dans son cœur, méprise le bruit qu'on fait autour de Carolus Duran, professe un goût particulier pour la sculpture, suit les convois de tous les professeurs de l'École et de tous les membres de l'Institut, appelle de ses vœux les plus ardents une renaissance classique et déplore entre deux pipes la décadence du grand art, du grand goût et de la peinture d'histoire, avec l'éloquence d'un critique de la bonne école. Si jamais le peintre des *Sabines* revenait en ce monde, l'armée des modèles irait, comme un seul homme, se ranger en bataille sous ses drapeaux.

Tout ceci ne s'applique qu'au modèle d'ensemble, ou du moins au modèle pour le torse et pour la tête. Le modèle pour les mains, par exemple, n'est pas sérieux. Encore moins le modèle pour la cravate, le gilet ou le pantalon. Celui-là est un pur et simple mannequin.

Au beau temps de Dubosc, le modèle était payé trois francs la séance de cinq heures ; aujourd'hui, il est payé cinq francs la séance de quatre : on a raccourci le travail tout en augmentant le salaire. Comment, dans de pareilles conditions, Dubosc a-t-il pu amasser une fortune semblable? Au prix d'une économie qu'on prenait autour de lui pour de l'avarice, et que relevait le but dont il était préoccupé depuis longtemps. Tant qu'il exerça la profession qu'il avait dû quitter depuis une vingtaine d'années, Dubosc ne perdit pas une minute de son temps. Très-recherché, il trouvait moyen, même en hiver, de donner régulièrement ses deux séances par jour. Tant pis si le peintre était en retard ! A l'heure exacte, Dubosc quittait l'atelier. Il se contentait généralement pour dîner d'un morceau de pain et de fromage. Il couchait dans un hamac, pour économiser les draps. Il logeait dans des maisons borgnes et des mansardes sans feu. Il est mort chez un charbonnier de la rue Gracieuse. Dubosc était, d'ailleurs, devenu défiant, et dès qu'il croyait s'apercevoir que les voisins le regardaient ou qu'on chuchotait sur son passage, il déménageait.

Comme modèle d'ensemble, Dubosc avait eu peu de rivaux. Sans être beau, il était très-bien proportionné. Mais surtout il avait la passion de son métier ; il aimait à *travailler*. Il stimulait lui-même l'artiste, il excellait à prendre une pose et à la soutenir. Tous ceux qui l'ont employé s'accordent là-dessus. Et qui ne l'a employé ? On retrouverait la tête, le torse et les omoplates de Dubosc dans des centaines de tableaux ou de statues.

Un seul modèle a peut-être été plus illustre en son genre que Dubosc : c'est Cadamour, mort en 1846 à l'hospice des Ménages, et qui poussa l'amour de son art, peut-être aussi la confiance dans la beauté exceptionnelle de ses proportions, jusqu'à demander à son lit de mort que l'École des Beaux-Arts conservât son squelette. Champfleury a écrit l'histoire de Cadamour dans ses *Excentriques*. C'était un Vénitien, venu en France sous le règne de Louis XVI, avec son bagage suspendu au bout d'un bâton, pour y chercher fortune. Il arriva à Paris, et il avait commencé à courir les ateliers quelque temps avant la Révolution. Il ne tarda pas à être accaparé, pour ainsi dire, par David, qui lui fit poser le Léonidas des *Thermopyles* et le Romulus des *Sabines,* qui le chargea de figurer plusieurs fois aussi en tableau vivant dans les fêtes républicaines. Il posa *Acis* pour Girodet et passa ensuite dans l'atelier de Gros. On se le disputait, et les éloges enthousiastes qu'il entendait les artistes décerner à la correction de ses formes le grisèrent si bien que, vers 1830, il fit imprimer sur ses cartes : *Cadamour, roi des modèles.*

Cette fatuité amusa énormément les ateliers et donna l'idée d'une chanson, moitié complainte, moitié scie, qui devint bien vite populaire parmi les rapins et qu'on entonnait surtout dès que paraissait Cadamour :

> Le plus beau des modèles!
> Cadamour.
> Qui pose sans ficelles?
> Cadamour.
> Véry, Dubosc et Pécota,
> C'est d' la blague à côté d' ça.

Cadamour ne soupçonnait pas l'ombre d'ironie dans ce dithyrambe, dont son orgueil était très-flatté. Mais la gloire grandissante de Dubosc l'inquiétait pourtant, et en affectant de le mépriser, il s'en montrait jaloux. Un jour, ils se trouvèrent face à face dans l'atelier de Paul Delaroche, et il s'engagea entre eux, à la grande jubilation des rapins qui avaient assurément ménagé cette rencontre, un duel épique où ils se reprochèrent réciproquement leurs défauts anatomiques. Cadamour prétendit que Dubosc n'avait pas de muscle *clyno-sternoïde mastoïdien;* Dubosc répliqua que Cadamour manquait du *rompronateur du rayon,* et qu'il avait un os du *métatarse* en plus. Bref, il étala tant de science et un tel luxe de termes techniques qu'il écrasa son adversaire et le réduisit à prendre la fuite.

Depuis lors, Cadamour devint mélancolique; il ne posait plus guère que la tête et laissa le champ libre à son vainqueur. Cependant on le vit encore, suivant son usage, distribuer sa carte aux artistes, à l'ouverture du Salon de 1845; mais il ne fit plus que languir, et un an après il était mort.

Véry et Pécota, dont il est question dans le couplet cité plus haut, furent deux autres modèles célèbres. Pécota était un Dalmate qui avait servi dans les armées françaises sous l'Empire, et que David arracha au métier militaire pour le lancer dans la carrière des arts. Un des plus fameux fut le nègre Joseph, que Géricault mit à la mode avec le *Naufrage de la Méduse,* après l'avoir recruté dans la troupe de madame Saqui. On a gardé aussi le souvenir de Brzozomwsky, qu'on avait pris l'habitude d'appeler tout simplement le Polonais, pour esquiver ce nom redoutable qu'il est à peu près impossible à une bouche française de prononcer; du scieur de long Céveau, dont Ingres avait fait son favori; de Waill, qu'eussent admiré le Primatice et Benvenuto Cellini; de Koth, qui, dans un âge avancé, exhibait encore avec orgueil les restes d'un beau torse et pouvait soutenir longtemps la pose du Marsyas antique; du père Girard, qui, dans sa vieillesse, portait placidement sur ses épaules une belle et vénérable tête de Greuze; de Gilbert, dont le modelé nerveux et accentué eût fait la joie du Puget; du vorace Thomas l'Ours, musclé comme un athlète antique et râblé comme un fauve; de Suisse, qui, en se retirant de la profession, avait ouvert une académie de dessin bientôt très-fréquentée et où son humeur joviale égayait les élèves.

Comment finissent les modèles? Pas toujours très-bien. Quelquefois dans la loge d'un concierge ou sous la livrée d'un garçon de l'école; le plus souvent dans un lit numéroté. Le fameux modèle Nicolas devint, sous la Révolution, Jourdan Coupe-Tête. Alfred, dit « le Modèle parisien », s'est fait lutteur en devenant légèrement obèse. Un autre, dont j'ai oublié le nom, a attrapé une fluxion de poitrine en figurant le Temps sur un char du mardi gras. Le Polonais a terminé ses jours dans une boutique de coiffeur. Quelques-uns prennent le crochet du chiffonnier. Souvent, les maîtres qui les ont employés leur font une petite pension. Ils sont rares ceux qui, comme Dubosc, amassent dix mille livres de rente; et le célèbre axiome : « Les arts mènent à tout, particulièrement à l'hôpital », semble avoir été fait surtout pour ces pauvres diables.

XXI

RÉCEPTION DE L'AUTEUR DE *L'ASSOMMOIR* A L'ACADÉMIE FRANÇAISE.

30 janvier 1877.

M. Émile Zola, ayant été élu par l'Académie française à la place vacante par la mort de M. Victor Hugo, y est venu prendre séance le 1ᵉʳ avril 189., et a prononcé le discours suivant :

« Messieurs,

« Je ne veux pas faire ma dinde : ça me botte d'être de l'Académie, et je me sens tout chose en pensant que j'y succède au grand homme qui vient de claquer. Ma parole, ça me chatouille agréablement dans le nez quand j'y pense. C'est qu'on a beau dire : on n'en fait pas encore treize comme celui-là à la douzaine. Le jour où Victor

---

[1] Cette chronique n'étant ni plus ni moins qu'un travail d'érudition, un document dans la contexture duquel la fantaisie n'a aucun rôle, il me sera permis, sans manquer aux lois du genre, d'y joindre cette note : 1° pour demander à M. Victor Hugo pardon de la liberté grande que je prends ici de parler de sa mort ; mais enfin nous sommes tous mortels, et j'ai eu soin de laisser la date de cet événement dans le vague ; 2° pour demander pardon au lecteur d'employer des expressions qui ne sont ni dans mon vocabulaire, ni dans le sien. Mais, je l'ai déjà dit, la présente chronique est un document ; elle se compose tout entière de tournures, d'images et de mots pris dans le dernier chef-d'œuvre du futur académicien : *l'Assommoir*, publié il y a quatre ou cinq jours par la librairie Charpentier

Hugo a passé l'arme à gauche, tous les bons zigs étaient en train de se balader dans les bastringues et de se cocarder chez le mastroquet. C'était le mardi gras, une journée de gueuleton fini, de rigolade à mort, où le peuple béquille, bâfre, s'empiffre, boustifaille, se donne une cuite, se flanque des bosses et des culottes à mort tant qu'il lui reste un monaco. En attendant la crevaison, il faut bien se rincer un peu la corne et se laver la dalle, n'est-ce pas? comme a dit ce vieux farceur d'Horace, traduit par Coupeau. Le peuple trime assez pour se payer de temps en temps une petite soulographie. Mais quand on apprit que Victor Hugo avait tourné de l'œil, fini de godailler : « Cré nom! s'écria un homme du peuple, « avec une mâle éloquence, en cassant son verre sur « le zinc, c'était un bon, un vrai, tout ce qu'il y a de « plus chouette, et qui n'était pas encore trop décati tout « de même. J'en ai l'estomac barbouillé. — Et moi, dit « un gosse qui s'était maquillé en pierrot pour aller « pincer un petit cancan au bal Robert, ça m'a coupé les « guibolles. »

« Seuls, quelques licheurs qui étaient dans les brindezingues jusque par-dessus les oreilles restèrent à se graisser les roues. Mais, vous savez, il y en a qui ne peuvent pas s'empêcher de lever le coude. C'est plus fort qu'eux. Seulement, ça n'empêche pas les sentiments. Et

---

Ce ne sont que quelques fleurs choisies, avec une discrétion nécessaire, dans un parterre d'une richesse inépuisable. Je n'ai absolument rien mis du mien dans ce bouquet littéraire; mais je me suis borné à cueillir les violettes, et M. Zola pourra trouver que je le trahis en le traduisant à l'usage des demoiselles. Après m'être excusé, auprès de mes lecteurs, de ma hardiesse, je me retourne vers l'auteur pour m'excuser de ma timidité. On aura du moins une idée légère et un échantillon considérablement expurgé de la nouvelle école. Seulement les délicats sont prévenus d'avoir à sauter ces six pages.

comme une gouape, qui venait de payer sa troisième
tournée de vitriol, disait en rallumant son brûle-gueule :
« Eh bien, quoi! il a cassé sa pipe! Il a dévissé son bil-
« lard! il a avalé sa langue!... V'là-t'y pas! Autant nous
« en pend à l'œil : est-ce la peine de faire ses embarras?
« Faudrait-il pas se monter le bourichon et s'esquinter le
« tempérament? Merci, je sors d'en prendre. Un homme
« en vaut un autre. Avec ça qu'il était rien drôle, le vieux!
« Il finissait par nous tanner. Non, merci, il nous a
« fait assez manger de blagues. Zut! à un autre! » un
grand sec, qui se tenait raide comme la justice, l'envoya
dinguer en criant de sa voix de taureau, où le schnick
et le fil-en-quatre avaient creusé des trous : « Ah ben,
« non, mon petit, tu sais, il ne faut pas nous la faire! Si
« tu es complet, va te coucher. Quand on est rond
« comme une bourrique, on raisonne comme un cochon.
« Moi, je suis poivre, mais j'y vois encore assez clair pour
« te dire que tu n'es qu'un arsouille. Je sais bien qu'il y
« a des feignants, des propr' à rien, des fripouilles, des
« soiffards, des tas de mufes et de roussins qui le trou-
« vaient canulant. Mais, blague dans le coin, combien de
« fois s'est-il décarcassé pour le peuple! Il avait rude-
« ment du chien tout de même. Comme il en débagoulait!
« Quelle platine! Il ne gueulait pas assez fort pour des
« oreilles d'âne comme les tiennes ; mais il fignolait les
« choses, qu'on aurait dit d'une musique de coups de
« marteau sur l'enclume. C'était ça; c'était tapé! Et quel
« pif! Il ne vous avait pas une de ces figures en coin de
« rue qui vous font loucher. Moi, j'avais un béguin pour
« cet homme-là. Et je dis que d'en parler comme d'un
« blagueur qui nous faisait prendre des vessies pour des
« lanternes, c'est une crasse, une saloperie. Avant de

« renconter un cadet comme lui, tu peux te fouiller toute
« ta vie, mon bon homme. »

« Nobles paroles, messieurs, où éclatait, dans sa trivialité pittoresque, la magnifique et crapuleuse éloquence de ce que les aristos de l'ancien régime appelaient la sale populace!

« Je vous entends bien. La poésie, n'en faut plus! C'est le vieux jeu. Plutôt que de barboter dans le bleu, comme les teinturiers, et d'aligner des adjectifs à pompons et de grandes phrases d'un embêtement pommé, le génie du siècle veut décidément des machines sans épate, sans esbrouffe et sans flafla, pour vous montrer les choses comme elles sont, avec la boue, l'ordure et la crotte qui se trouvent partout. Mais le pauvre vieux! il faut se reporter à son temps. Nous n'aurions peut-être pas mieux fait que lui en 1830 ou en 1850. Et puis, il se rapprochait tous les jours de la vraie école. Entre l'auteur des *Odes et Ballades,* des *Feuilles d'automne,* des *Contemplations,* et l'auteur des *Misérables* ou de l'*Homme qui rit,* il y a une fichue différence. Pour moi, j'ai commencé à voir ce qu'on pouvait espérer de M. Victor Hugo, le jour où il lâcha tout à plat dans son plus gros livre l'expression que la pudibarderie des professeurs de rhétorique appelait *le mot de Cambronne* (une périphrase..., ça me fait tousser), et que je veux moi-même, à la suite de mon illustre prédécesseur, faire retentir aujourd'hui sous ces voûtes et devant ces dames, pour achever de l'implanter dans la langue française, qui n'en a jamais eu de plus expressive ni de plus colorée... »

Ce magnifique exorde est accueilli par des applaudissements unanimes, dont M. Pingard donne précipitamment le signal et qui couvrent le dernier mot. Nous regrettons que l'abondance des matières nous empêche de donner aujourd'hui le reste du discours.

Voici quelques extraits de la réponse faite par le directeur de l'Académie :

« ... Je me rappelle toujours le moment où parut votre chef-d'œuvre, l'*Assommoir*. Un tas de critiques en papier mâché, qui avaient étudié la littérature dans la grammaire de Noël et Chapsal, de bonshommes à perruques et à besicles qui croyaient encore à cette vieille douairière appelée *le Goût*, et qui entouraient cette momie à papillottes de leurs galanteries surannées, poussèrent les cris des oies du Capitole que nos aïeux les Gaulois voulaient faire cuire aux marrons. Quelques toqués solennels parlaient encore du goût dans ce temps-là, avec des hochements de tête et des pincements de lèvres. C'était trop farce ! On leur riait au nez en se tenant le ventre, et j'entends toujours la piquante réponse que fit à ces giries un jeune écrivain appartenant à l'école de l'avenir : « Le goût!... Oh! là, là! As-tu fini tes ma-« nières ? »

« Dans la littérature française, il vous reviendra la gloire particulière d'en avoir fini avec cette antiquaille, veuve de feu La Harpe, en lui versant sur la tête tous les seaux et tous les baquets du lavoir de la Goutte-d'Or, les tas de chemises, de chaussettes et de torchons sales de la blanchisserie à madame Gervaise, et les hottées d'ordures ramassées dans tous les bouges, dans toutes les loges, dans tous les cabarets, dans tous les ruisseaux, dans tous les égouts de la barrière Poissonnière et du boulevard de la Chapelle. La pimbêche a fait le plongeon, et elle est restée submergée depuis. Si l'Académie n'avait pas été alors au pouvoir d'une coterie qui transportait dans la littérature les théories bêtasses de l'ordre moral, vous y seriez entré en triomphe dès ce moment.

« Oui, monsieur, comme vous l'avez dit dans votre préface, vous avez fait le premier un roman qui eût l'odeur du peuple. « Quelle odeur ! » ont dit les cuistres en ricanant et en se bouchant le nez. La vérité est, monsieur, que cette odeur-là n'a rien de commun avec celle de la rose. Ça pue ferme, pour employer votre expression. Votre originalité est précisément d'avoir conquis à la puanteur son droit de cité. Et pourquoi la puanteur n'aurait-elle pas les mêmes droits que le parfum, puisqu'elle existe comme lui ? Le temps de la littérature à la pommade est passé : Tout ce qui est dans la nature nous appartient. Voltaire a prétendu, dans un mot souvent cité, qu'il connaissait quelque chose qui est dans la nature et qu'on ne montre pas ; tous vos personnages le montrent... Ici encore, Victor Hugo vous avait précédé avec Quasimodo ; mais combien vous l'avez dépassé !

« A chaque période, monsieur, correspond sa forme littéraire. Après l'école classique, nous avons eu l'école romantique ; après l'école romantique, l'école réaliste ; après l'école réaliste, dont les prétendues hardiesses nous paraissent bien fadasses aujourd'hui et d'une innocence toute pastorale quand nous comparons les *Bourgeois de Molinchart* à l'*Assommoir,* — un verre de cidre à un litre de casse-gueule et de tord-boyaux, — vous avez eu le mérite de créer définitivement le genre des nouvelles couches, ce que j'appellerai d'un terme qui me paraît répondre à votre légitime ambition et dont vous approuverez sans doute la netteté : l'école canaille ! Puissent vos successeurs nous préparer encore de nouvelles jouissances et nous ouvrir de nouveaux horizons ! Il paraît bien difficile de dépasser la limite que vous avez reculée d'un si vigoureux effort ; mais ne désespérons jamais de l'esprit humain. Quoi qu'il en soit, monsieur, personne ne vous disputera l'honneur d'avoir été le véritable fondateur de la grande école qui marque une nouvelle étape de l'art, et que je salue une fois encore de ce nom glorieux : L'ÉCOLE CANAILLE ! »

XXII

LES BADAUDS DE PARIS *EN BADAUDOIS.*

16 février 1877.

Aucun statisticien n'a encore calculé le nombre des masques qui ont circulé le jour du mardi gras dans les rues de Paris. J'estime qu'ils peuvent bien avoir été cinquante, depuis Montrouge jusqu'à Montmartre, et qu'il s'est bien amassé trois ou quatre cent mille hommes pour les regarder. Cela fait environ six à huit mille spectateurs pour un masque : c'est une faible moyenne ; mais il pleuvait. Sans cet accident, il y en aurait eu le double.

En remontant, vers quatre heures de l'après-midi, la rue des Saints-Pères, par une petite pluie fine, je suis tombé successivement dans trois attroupements. Premier attroupement, à la hauteur de la rue Jacob, pour contempler une laitière de six ans, qu'escortait un zouave de huit. Deuxième, à la hauteur de la rue Saint-Dominique, autour d'un garçon boucher ivre, qui avait roulé son tablier en turban sur sa tête et qui, chaque fois qu'il avait fait cinq pas en avant, en faisait cinq en arrière pour effaroucher la bande de polissons dont il était harcelé. Troisième, au carrefour de la Croix-Rouge, sous les fenêtres d'un marchand de vin, où se relayaient une demi-douzaine de joueurs de trompe. La tête en l'air, les yeux écarquillés, la bouche béante, une centaine de badauds étaient groupés sous la pluie battante, en face des fenêtres, obstruant le trottoir et gênant la circulation.

Le garçon boucher surtout avait un succès colossal. Tous les passants s'arrêtaient. Les cochers se retournaient sur leurs siéges. Les boutiquiers accouraient sur le pas de leurs portes. On s'avertissait les uns les autres, on cognait aux vitres, on s'appelait avec de grands signes ; de chaque allée débouchaient des curieux, l'œil allumé. Toutes les variétés du bonheur et de l'extase se peignaient sur ces honnêtes faces, riant de confiance avant d'avoir vu. Il y avait des rires en long et des rires en large, des rires tranquilles et des rires convulsifs, des rires silencieux et des rires bruyants, des rires graves et des rires folâtres, des rires de jubilation, de recueillement, de béatitude, dont un peintre eût pu composer, en dix minutes, tout un cahier d'expressions.

Et j'ai admiré une fois de plus la profondeur inépuisable de la badauderie parisienne.

Tout est bon au parfait badaud de Paris *en Badaudois,* comme disait maître Rabelais : un masque aviné qui passe, un chien crevé au coin d'une borne, un cheval qui s'abat, un gâte-sauce qui glisse sur une écorce d'orange et étale son vol-au-vent sur le trottoir, un maçon qui tombe du cinquième étage, une femme qu'on bat, un enfant qu'on fouette, un chat qui se noie, deux hommes qui se disputent, un voleur qu'on arrête, l'enterrement d'un homme célèbre, un arracheur de dents, un feu d'artifice, une révolution.

Le parfait badaud, tel qu'il croît à Paris, et à Paris seulement, ne recule devant rien. Il est intrépide : les balles ne l'effrayent pas. Pour voir une émeute et une barricade, il risquera cent fois de se faire casser la tête. Il est féroce : tout cadavre l'attire invinciblement. Qu'on retire un noyé de la Seine ou un enfant écrasé de dessous les roues d'un omnibus, le badaud se hâte ; le voici au premier rang : il s'apitoie, mais au fond qu'il est heureux ! Du moins, comme Titus, il n'aura pas perdu sa journée. La Morgue est son aimant. Cinq cent mille badauds ont défilé pendant un mois devant l'horrible tronçon de la femme coupée en morceaux : ils ne croyaient pas acheter trop cher, en piétinant cinq heures dans la boue, le plaisir ineffable de contempler pendant une demi-minute la face hagarde et verdâtre de la malheureuse. Qu'il se commette un bel assassinat dans Paris, aussitôt la curiosité du badaud s'allume ; elle pétille, elle flambe. On ne saurait dire ce qu'il souhaite le plus ardemment voir, de la victime ou du gendarme. Je crois que c'est encore la victime. Certes, il serait heureux de connaître Billoir, et il est homme à faire queue toute la journée à la cour d'assises le jour où on le jugera. Que ne donnerait-il pas aussi pour apercevoir M. Jacob, dont la renommée grandissante est en train de détrôner celle de M. Claude ! Mais il aime encore mieux avoir vu la femme Le Manach.

S'il ne peut arriver ni à l'assassin, ni à la victime, ni à l'agent de police qui a fait l'arrestation, il se console en allant visiter les lieux où le drame s'est accompli. Après le crime de Troppmann, tout Paris — tout Paris badaud, mais c'est à peu près la même chose — est descendu dans la plaine de Pantin. Actuellement, l'immense tribu des badauds parisiens est en train d'aller jeter des pierres dans le puits de Bagneux où l'on a trouvé la petite Jeanne Moyaux, pour en calculer la profondeur. A défaut du cadavre, c'est quelque chose de voir le puits d'où on l'a retiré.

Mais quand je parle de férocité, il faut s'entendre : ce n'est pas le badaud qui est féroce, non plus qu'intrépide ; c'est la badauderie. En lui-même, le badaud est un être généralement timide, parfois jusqu'à la poltronnerie, et doux jusqu'à ne vouloir pas faire de chagrin à une mouche. Sous l'empire de sa passion, il devient intrépide et féroce.

Voulez-vous étudier toutes les nuances de la badauderie ? arrêtez-vous au premier rassemblement venu et observez pendant quelques minutes. Il s'agit, je suppose, d'une querelle entre deux cochers, qui épuisent l'un contre l'autre le répertoire des héros d'Homère. Les premiers qui s'amassent sont les badauds pur sang, les badauds convaincus, qui ont le courage de leur badauderie ; c'est comme autour d'un Hercule ou d'un jongleur de place publique : pour faire noyau, il faut appartenir franchement à la corporation. Aussitôt le groupe se grossit de tout ce qui passe. Pas un piéton qui ne s'y accroche en chemin.

Le badaud de profession, le badaud nomade, — petit rentier, employé flâneur, apprenti envoyé en course par le patron, désœuvré qui bat les rues en cherchant tous les moyens de tuer le temps sans le faire crier, — accourt des quatre points de l'horizon. Le badaud sédentaire, — concierge, épicier, fruitier, pharmacien, boucher, boulanger, gens de toutes les boutiques, — enchanté de cette diversion à la monotonie de son existence, passe sa tête de colimaçon hors de sa coquille. Le badaud honteux, qui brûle de savoir ce que c'est et n'ose interroger, tourne autour du groupe, tâchant de voir, s'efforçant d'entendre, ne voyant et n'entendant rien, parce que les cochers sont partis depuis longtemps et que les braves gens qui demeurent amassés là ne savent plus du tout de quoi il s'agissait, et finit par s'en aller d'un air dédaigneux et les épaules hautes, mais dévoré de désirs et de regrets.

Le badaud important et poseur interroge le sergent de ville d'un air capable et feint de prendre mystérieusement des notes, afin de passer pour un *reporter* du *Figaro* ou du *Petit Journal*. Le badaud pressé ne fait que se poser une minute sur les flancs du groupe et que jeter un coup d'œil pour l'acquit de sa conscience. Le franc badaud joue des coudes, se glisse au premier rang, s'informe près de tout le monde, sans même négliger le petit marmiton qui figure invariablement dans le groupe, écoute les explications verbeuses et contradictoires qu'on lui donne de dix côtés à la fois, et, sans y avoir compris un mot, met au courant le gardien de la paix qui arrive.

Mais le plus curieux type peut-être, c'est le sergent de ville badaud, que sa dignité force de dissimuler et qui soutient avec stoïcisme, comme un héros de Corneille, cette lutte de son devoir contre sa passion. Néanmoins il se trahit par des signes visibles pour tous les initiés. Il a beau prendre ses informations d'un air digne et sévère, on sent passer dans sa voix, sur ses traits rigides et au fond de ses yeux ternes le frémissement de la curiosité en éveil. Il dit : « Circulez, messieurs », avec la mollesse d'un complice, et quand le rassemblement est dissipé, il interroge clandestinement la portière voisine.

J'ai parlé tout à l'heure de badaud pressé et de badaud poseur. J'ai eu tort. Le vrai badaud n'est jamais pressé, et il ne pose pas. Pour *badauder* avec délices, il faut avoir du temps devant soi, et, pour faire un parfait badaud, la simplicité de l'âge d'or serait nécessaire. Elle ne passe point pour courir les rues de Paris, mais Paris vaut mieux que sa réputation, qu'il n'a pourtant pas volée. C'est précisément par excès de badauderie que le Parisien s'est rendu suspect de ne plus avoir la candeur et la virginité d'âme qui constituent le badaud pur sang. Heureusement, le fond n'a pas changé, et, dès que l'occasion s'en présente, il remonte à la surface. Cette inépuisable faculté *badaudique*, qui lui est restée après tant de révolutions, est ce qu'il a gardé de plus aimable et ce qui plaide le mieux en sa faveur, en prouvant l'honnête provision d'ingénuité et de poésie que lui ont laissée tant de méchantes aventures.

Oui, de poésie. Dans tout badaud il y a un poëte, dont l'imagination travaille et brode de ses arabesques le maigre canevas fourni par les événements. Si M. Littré vous dit que *badaud* est tiré du provençal *badau*, « niaiserie », n'en croyez rien, je vous prie : M. Littré est un positiviste. Si Larousse ajoute que ce mot et ses huit dérivés viennent du radical celtique *bada*, « parler, agir comme un sot, comme un fou », et s'il a l'impertinence d'indiquer comme synonymes, *benêt*, *niais*, *nigaud*, rappelez-vous que Larousse est un matérialiste. Il s'est bien trouvé un érudit pour prétendre que *badaud* vient de *baudet*...

Badaud vous-même, malhonnête!

XXIII

LETTRE DE L'ARCHÉOLOGUE PERRICHON
AU DOCTEUR FABIUS, CHRONIQUEUR SCIENTIFIQUE.

9 mars 1877.

Monsieur le docteur,

De passage à Paris, où je suis arrivé depuis trois jours pour communiquer à l'Académie des inscriptions et belles-lettres mes découvertes dans la Troade, j'ai lu hier soir le feuilleton que vous avez consacré aux fouilles de M. Schlieman. Puisque ces matières vous intéressent, Monsieur, permettez-moi de vous informer sommairement du résultat de mes propres recherches.

Je n'ai point l'avantage d'être Allemand, ce qui est une grande condition d'infériorité, aux yeux de beaucoup de gens, dans les questions d'archéologie. Je suis un simple Français de Paris. Ma femme n'est pas Grecque et ne s'appelle pas Andromaque. Elle est Picarde et se nomme Rosalie. J'aurais pu, imitant l'exemple de M. Schlieman, aller m'établir dans l'Indiana et y acheter une demi-douzaine de moulins à vent pour me faire naturaliser citoyen d'un pays où le divorce est établi, puis écrire en Grèce, où les amis ne me manquent pas, qu'on m'expédiât par le plus prochain courrier une jeune fille à marier (il n'en manque pas non plus en Grèce) du nom de Pénélope ou de Calypso. Mais, outre que mes moyens ne me le permettaient pas, je suis un homme moral, et je tiens à Rosalie ; puisse cet hommage la récompenser du zèle et du dévouement qu'elle a mis à seconder mes travaux !

Je ne vous cèlerai pas, Monsieur, que l'idée m'en a été inspirée par le bruit qu'ont fait, en 1873, les premières découvertes du docteur Schlieman. J'avais connu M. Schlieman à Paris avant la guerre ; j'étais locataire dans sa maison de la place Saint-Michel, et j'avais même assisté à l'un de ces dîners qu'il donnait au monde savant, et dans lesquels il plaçait les messieurs tous ensemble d'un côté de la table et les dames de l'autre, afin sans doute que les premiers pussent causer science tandis que les autres bavardaient chiffons. J'ai souvenir, et aucun de ses convives ne peut l'avoir oublié, qu'il nous fit boire au dessert un prétendu vin homérique, pareil, nous dit-il, à celui que la belle Hécamède prépara pour Nestor et pour Machaon. Nous étions tous des homéristes déterminés, et pourtant cette infâme boisson nous souleva le cœur. Au lieu d'y râper du fromage de chèvre aspergé de farine blanche, comme l'explique le divin poëte, il y avait râpé du gruyère. Cette variante téméraire vous explique l'amertume avec laquelle je parle d'un ancien ami, et vous donnera en même temps la mesure de la foi qu'il faut ajouter à ses découvertes. Un archéologue capable d'un tel *à peu près,* capable de confondre le gruyère avec le fromage de chèvre dans la confection du vin homérique, est légitimement suspect, *à priori,* d'une grande légèreté d'inductions.

De mauvais plaisants ont prétendu que le docteur Schlieman, de plus en plus heureux dans ses fouilles, avait retrouvé l'épée de Damoclès, le bandeau de Thémis, la roue de la Fortune, le serpent de l'Envie, empaillé par le centaure Chiron, qui avait des connaissances étendues en histoire naturelle, et qu'il était en train de déterrer l'une des arches du Pont-Euxin. Il n'est pas besoin de lui prêter de pareilles folies. Je prétends tout simplement, quant à moi, qu'il faut se défier de ses découvertes de Mycènes, attendu que ses découvertes de Troie sont aujourd'hui démontrées complétement fausses par les miennes. L'homme qui a trouvé le trésor de Priam à un endroit où ce trésor n'a jamais été peut bien avoir pris le cadavre d'Egisthe pour celui d'Agamemnon et les restes de Cassandre (sinon d'une simple bergère) pour ceux de Clytemnestre.

C'est dans le mois d'août 1874 que, stimulé par le bruit des premières découvertes de mon ancien propriétaire et par le désir de les contrôler, je m'embarquai à Marseille pour l'Asie Mineure. Il serait trop long, Monsieur, de vous exposer par suite de quels raisonnements je fus conduit à chercher l'emplacement de Troie sur un tout autre point que le docteur Schlieman et à revenir au système de Lechevalier et de Mauduit, qui avait pour lui, jusqu'à ces derniers temps, la tradition universelle; — c'est bien quelque chose que la tradition, quand il s'agit de rechercher des objets contemporains d'Achille et chantés par Homère. La série de ces raisonnements sera exposée, avec une carte à l'appui, dans le mémoire que je prépare pour l'Académie des inscriptions. J'avouerai que le souvenir de la confusion déplorable dont je vous ai parlé plus haut ne fut peut-être pas étranger à ma décision. Quoi qu'il en soit, elle s'est trouvée justifiée de la façon la plus éclatante par les découvertes qui vont faire tressaillir le monde savant. Deux ans de fouilles acharnées sur la colline occupée en partie maintenant par le village turc de Bounar-Baschi et sur l'emplacement du camp grec, dans la plaine qui s'étend de cette colline à la mer, m'ont permis de recueillir des trésors dont l'ensemble constitue, pour ainsi dire, tout le matériel de l'*Iliade*. Ce sont des objets précis et déterminés, tous nettement indiqués et décrits par Homère, où l'imagination n'a pas à intervenir, où les hypothèses n'ont rien à voir.

Permettez-moi de vous indiquer sommairement et sans phrases quelques-unes de mes principales trouvailles, qui seront plus amplement décrites dans mon mémoire :

Le casque d'Hector et sa pique en frêne, de onze coudées, à la pointe d'airain retenue par un anneau d'or. L'anneau manque, et la pique a été réduite à cinq coudées par l'injure des siècles, mais elle se reconnaît à tous les autres caractères; seulement le frêne a pris dans la terre, où elle était enfouie depuis plus de trois mille ans, la physionomie du chêne.

Le char et la lance de Diomède.

L'arc et le carquois de Teucer.

Sur l'emplacement de la tente d'Achille, bien reconnaissable au tronc de sapin qui formait la barre de la porte et que j'ai trouvé enfoui à une profondeur de quatre mètres, non loin de quelques-uns des pieux qui dessinaient l'enceinte, — une coupe et des vases qui ne peuvent être que ceux dont Priam fit cadeau à Achille en venant lui redemander le corps de son fils.

Une grande pierre noire et rugueuse, que j'ai tout lieu de regarder comme celle qu'Ajax lança contre Hector, dans le combat singulier décrit au septième chant de l'*Iliade*.

Chez un brocanteur du village, un trépied de forme antique, n'ayant jamais servi, et où des indices sûrs m'ont permis de discerner l'un de ceux que le Roi des rois envoya au fils de Pélée pour fléchir sa colère, et qui, par une série d'aventures surprenantes, s'en est venu échouer dans une boutique turque de bric-à-brac, mais toujours aussi vierge du feu qu'au temps du siége de Troie.

Dans un coffret, sur l'emplacement du palais de Priam, un voile blanc et un péplos ayant fait évidemment partie de la garde-robe d'Andromaque, avec une longue bande de lin que tout désigne pour l'une des *belles ceintures* portées par la nourrice d'Astyanax. On s'étonnera sans doute que ces objets soient arrivés à peu près intacts jusqu'à nous : une forte odeur de camphre, qui s'est répandue dans l'air à l'ouverture du coffret, m'a donné l'explication du phénomène, en établissant ce fait, jusqu'alors inconnu, que le camphre était déjà usité contre les vers au temps des Priamides. Je me propose d'en faire l'objet d'une dissertation spéciale, en guise d'appendice à mon mémoire.

Trois petits objets en forme de tessères (approximativement), d'une matière encore inconnue, couverts de dessins bizarres et divers, trouvés l'un à côté de l'autre, et où il est d'autant plus impossible de ne pas voir les numéros du tirage au sort pour les jeux célébrés aux funérailles de Patrocle, que nous avons découvert à peu de distance un fragment de bois noirci, reste évident du bûcher qui venait de dévorer le corps de l'ami d'Achille.

Une quantité considérable de boucliers, parmi lesquels deux surtout ont frappé mon attention. L'un, le moindre, doit être le bouclier d'Ajax, fabriqué par Tychius de sept peaux de bœuf recouvertes d'une plaque d'airain, — à moins toutefois, car l'archéologue doit procéder avec une circonspection dont je veux donner l'exemple au docteur Schlieman, que ce ne soit le bouclier de Sarpédon, décrit dans le douzième chant. Le problème est à creuser; je le signale dès maintenant, et j'espère que l'Académie des inscriptions voudra bien le mettre au concours dès qu'on aura ouvert un musée pour recevoir mes découvertes. Malheureusement, les peaux de bœuf manquent, comme il est facile de le concevoir. — L'autre, beaucoup plus grand et plus riche, n'offre au premier coup d'œil qu'un aspect presque informe. Mon mémoire exposera en détail comment, à la suite d'études prolongées, j'ai été conduit à y reconnaître, avec l'irrésistible clarté de l'évidence, le bouclier forgé par Vulcain pour Achille. Ai-je besoin de vous dire, Monsieur, quel flot de joie et d'orgueil inonda mon âme quand la loupe me permit enfin de découvrir sous la rouille des lignes courbes disposées parallèlement autour du bouclier, qui sont, sans contestation possible, les vagues du grand fleuve Océan, et, en se rapprochant du centre, d'autres lignes courbes dans lesquelles un enfant reconnaîtrait les cornes d'un troupeau de bœufs, avec nombre de lignes perpendiculaires où il est impossible de voir autre chose que les épis de la moisson représentée par le divin ouvrier? Un million ne suffirait pas à payer ce trésor; c'est avec un indicible enthousiasme que j'en fais don à mon pays.

La place me manque pour décrire mes deux dernières découvertes, plus précieuses peut-être encore que les précédentes : un cadavre de femme, exhumé à cent pas du temple de Cérès, et que tout s'accorde à désigner comme les dépouilles mortelles de l'infortunée Créuse, —témoignage imprévu et frappant de la vérité des traditions virgiliennes; puis une pomme pétrifiée par suite des propriétés particulières du sol dans lequel elle était enfouie. Je n'ose dire aujourd'hui à quelle conclusion m'incline de plus en plus l'étude de ce dernier objet; car, encore une fois, je ne veux rien donner à la conjecture. Qu'il me suffise d'ajouter que cette pomme a été découverte dans les débris d'une chambre qui devait être celle de Pâris, et que Vénus, au témoignage même d'Homère, était restée en relations suivies avec l'ancien berger du mont Ida...

Voilà, Monsieur, un léger spécimen des découvertes qui vont faire pâlir celles du docteur Schlieman. Il est vrai qu'il a trouvé les bijoux d'Hélène. Je veux bien le croire; mais que dirait-il si j'avais trouvé les bijoux de Vénus?... Silence! N'anticipons pas. J'aurai l'honneur de vous envoyer mon mémoire prochainement. D'ici là, que le monde savant se recueille!

Recevez, Monsieur, etc.

PERRICHON.

XXIV

LES HEURES PARISIENNES.

L'HEURE DU PATISSIER, — L'HEURE DE LA MUSIQUE MILITAIRE.

27 avril 1877.

Alfred Delvau a fait un livre intitulé : *les Heures parisiennes*. Il y a tracé heure par heure, sans excepter la nuit, car Paris ne se repose jamais, le tableau de la vie et des occupations quotidiennes de la grande ville. Mais on pourrait ajouter à son panorama bien des épisodes. Ainsi, à quatre heures, il note la sortie des écoles, des employés, des journalistes qui ont fini leur article ou leur numéro, bien d'autres choses encore; mais il a oublié l'entrée chez le pâtissier.

C'est généralement entre quatre et cinq heures du soir que la Parisienne succombe à la tentation. La pâtisserie est une étape charmante entre le déjeuner et le dîner. Chacun sait, d'ailleurs, que ces dames ont des estomacs d'oiseaux : elles picorent plus qu'elles ne mangent; la viande leur fait peur; elles ont à peine touché du bout des lèvres au gigot ou au bifteck de midi, la femme, excepté l'Anglaise, n'appartenant pas à la famille des carnivores. C'est pourquoi, à quatre heures, elles ont faim.

L'étalage du pâtissier exerce, d'ailleurs, sur elles d'irrésistibles séductions. J'en sais qui, pour ne point se laisser vaincre du premier coup, traversent la rue chaque fois qu'elles sont sur le point de passer devant le péril. Tout au moins il faut détourner la tête, fermer les yeux pour ne pas voir, pour ne pas sentir, si c'est possible, les succulentes friandises rangées dans un ordre savant sur les tables de marbre et les étagères de cristal.

Enfin l'heure est venue de succomber sans honte. C'est le moment du lunch. Dans les quartiers élégants, sur les boulevards, aux alentours de la Bourse et du Palais-Royal, les pâtisseries sont assiégées. La dame de comptoir est sous les armes, les aides se tiennent prêtes. On a tout disposé pour soutenir le choc. Autour des morceaux de résistance, des pièces montées, du corps d'armée solide composé des sandwichs au foie gras, des pâtés, des brioches, des madeleines, des nougats, des galettes, caracole la cavalerie légère des meringues, des éclairs et des choux à la crème; le baba mêle ses savoureuses effluves à celles de l'appétissante tartelette; le gâteau napolitain fraternise avec le petit pudding à l'anglaise; le savarin s'étale à côté de la modeste frangipane; la glace brillante du biscuit étincelle auprès de la neige moussue du saint-honoré.

L'œil de la belle visiteuse s'allume; un tremblement léger agite sa lèvre fine; elle hésite une seconde, puis la main gantée s'allonge et cueille sur l'étagère la charlotte russe ou l'éclair convoité. Les appétits robustes vont jusqu'au sandwich. Ce premier morceau ne fait que la mettre en goût. Elle revient à la charge, mais avec plus de lenteur et de choix, à mesure que l'appétit se calme pour faire place à la seule gourmandise. Quels jolis coups de dents! quels charmants coups de lèvres!

quels friands coups de langue! Ce passage chez le pâtissier est devenu un véritable repas. Il y a même dans un coin, au-dessus de la fontaine, préparées tout exprès pour ces dames, une rangée de fines bouteilles qui parcourent toute la gamme des liqueurs et des vins d'Espagne, et tout à l'heure après la collation, tandis que les plus sobres se rafraîchiront d'un verre d'eau, les autres tremperont leur bec rose dans un verre d'alicante ou de malaga.

Je me suis parfois arrêté à la vitrine d'un pâtissier aristocratique du quartier Vivienne, entre quatre et cinq heures du soir, regardant ce coquet manége des filles d'Ève qui ont reporté sur le savarin et le petit pâté l'amour de leur grand'mère pour les pommes. Elles font leur choix avec des attitudes, des gestes et des expressions où se trahit le caractère intime de chacune d'elles. Il en est qui fourragent sur les étagères; la plupart butinent avec des airs de moineaux becquetant les fruits d'un cerisier, ou d'abeilles voltigeant de fleur en fleur. Et, après avoir choisi sa proie, quoi de plus gracieux à voir que la femme, la voilette relevée à demi, tenant l'assiette de sa main gauche finement gantée, et de la droite, blanche et nue, élevant avec précaution le baba aux tons bruns et dorés, au parfum pénétrant, que semblent aspirer à la fois ses yeux caressants, ses lèvres frémissantes et ses narines dilatées!

Chaque fois qu'il m'arrive, en un éclair de flânerie, de m'arrêter à ce joli spectacle, je suis toujours surpris de ne point trouver un peintre à côté de moi; entendons-nous : pas un peintre académique, un peintre d'histoire, un disciple ou un rival d'Ingres; mais un peintre de la vie moderne et élégante, un peintre de Paris et de la

Parisienne. Monsieur Toulmouche, à quoi songez-vous, et comment se fait-il que vous n'ayez pas encore représenté la *Visite chez le pâtissier?*

Après l'heure de la pâtisserie, c'est l'heure de la musique militaire dans les jardins du Luxembourg, des Tuileries et du Palais-Royal. Les concerts militaires viennent de recommencer. Ils se donnent trois ou quatre fois la semaine dans chaque jardin, et ils ont leur clientèle assidue. Avant-hier, il y avait foule au premier dans les quinconces du Luxembourg. J'ai retrouvé là le personnel ordinaire : bons bourgeois du quartier, femmes de professeurs et de magistrats, ouvrières, collégiens flânant au sortir des lycées voisins, petits rentiers qui tout à l'heure, sur un banc de l'ancienne pépinière, démontraient en traçant des lignes avec leurs cannes les mouvements stratégiques de l'armée russe et le passage du Pruth; étudiants laborieux ou flâneurs, ceux-ci la pipe à la bouche et le chapeau sur l'oreille, le verbe haut, le rire bruyant; ceux-là un Mourlon ou un Traité de pathologie sous le bras, discutant entre eux sur les propriétés de l'acide chlorhydrique ou sur le dernier cours de M. Léveillé; enfin la plus charmante partie de ce public en plein air : les bébés qui écoutent vaguement en bâtissant des forteresses de sable et en se faisant moucher par leurs bonnes.

Sans beaucoup varier pour le fond, le public des concerts militaires se modifient suivant les jardins. Aux Tuileries, l'auditoire bourgeois est plus élégant : on y voit des toilettes recherchées et même somptueuses, des enfants mis comme des princes ou habillés en personnages du carnaval de Venise, avec des nourrices imposantes qui eussent intimidé la reine Berthe. Des gommeux cravatés dans le dernier goût, un gardénia à la boutonnière et le monocle incrusté dans l'arcade de l'œil, passent et repassent en prenant des attitudes fascinatrices pour subjuguer le beau sexe. On sent que le public ne vient pas seulement pour entendre, mais pour voir et se montrer.

Au Palais-Royal, le noyau des passants, des promeneurs, des gens du quartier se grossit des provinciaux et des étrangers, pour qui cet endroit est resté le centre parisien par excellence, et aussi de personnes d'une respectabilité sujette à caution, qui étalent leurs toilettes tapageuses sur les chaises d'alentour.

Chaque public a ses amateurs sérieux, qui se discernent aisément des simples flâneurs. L'amateur sérieux ne manque pas un concert, surtout les jours de la garde républicaine; il arrive d'avance et choisit sa chaise, généralement la même. Au bout de peu de temps, les loueuses le connaissent et la lui gardent. S'il s'éloigne un moment, il marque sa place en renversant le siége. Tout amateur tourne au maniaque, et il est persuadé qu'il n'entendrait pas bien ailleurs. Si par hasard il trouve sa place occupée, après avoir essayé de faire comprendre, par un manége plus ou moins habile, l'usurpation commise, il s'asseoit dans le voisinage d'un air mécontent, et il demeure inquiet et nerveux pendant tout le temps du concert. L'amateur témoigne par des hochements de tête, par des gestes, par des mots entrecoupés, son approbation ou sa désapprobation. Il ne se permettrait pas de fumer pendant l'exécution d'un morceau. Il professe une estime raisonnée pour M. Sellenick. Du temps où M. Paulus n'avait pas encore pris sa retraite, les

Paulistes et les *Sellenickistes* entamaient parfois entre eux, à la suite de chaque concert, des discussions ardentes qui rappelaient celles des Gluckistes et des Piccinistes.

Parmi les amateurs sérieux, on distingue, à leurs cheveux coupés en brosse, à leur moustache grise, à leur allure martiale, à leur redingote boutonnée jusqu'au menton, les anciens officiers en retraite. Ces officiers sont quelquefois, tout simplement — surtout lorsqu'ils n'ont pas un ruban rouge à la boutonnière, des employés de ministère ou des bonnetiers qui ont cédé leur fonds. Dans ce cas, ils simulent quelquefois la rosette de la Légion d'honneur à l'aide d'un œillet rouge. Comme ils ont, d'ailleurs, la mine beaucoup plus militaire que les vrais officiers, ils imposent à leurs voisins, qui considèrent avec respect ces vieux braves, pareils au cheval de guerre mis à la réforme, mais dressant encore l'oreille au son de la trompette.

Derrière les chaises, le long des parterres, se presse la cohue des auditeurs debout, fraternellement confondus, buvant l'harmonie coude à coude et se communiquant l'un à l'autre leurs impressions. Mais, hélas! pour un connaisseur qui s'y rencontre, il faut bien dire qu'il s'y trouve une vingtaine d'ignorants, de naïfs ou d'indifférents, capables de confondre Beethoven avec Hervé, qui assistent au concert pour tuer le temps et parce qu'ils passaient par là, et qui, pour peu que vous les encouragiez, vous avoueront qu'ils aiment la musique militaire parce qu'elle a beaucoup de cuivres et qu'elle fait plus de bruit que les autres.

XXV

LES FAISEURS DE RELIGIONS.

15 mai 1877.

J'ai lu, ces jours-ci, dans les dépêches de Versailles :
« On vient de nommer le rapporteur de la commission chargée de la proposition relative à la liberté des réunions consacrées à la célébration des cultes religieux. (Ouf! quel style, même pour un télégraphe!)

« La proposition avait été auparavant adoptée par la commission, à l'unanimité moins une voix. »

C'est l'ancienne proposition Pressensé, relative à la liberté illimitée des cultes, qu'on croyait enterrée définitivement dans les oubliettes de la Chambre précédente et qui sort de son tombeau. Eh bien, si la loi est votée définitivement, nous en pourrons voir de belles!

Malgré la multitude de gens qui se font gloire de ne professer aucun culte, Paris renferme dans son enceinte toutes les religions du monde, et même quelques-unes de plus. Parmi les myriades de sectes protestantes, vous n'en trouveriez pas une seule, si bizarre ou si infime qu'elle soit, qui n'y ait ses représentants. Je vous ai présenté naguère les baptistes; je pourrais vous présenter les quakers. Le *darbisme,* l'un des derniers rejetons de la Réforme, possède sa chapelle non loin des boulevards. M. Joanne, qui connaît Paris, signale, au numéro 75 de la rue Miromesnil, l'église des Frères moraves; mais je dois dire que j'ai vainement suivi la piste sur laquelle son livre m'a lancé, et que je suis revenu bredouille. Il y a peu d'années, des anabaptistes portant sur la poitrine, comme signe de ralliement, la figure de Jean de Leyde, se rassemblaient rue d'Enghien. Les spirites tendent à s'organiser en église comme dans les États-Unis. On a plusieurs fois signalé des groupes de Mormons, qui ne demanderaient pas mieux sans doute que d'établir un Tabernacle sur le boulevard.

Les mahométans abondent à Paris, et les bouddhistes n'y sont pas rares. Un descendant du Prophète, qui a droit au turban vert, vend des dattes et des pastilles du sérail sous les arcades de la rue de Rivoli. On me signale un ex-derviche tourneur, concierge aux Batignolles, et un ancien faquir, garçon chapelier rue Montmartre. Des sectateurs de Confucius tiennent boutique rue Tronchet, publient des poésies chez Lemerre et font des conférences boulevard des Capucines. Les Parsis, adorateurs du feu, sont également représentés à Paris. Qui ne se rappelle le mystérieux Persan, à haut bonnet fourré et à longue barbe blanche comme la neige, qui comptait, il y a quelques années, au nombre des spectateurs les plus immuables de notre grand Opéra? C'était un adorateur du soleil. On assure que ceux qui rendent un culte à l'astre du jour ne manquent point parmi les jardiniers et les maraîchers des environs de Paris.

Méry prétendait avoir rencontré près du parc Monceaux, rue Lévis, une famille hispano-américaine qui, comme les vieux Mexicains, se prosternait devant un serpent conservé dans un vase de terre cuite. J'ai moi-même connu un nègre, valet de chambre dans une famille créole, qui faisait chaque jour sa prière devant son fétiche et portait précieusement sur sa poitrine une corne de chèvre en guise de *grigris*. Un romancier, — M. Henri de la Madelène, je crois, — a découvert à Paris un véritable païen, croyant à Jupiter comme un flamine et immolant chaque année deux moutons noirs en son honneur. Sauf peut-être les deux moutons, rien de plus commun. Dès que la loi sera votée, les païens de Paris pourront, s'ils le veulent, faire ériger un temple à Mercure ou à Vénus Victrix entre la Bourse et l'Opéra, et ils auront assez de fidèles pour le remplir. M. Leconte de Lisle sera le grand prêtre du culte, et les Parnassiens ne lui laisseront que l'embarras du choix pour les enfants de chœur.

Il n'y a pas une des folies religieuses de ce temps qui n'ait quelque part un bout de queue frétillant encore dans l'ombre; pas une qui, si complétement évanouie qu'elle semble, n'ait laissé des disciples cachés, tout prêts à rouvrir leur chappelle. Il en est ainsi des saint-simoniens comme des théophilanthropes. Les jansénistes de Saint-Médard subsistent à côté de la petite Église qui ne reconnaît point le Concordat. L'abbé Châtel compte toujours des adhérents, bien que son dernier pasteur, M. Laverdet, soit mort marchand d'autographes, comme le primat lui-même était mort épicier. On peut gager, sans craindre de perdre son pari, que les chevaliers du Temple n'ont pas entièrement disparu, et que leur grand maître, à l'instar de Fabre-Palaprat, pontife et pédicure, est encore prêt à ordonner au besoin un nouveau primat des Gaules. Quant à l'Église apostolique de l'avenue de Ségur, dont j'ai été le Christophe Colomb [1], elle

---

[1] V. le chapitre I des *Esquisses et croquis parisiens*, Ire série; Plon, 1 v. in-18.

continue de vivre avec son Ange, sa demi-douzaine de pasteurs et ses soixante-dix fidèles.

Les inventeurs de religions n'ont pas chômé un seul jour dans ce siècle. Le groupe de rêveurs qui formaient, sous Louis-Philippe, les diverses écoles socialistes, depuis Cabet jusqu'à Fourier, a joint plus ou moins la folie religieuse à beaucoup d'autres. Chacune de ces doctrines affectait la forme d'une révélation, promulguée sur le Sinaï par un nouveau Moïse ; elle avait ses mystères, ses grands prêtres, ses apôtres. Elle substituait aux promesses de la vie future les promesses de la vie présente. Fourier rétablissait le paradis terrestre dans le phalanstère, et remplaçait le ciel par l'appareil caudal, muni d'un œil, qui devait pousser à tous les fidèles après quelques siècles d'attraction passionnelle et d'harmonie. On sait avec quel enthousiasme mystique et pieux des missionnaires comme Jean Journet se firent les prédicateurs de la bonne nouvelle. Le besoin de religion est tel dans la plupart des âmes que, par un phénomène singulièrement caractéristique, on vit le positivisme même, qui consiste essentiellement dans l'élimination du surnaturel, ne pas reculer devant l'évolution imprévue qui le faisait aboutir au temple. Je ne parle pas, bien entendu, du positivisme de M. Littré, hérésiarque excommunié par les vrais disciples du maître, pur et simple matérialiste, usurpateur d'un titre auquel les représentants authentiques de la doctrine lui refusent tout droit. Je parle des positivistes officiels qui ont suivi Auguste Comte jusqu'au bout, sans se permettre de faire un choix entre ses idées, et célèbrent, rue Monsieur-le-Prince, dans sa chambre mortuaire métamorphosée en chapelle, les cérémonies du culte, encore très-sommaires en France, mais déjà plus développées en Angleterre, où la doctrine s'est mieux implantée que chez nous dans toute sa pureté.

A peine nées, ces théories se subdivisaient, s'émiettaient en sectes. Rose Marius Sardat, auquel Champfleury a donné place dans sa galerie des *Excentriques*, avec sa *Loi d'union* et son *Temple du bonheur*, n'est qu'un fouriériste qui a brodé sur les conceptions du grand réformateur des fantaisies dignes de Gagne. Toureil, le fondateur du fusionisme, dont le dernier disciple nous est apparu pendant la Commune sous les traits de ce nuageux faquir polonais aux longs cheveux gris, au maigre visage d'anachorète extatique et hagard, qui s'appelait Babick; le médecin Toureil voulait concilier et fondre en une seule les doctrines de Saint-Simon, de Cabet et de Pierre Leroux. Cette religion de la fusion universelle était un spinozisme imbibé de charité chrétienne, avec des nuances pythagoriciennes et des reflets bouddhiques, dit dans ses *Mémoires* Philarète Chasles, qui connut de près ce curieux personnage et en a tracé un portrait dont nous lui emprunterons les traits principaux :

« Il était, je crois, parent de Toureil, le traducteur grec, et vivait dans la pauvreté avec un petit ménage et une petite femme qu'il menait très-doucement. Théâtral néanmoins, il avait la barbe de trois couleurs étagées : blonde, brune, rouge ; ce qui marquait la trinité ou la trimourti, et cette trimourti était teinte... J'écoutais avec un étonnement stupéfait et candide les enthousiasmes divagateurs de ce pauvre garçon. Il avait une grande tête longue, une figure ovale qu'il arrangeait à la Jésus-Christ. Il parlait onctueusement, doucement, avec une chatterie presque larmoyante et sincère... La religion de Toureil, le *fusionisme,* aboutissait à l'indulgence, qui permettait toutes choses, et à la parfaite liberté, qui détruisait tous les vices en les admettant tous. Il ne gardait du Christ que la charité, des saintes que la Madeleine. Il réunissait de temps à autre dans son grenier quelques ouvriers auxquels il distribuait un peu d'argent. »

Philarète Chasles raconte ensuite comment on le mena « dans le taudis qui servait d'église à Toureil et où une quarantaine d'hommes et de femmes, prenant la parole tour à tour, à la façon des quakers, disaient toutes les sottises possibles : qu'il n'y avait pas d'inceste, qu'il fallait épouser sa sœur, se marier tous les jours par charité, se démarier de même, emprunter à tout le monde, prêter également et détruire la particularité par l'union universelle. Toureil, derrière une table, avec deux chandelles de suif et sa barbe triple, expliqua la chose dans un sermon d'une heure écouté avec componction, puis suivi d'un excellent épilogue : de l'argent fut distribué aux plus pauvres. Comique et touchante, la représentation dura trois heures. »

Comme Toureil, Wronski, le professeur d'absolu, était un savant, un philosophe qui mêlait les rêveries religieuses à ses spéculations et à ses recherches. Sa tête avait fini par tourner dans l'étude des mathématiques transcendantes, phénomène moins rare qu'on ne serait tenté de le croire. Il prétendait avoir enfermé l'absolu dans une doctrine qui dérivait à la fois de Kant, de Jacob Bœhme, de Swedenborg et des anciens kabbalistes, de la métaphysique, du calcul infinitésimal, des équations algébriques; bref, qui parcourait les chemins les plus détournés pour arriver simplement à quelque chose de tout à fait semblable à un panslavisme mystique. C'est en 1831 et en 1839 que Wronski publia les deux volumes de son *Messianisme, union finale de la philosophie et de la religion constituant la philosophie absolues,* dédié au czar, à l'empereur d'Autriche, au roi de Prusse et aux mânes de Napoléon Ier. Il y apportait une religion nouvelle, d'ailleurs fort obscure, qui devait être la constitution du Paraclet annoncé par le Christ, l'explication et l'achèvement de l'Évangile. Le Paraclet dont le Christ a prédit la venue, c'était lui, Hoëné Wronski.

Wronski maria sa fille au Colline de la *Vie de bohème* : la réalité a de ces fantaisies bizarres. Colline lui-même est devenu un vieux-catholique acharné, fanatique, ce qui eût assurément déconcerté Mürger : « Je vois sur votre front le signe d'un caco-démon », disait Wronski avec épouvante à son futur gendre pendant qu'il faisait la cour à sa fille.

Mais l'épisode le plus amusant de sa vie est certainement l'histoire de ses relations avec le banquier Arson, un excellent homme travaillé par la folie religieuse du temps. Arson avait acheté à Wronski la connaissance de l'absolu, et celui-ci lui en avait demandé deux cent mille francs, ce qui est un beau chiffre. Le banquier ne jugeait pas que ce fût trop cher de payer l'absolu à ce prix. Malheureusement, à la fin du cours qu'il avait suivi avec l'attention la plus recueillie et la plus fervente, ne se trouvant pas suffisamment éclairé, il refusa le payement. Le maître lui fit un procès, mais le disciple plaida qu'il y avait eu tromperie sinon sur la nature, du moins sur la quantité de la marchandise vendue : de la meilleure foi du monde, il pensait qu'on ne lui avait vraiment pas donné assez d'absolu pour son argent. Wronski fut débouté, et le public frivole s'égaya beaucoup à ses dépens.

Il n'est pas sans doute jusqu'au dieu Chesneau et au Mapah qui n'aient encore leurs croyants quelque part.

Chesneau, mercier de la rue Croix des Petits-Champs, se mit à annoncer la bonne nouvelle à une époque où tout le monde s'en mêlait, c'est-à-dire vers le milieu du règne de Louis-Philippe. Il avait métamorphosé son arrière-boutique en sanctuaire et ses deux innocents commis en fervents adeptes. Mais, il faut bien le dire, il dut surtout sa célébrité d'un moment aux sarcasmes d'Alphonse Karr, qui s'amusa fort du dieu Chesneau dans les *Guêpes*.

Quant au Mapah, c'était le grand prêtre d'un culte philanthropique et égalitaire, basé sur la fusion des principes mâle et femelle. Pour exprimer cette idée, il désignait la nouvelle religion par le mot d'*Évadisme*, formé de la réunion des noms du premier couple humain, comme le titre de Mapah contenait les deux premières syllabes des mots latins *pater* et *mater*, en y ajoutant un *h* final pour le seul plaisir des yeux. Afin de mieux exprimer l'égalité parfaite des sexes, dogme fondamental de l'*Évadisme*, il était enjoint à tout fidèle de se composer un nom par le même système, avec des syllabes des noms paternels et maternels; mais le premier et unique Mapah se déroba lui-même à cette prescription, qui pouvait avoir des conséquences fâcheuses pour son état civil, en signant les bulles et encycliques, qu'il datait de son *grabat apostolique*, — notamment celle qu'il adressa au pape Grégoire XVI, pour lui notifier son avènement et le prier de lui faire place, — de cette périphrase qui était un ingénieux compromis : « Celui qui fut Ganneau. »

Ce brave Ganneau, qui semblait très-convaincu dans sa folie, avait établi le temple de l'Évadisme dans l'atelier de l'île Saint-Louis où il passait tout son temps, en dehors des exercices du culte, à modeler en bas-reliefs les symboles et les mystères de la religion. Il exerçait une propagande incessante autour de lui, harcelait de ses prédications les députés, les pairs de France, les hauts fonctionnaires, et répandait à pleines mains la brochure et les tables où il avait résumé, avec une obscurité tout apocalyptique, les principes de la foi nouvelle. Son prosélytisme ne resta pas stérile. Il eut pour principaux disciples, d'abord un poëte qui signait ses élucubrations : « Celui qui fut Caillaux [1] », et d'autres dont on lira probablement les noms avec quelque surprise : Théophile Thoré, Félix Pyat, Hetzel! Qui sait? Peut-être était-ce pour punir Paris d'avoir accueilli l'Évadisme et le Mapah avec des railleries que M. Félix Pyat a voulu le brûler!

Je ne puis parler d'une foule d'autres pseudo-Christs, que vit éclore surtout le gouvernement de Juillet; de M. Bernard (de Dijon), de Gustave Drouineau, l'auteur du *Néo-christianisme;* des disciples de Swedenborg, qui avaient fondé de *Nouvelles Jérusalem* sur différents points de la terre de France, en particulier à Saint-Amand, dans le département du Cher. Il fut une époque où l'on était exposé à croiser Moïse ou même le Messie dans son escalier sans le saluer.

---

[1] Caillaux, dont la nature ardente et enthousiaste s'est calmée avec l'âge, vit maintenant dans la retraite aux environs de Nice. Il a publié dans cette ville, en 1850, les *Hymnes de la dernière heure*, qui montrent une nature mystique de rêveur et de poëte, partagée entre les grandes aspirations d'autrefois et le doute, fruit de l'expérience amère. Mais son doute même reste toujours religieux.

Entre cette multitude de religions écloses depuis les dernières années de la Restauration jusqu'à la révolution de Février, il en est une qui fit grand bruit vers 1840, recruta de nombreux adeptes, séduisit même un certain nombre de prêtres, et qui compte encore des fidèles, quoiqu'elle soit généralement bien oubliée aujourd'hui. C'est l'œuvre de la Miséricorde, fondée par Pierre-Michel-Eugène Vintras, — homme de condition humble, sans fortune et sans instruction, mais le plus adroit et le plus roué des Normands, — dans le village de Tilly, où il dirigeait un moulin à papier, après avoir exercé les professions modestes de garçon tailleur, de colporteur, de limonadier et de domestique. L'œuvre de la Miséricorde devait faire succéder à la loi du Père, — loi de crainte qui a dominé le mosaïsme, — et à la loi du Fils, — loi de grâce intronisée par le christianisme, — la loi de l'amour pur, sous l'influence spéciale du Paraclet.

L'esprit de sacrifice, de lutte, de renoncement, de mortification devenait inutile, et même contraire au véritable esprit religieux, avec l'œuvre de la Miséricorde. Il suffisait d'aimer. La charité était la vertu par excellence. Par malheur, cette loi de l'amour pur finit par aboutir à certaines orgies clandestines qui donnèrent un très-fâcheux renom au village de Tilly-sur-Seulles, berceau et centre de la doctrine.

L'archange saint Michel était le grand patron de la religion nouvelle. C'est surtout par son intermédiaire que Pierre Michel obtenait la plupart de ses révélations. Mais saint Joseph, la Sainte Vierge et même Dieu le Père lui apparaissaient aussi pour l'inspirer. Devant un petit cercle de fanatiques, il tombait souvent en extase, et il faisait des miracles auprès desquels ceux de l'Évangile n'étaient que des enfantillages. Le Prophète communiquait à la foule ses songes et visions dans un journal : *la Voix de la Septaine*, dont j'ai la collection à peu près complète sous les yeux. Il les signait du nom de Sthratanaël, qui était son nom mystique. L'œuvre de la Miséricorde cachait sous ses dehors religieux un but politique qui ne tarda pas à se dévoiler : Vintras se fit l'instrument et l'apôtre actif d'un des faux Louis XVII qui se disputaient alors la crédulité de quelques bonnes âmes : le Prussien Naundorff, dont nous avons vu encore les héritiers revendiquer le trône de France il y a trois ans, devant la cour, sous le patronage de M. Jules Favre, éloquent avocat de toutes les mauvaises causes.

La police, avec son indiscrétion ordinaire, ne tarda pas à se mêler des affaires de Vintras. Le 19 août 1842, il comparaissait devant le tribunal correctionnel de Caen, et il était condamné pour escroquerie et abus de confiance à cinq ans de prison et cent francs d'amende. Les débats avaient mis à jour les pénibles antécédents du personnage et ses prodigieuses jongleries. Naturellement, ces révélations n'éclairèrent aucun de ses partisans, et Sthratanaël, qui venait de joindre le titre de martyr à celui d'apôtre et de prophète, continua de publier, dans la *Voix de la Septaine*, les récits de ses extases, datés de la prison de Caen.

Vintras n'est pas mort. Il réside aujourd'hui en Angleterre, où sa petite Église, bien débandée chez nous, a gardé une certaine cohésion. De temps à autre, il fait une visite pastorale en France et à Paris, où il conserve quelques fidèles. Je causais récemment avec l'un d'eux, qui m'a prédit en paroles véhémentes l'avénement prochain du grand prophète et du grand roi, c'est-à-dire du nouvel Élie et de Louis XVII, ou, si vous l'aimez mieux, de Naundorff père, qu'on croit mort et qui se trouve actuellement dans les terres polaires avec le fils de Seth, sur un bateau prêt à cingler vers la France, dès que les vagues auront achevé d'abattre la barrière de glace qui l'enserre.

Dans cette revue sommaire des religions du siècle, j'en passe, et des meilleures, — ou des pires. Il est vrai que le vent ne semble plus souffler de ce côté-là, et qu'on peut se demander s'il nous reste assez de religion pour en faire maintenant de nouvelles. Mais les vents et les flots sont changeants, a dit le poëte.

XXVI

LES RUCHES A JOURNAUX.

LA RUE DU CROISSANT ET LES GALERIES DE L'ODÉON.

25 mai 1877.

Depuis le 16 mai, le journal politique règne et triomphe sans partage. Dans ce grand concert de la publicité, où figurent tant d'instruments divers, il est le seul aujourd'hui qu'on entende. Rien n'est curieux à voir, en des moments pareils, comme ces grandes ruches à journaux où bourdonne tout le jour et toute la nuit l'essaim bruyant des feuilles quotidiennes. Ce sont, pour la plupart, de véritables Babels, après la confusion des langues. La *Gazette de France* fait vis-à-vis à la *Lanterne*, et le *Monde* vit côte à côte avec le *Rappel*. Parfois un abbé se trompe de porte et frémit en sortant de la gueule du loup, qui ne s'est pas refermée sur lui. Un bon rouge tourne à gauche au lieu de tourner à droite, et se rencontre avec un duc, qui s'efface poliment pour le laisser passer. Sur chaque marche de l'escalier banal, où le flot humain ne s'arrête pas une minute, la République se croise à toute heure du jour avec la monarchie, le Septennat avec le radicalisme, la rue Haxo avec le cimetière Picpus, le diable avec le bon Dieu. A l'entre-sol on fait ses dévotions à Marianne; le premier se partage entre Mac Mahon et M. Thiers; au deuxième, on a d'un côté le buste du comte de Chambord, de l'autre le portrait de Marat. C'est une cacophonie monstrueuse. Mais les garçons de bureau voisinent et vont s'emprunter les uns aux autres les journaux qui leur manquent. On se dit des injures la plume à la main ; sur l'escalier, terrain neutre, chacun n'est plus qu'un journaliste, et si l'*Union* rencontre le *Radical,* au tournant d'une marche, elle lui dit volontiers : « Après vous, monsieur », comme les grenadiers français du comte d'Auteroche aux gardes anglaises de lord Charles Hay, sur le champ de bataille de Fontenoy.

Ce ne sont pas seulement les rédacteurs, les abonnés et les amis habituels de la maison qui hantent les bureaux du journal dans des moments comme celui-ci. On y voit paraître des figures, *livides* ou cramoisies, qui ne se montrent qu'aux grands jours. L'un veut se tenir au courant et guetter les bruits de coulisse, l'autre colporte les on dit. Il y a l'homme qui sait tout et l'homme qui ne sait rien, le préfet révoqué ou celui qui tremble de l'être, le fruit sec de la politique en quête d'une place de sous-préfet, celui qui pose les premiers jalons de sa candidature pour les élections prochaines, celui qui vient solliciter la protection du rédacteur en chef pour être casé quelque part, ou lui confier ses doléances et le pousser à rompre une lance en sa faveur ; bref, tout un monde de curieux, de nouvellistes, d'indiscrets, de mouches du coche, de solliciteurs, d'intrigants, d'effarés et d'ahuris, au milieu desquels on a grand'peine à faire le journal.

Mais enfin le voilà fait, et c'est maintenant rue du Croissant qu'il faut vous transporter pour la suite du spectacle. La rue du Croissant est noire, étroite, tortueuse. On dirait qu'elle pue l'encre d'imprimerie. Là trôna longtemps le *Siècle*, en sa royauté bourgeoise, avant d'avoir son palais à lui, comme le *Figaro* et le *Petit Journal*. Une dizaine de feuilles : la *Patrie*, le *Soir*, *Paris-Journal*, l'*Ordre*, l'*Estafette*, que sais-je encore? paraissent dans la rue du Croissant. Elle est tapissée de bureaux de vente en gros, où viennent s'approvisionner les marchands des kiosques et dont quelques-uns ressemblent à des échoppes de savetier. Le bureau des publications bonapartistes touche au bureau des feuilles radicales. Les vitres sales sont décorées d'affiches et d'images. A l'entrée, du côté de la rue Montmartre, une grande boutique, qui centralise toutes les publications illustrées et tous les ouvrages en livraisons, transforme sa façade en un étalage de caricatures d'actualité.

Il est quatre heures, des queues s'allongent aux portes, on se bouscule aux guichets. Dans le voisinage des bureaux, des échanges et des transactions s'opèrent. On offre deux feuilles du matin contre une feuille du soir. Une bourse de journaux s'établit sur le trottoir sordide et dans le ruisseau boueux. De petites voitures à bras rapportent les *bouillons*. Des ribambelles partent au galop. On voit passer des femmes à l'air viril, une gibecière de cuir pendue à l'épaule, comme les conducteurs d'omnibus, soutenant sur leurs têtes des pyramides de journaux. Si vous n'y prenez garde, vous serez renversé par les flots d'hommes en blouse bleue ou en paletot râpé qui, à peine servis, se hâtent d'un pied fiévreux en emportant leur butin sous le bras. Ils vont droit devant eux, sans se détourner, comme des boulets de canon, et sur leur passage flotte l'odeur des maculatures, l'âcre et pénétrant parfum des feuilles de papier fraîchement trempées d'encre grasse.

En un clin d'œil, tous les kiosques du boulevard sont munis. A certains jours, une minute a son importance. Chaque journal voudrait paraître avant ses rivaux ; chaque marchand s'efforce d'être servi le premier. Devant une petite table voisine, la plieuse s'est installée ; on peut suivre à peine le mouvement rapide de ses deux mains. L'acheteur afflue : il jette son décime ou ses trois sous ; il choisit son journal, il le déploie et s'arrête à trois pas du kiosque pour y jeter le premier coup d'œil. Ce coup d'œil varie de la première à la quatrième page, suivant qu'il s'intéresse à la politique pour elle-même ou pour la Bourse. S'il tombe sur une nouvelle émouvante, il s'arrête, la montre à un ami, prend racine sur le pavé. Quelquefois il tourne la page, et ses bras étendus gênent la circulation.

Çà et là — dans le jardin du Palais-Royal et sous les arcades de l'Odéon — il s'établit de véritables cabinets de lecture en plein air. On sait que les galeries du théâtre sont occupées par des libraires. Vieux bouquins et nouveautés, estampes, musique, objets de papeterie, journaux et revues, vente ou achat, échange ou location, on y trouve tout et l'on y fait tout. Les étalages de Marpon et de Hurtau servent de rendez-vous aux étudiants, aux professeurs, aux habitants du quartier qui veulent se tenir à bon compte au courant de la littérature contemporaine. Chaque jour ils y passent toutes les nouveautés en revue. Ils jettent un coup d'œil sur le dernier numéro de la *Revue des Deux Mondes,* sur les gravures de l'*Illustration,* de la *Vie parisienne,* du *Journal amusant;* ils feuillettent les *Contes* de Flaubert, le deuxième volume des *Mémoires* de Philarète Chasles, les *Souvenirs* de Daniel Stern. Ils dégustent à la dérobée une page de Doudan ou cueillent au vol une strophe de Victor

Hugo. Quelques-uns, en une demi-douzaine de séances, savamment distribuées à différentes heures entre les deux côtés des arcades, parviennent à parcourir tout le volume en vogue. Les plus discrets s'en tiennent à la table des matières et à deux ou trois regards dans l'intérieur du livre : avec un peu d'aplomb, cela leur suffit pour en avoir une idée et pour en causer avec leurs amis. Plusieurs poussent le sans gêne jusqu'à défaire les bandes ou les ficelles qui protégent les volumes ; les feuillets non coupés ne les arrêtent même pas : ils les écartent adroitement et trouvent moyen d'y faufiler leurs yeux. Dans le nombre, on remarque le jeune poëte qui attend avec des battements de cœur qu'un curieux mette la main sur ses *Brises de l'âme*, et, transporté par la lecture de la première pièce, tire immédiatement son porte-monnaie. Mais, hélas! personne n'a l'air d'apercevoir les *Brises de l'âme*, malgré le manége ingénieux auquel il se livre pour attirer l'attention sur ce premier-né de sa muse. On remarque aussi le collégien, qui voltige de fleur en fleur comme l'abeille, et va de l'*Assommoir* à la traduction de Tacite ou de Démosthène, et de Pindare à Paul de Kock. Le marchand, inquiet, surveille assidûment cette clientèle trop platonique, qui déflore son étalage et picore à travers ses volumes comme une bande de moineaux sur un cerisier ; il replace les livres avec mauvaise humeur et manœuvre savamment, sous prétexte d'allumer le gaz, de tirer un volume ou d'épousseter sa devanture, pour contraindre à déguerpir les habitués qui s'oublient trop longtemps dans leur tête-à-tête.

Les marchands de journaux sont installés sous la galerie qui regarde le Luxembourg. Dès quatre heures, vingt personnes attendent l'arrivée de leur pâture quotidienne. Pour cinq centimes, on lit un journal; pour deux sous, on peut les lire tous. Les clients restent debout ou s'asseoient sur des chaises placées entre les arcades. Quelques-uns, en hiver et par ce temps de froides giboulées, s'installent dans l'étroite boutique, ou plutôt dans la boîte du marchand, avec la mine du don Carlos d'*Hernani* dans son armoire : ce sont les gens paisibles et corrects, les vieillards au geste posé, aux mouvements automatiques, qui restent flegmatiquement deux heures à lire le *Constitutionnel* depuis le titre jusqu'au nom de l'imprimeur. On reconnaît aisément les clients de passage : le romancier qui regarde si M. Barbey d'Aurevilly ou M. de Pontmartin a parlé de son livre; pendant le Salon, le peintre qui cherche son nom dans tous les comptes rendus. Les lundis surtout, le cabinet de lecture en plein air peut compter sur un supplément notable : ce sont les auteurs dramatiques et les comédiens au menton rasé, aux joues bleuâtres, faisant des effets de torse, qui viennent voir ce que Sarcey, Paul de Saint-Victor, Jules Claretie ont écrit sur leur compte.

Mais le fond invariable se compose des affamés de politique. La guerre d'Orient et la rentrée des Chambres avaient fort accru la clientèle; les derniers événements intérieurs l'ont doublée encore. Pour leurs dix centimes, les petits rentiers des alentours se donnent des indigestions de nouvelles et d'appréciations. Ils lisent tout pêle-mêle, entassent le *Français* sur la *Marseillaise* et Gambetta sur Paul de Cassagnac, puis s'en vont en devisant du siége de Batoum et du mouvement préfectoral. Ils ont lu tant d'informations qu'ils ne savent plus ce qui se passe. Demain ils reviendront, et ils finiront par n'y plus rien comprendre du tout.

XXVII

CE QU'ON BOIT A PARIS.

RÉQUISITOIRE CONTRE LA BIÈRE.

10 juillet 1877.

Au moment où je prends la plume, le thermomètre marque 32 degrés à l'ombre. Le tropique du Cancer et le tropique du Capricorne semblent s'être tous deux donné rendez-vous à Paris. Mieux vaudrait traverser la ligne que la place de la Concorde, car du moins, en franchissant la ligne, on aurait l'espoir du baptême rafraîchissant inventé par les matelots, tandis que, sur la place de la Concorde, on n'a d'autre ressource que d'aller se plonger la tête dans le bassin, ou de se placer brusquement sous le jet d'une lance d'arrosage.

Le calcul de ce que Paris boit dans ces journées caniculaires, pour essayer d'étancher la soif sans cesse renaissante qui le dévore, effrayerait un statisticien. Que de degrés intermédiaires entre l'eau fraîche des fontaines Wallace et les glaces des grands cafés du boulevard! Si vous voulez, nous allons les parcourir ensemble : cela nous désaltérera peut-être.

Pas un de ces petits monuments hydrauliques dus à la munificence de sir Richard Wallace qui ne soit entouré d'un cercle de clients attendant leur tour. Le gobelet suspendu au bout d'une chaînette va de main en main et de bouche en bouche, usé par les myriades de lèvres qui s'y sont appliquées déjà. Les passants qui redoutent ce contact ont soin d'emporter sur eux une tasse en cuir, ou de boire dans leurs mains réunies en forme de coupe, comme Diogène lorsqu'il eut découvert l'inutilité de son écuelle de bois, ou comme les jeunes bergères que M. Émile Lévy nous montre dans ses idylles.

Un degré au-dessus, il y a ce que nos pères appelaient la *ptisane*, ce que nous appelons aujourd'hui le *coco*, pour les sybarites que l'eau pure ne satisferait pas. Le marchand de coco, jadis l'une des physionomies les plus vivantes et les plus répandues du Paris populaire, tend à disparaître. Quelques marchands de coco ont conquis une place dans la galerie des figures de la rue ; tel fut Labbé, qui brilla si longtemps devant l'ancien théâtre de la Porte-Saint-Martin, dont la clientèle était sa propriété exclusive. A force de désaltérer le poulailler pendant les longues heures de queue et les entr'actes, Labbé était devenu de première force sur le répertoire. Il savait par cœur la *Tour de Nesle*, il avait connu mademoiselle Georges, il donnait une poignée de main à M. Mélingue, il tutoyait tous les machinistes, il saluait le directeur et se familiarisait avec les ouvreuses.

Qu'il était beau, le marchand de coco, dans sa majesté patriarcale et débonnaire, avec l'édifice étincelant qu'il portait sur le dos, l'arsenal de verres hérissant sa poitrine et le tintement argentin, accompagné d'un appel insinuant, par lequel il annonçait sa présence ! On ne l'entend plus guère aujourd'hui que de loin en loin dans les jardins publics. Le personnel ne se renouvelle pas. Les gamins mêmes trouvent le coco fade. Il a été tué par la concurrence, — par les sirops, les limonades polonaises, les glaces à deux liards le verre que vendent aux portes des théâtres, dans les jardins, aux Champs-Élysées, partout où il y a foule, des marchands des deux sexes installés devant de petites tables, avec des rangées de carafes où des liqueurs inquiétantes rafraîchissent au soleil et un seau qui leur tient lieu de glacière.

On connaît aussi les *trinkhalls*, échelonnés de loin en loin dans les avenues et sur les boulevards. Le *trinkhall* sert avec une précision mécanique des boissons à l'eau de Seltz, — orgeat, sirop de groseilles, grenadine, *soda-water*, — à dix et quinze centimes le verre. Le *trinkhall* est une importation étrangère. Il abonde particulièrement dans les villes d'Allemagne, où il est à la mode. Mais sa transplantation chez nous n'a réussi qu'à demi. Les petits chalets sont souvent déserts, et la jeune personne chargée du maniement des robinets peut occuper ses loisirs à faire de la dentelle et de la tapisserie, à moins qu'elle ne préfère lire des romans.

Pour le même prix, l'homme du peuple aime mieux aller boire un *canon* sur le comptoir en causant politique avec un camarade, ou, pour quelques sous de plus, s'attabler devant un litre. Le dimanche, vous verrez souvent toute une famille d'ouvriers, père, mère et enfants, sur le trottoir d'un marchand de vin, dans l'étroite zone d'ombre que mesure l'auvent et où la chaleur se fait sentir comme à l'orifice d'une fournaise, buvant, avec une confiance étonnante, un horrible produit fabriqué à grand renfort d'alcool et de drogues malsaines, et dans lequel parfois il n'entre pas un grain de raisin. Jamais d'eau : ça déshonore le vin. Ils sortent de là rôtis par le soleil, brûlés par le petit bleu, et s'étonnent naïvement d'avoir encore si chaud et si soif après s'être si bien rafraîchis.

S'il fallait passer en revue l'innombrable variété des boissons estivales dans les cafés, nous aurions peine à en finir. Mais la principale et la préférée, malgré bien des tentatives de concurrence, c'est encore la bière, qu'on est parvenu, d'ailleurs, à mettre au niveau de la civilisation la plus élégante et à faire adopter par les gosiers les plus aristocratiques, à force de hausser les prix et de diminuer les bocks. C'est à croire, vraiment, que la dame de comptoir, à l'imitation de Cléopâtre, a fait dissoudre dans chaque tonneau l'une des perles fausses qu'elle porte à ses oreilles.

Nous nous sommes laissé terriblement envahir par le roi Gambrinus, et Paris tourne de plus en plus à la ville germanique. Le flot monte toujours ; encore quelques années, et peut-être, qui sait? l'amère boisson qui alourdit le sang et épaissit le cerveau aura détrôné le vin, — surtout si le phylloxera continue à lui prêter son aide.

Quand la bière n'aurait d'autre péché sur la conscience que de développer outre mesure le culte de la pipe, elle serait déjà bien coupable, et la Société contre l'abus du tabac devrait la comprendre dans ses anathèmes, comme l'un des plus puissants auxiliaires de l'ennemi. Est-ce la bière qui fait fumer? Est-ce *la fumée* qui fait boire de la bière? La pipe et le bock se prêtent un mutuel appui, sans qu'il soit possible de distinguer au juste, dans ce cercle vicieux, quelle est la cause et quel est l'effet. Mais nous avons de plus graves reproches à lui adresser. La bière n'est pas une boisson nationale; il a fallu, pour la faire pénétrer à ce point dans nos mœurs, la perversion de goût qui pousse certains esprits blasés à préférer la laborieuse, obscure et pédante musique d'outre-Rhin à la claire, lumineuse et spirituelle musique française, sur laquelle voltige et pétille la mélodie comme la mousse sur une coupe de vin de Champagne.

Le monde moderne, ai-je lu quelque part, se partage en deux groupes : les races latines, qui boivent du vin ; les races plus ou moins saxonnes (ou flamandes), qui boivent de la bière. Cette différence n'est point étrangère aux mœurs, à l'intelligence, aux facultés morales, non plus qu'à l'état hygiénique des populations. Le tempérament impétueux, l'ardeur et l'esprit sémillant des races latines répondent aux qualités essentielles du généreux sang de la grappe. De leur côté, les peuples que la nature a déshérités de la vigne prétendent trouver une harmonie entre la patience, la réflexion, la force de labeur opiniâtre qui les caractérisent et la liqueur du houblon.

« La bière et le vin, s'écriait dans un meeting un orateur plein de son sujet, se sont rencontrés à Waterloo ; le vin, rouge de fureur, bouillant d'enthousiasme, fou d'audace, s'est répandu par trois fois à la hauteur du coteau sur lequel se tenait un mur d'hommes inébranlables : les enfants de la *bière*. Vous savez l'histoire : c'est la bière qui a vaincu. »

Peut-être un orateur prussien a-t-il répété la même chose après Reichshoffen. Mais par combien d'exemples contraires ne pourrait-on répondre ? Tout ce que nous gagnerions à les écouter serait de perdre nos qualités sans acquérir les leurs. On ne greffe point le caractère teuton sur le tempérament français. Nos pères ne buvaient point de bière au dix-septième ni au dix-huitième siècle, dans les vrais siècle de l'esprit national. Qu'eussent pensé, je vous le demande, Molière, Boileau et la Bruyère de cet envahissement effréné du houblon et de l'orge? Certes, je ne reproche pas aux Anglais, aux Allemands et aux Belges de boire de la bière : ils n'ont pas autre chose, et il est naturel qu'ils fassent de nécessité vertu. Leur adresse a été de nous entraîner à choisir nous-mêmes la triste boisson qu'ils n'ont inventée que pour suppléer à la parcimonie d'une nature marâtre.

Résumons notre premier point. La bière est une boisson allemande. C'est le nectar dont s'abreuvent les Prussiens, qui coule dans leurs veines, qui les a faits ce qu'ils sont. Trouvez-vous qu'il y ait là de quoi inspirer l'amour de la bière?

Si j'écrivais un réquisitoire méthodique et complet, je ne manquerais point d'imputer à la bière sa part de responsabilité dans la littérature ultra-réaliste dont les échantillons sont particulièrement goûtés aux tables des brasseries. Je ne la crois pas innocente de certains romans ni de certains drames contemporains. Elle est pour beaucoup dans cette triste chose qu'on a baptisée d'un mot joyeux : la bohème, — et non pas seulement la bohème artistique et littéraire, mais la bohème politique, qui en a été la queue.

Nos brasseries ne sont pas silencieuses comme les brasseries allemandes. Nous y portons notre tempérament. Là où le Germain fume silencieusement devant son pot à couvercle d'étain, en suivant dans les spirales de la fumée bleue quelque nuageuse idée hégélienne, le Français discute avec ses compagnons, braille, tape à coups de poing sur la table, émet des théories à faire dresser les cheveux sur la tête, se lance dans une esthétique à casser les bocks avec les vitres, et fulmine contre les chefs-d'œuvre et contre les maîtres les jugements de l'impuissance envieuse et malsaine. C'est là qu'on dit son fait à Bossuet, qu'on toise Corneille, qu'on jette Ingres au panier, qu'on déclare Zola le seul écrivain de notre temps qui ne soit pas *infect*, Manet plus grand que le Corrège, — une ganache, — et la *Fille Elisa* cent fois supérieure à *Athalie*. La brasserie de la rue des Martyrs a entendu des millions de fois et entend chaque jour encore des axiomes de cette force.

De là à prononcer que Louis XIV était un imbécile, Louis XVI un gredin, et que les deux seuls hommes politiques de la France ont été Hébert et Marat, il n'y a que la main. La conclusion est digne de l'exorde; elle vient naturellement à sa suite. C'est par la démolition de Molière, qu'il déclarait *embêtant;* de Dante, qu'il trouvait stupide, et d'Homère, qu'il voulait envoyer aux Quinze-Vingts, que Jules Vallès préparait dans les brasseries ses exercices ultérieurs, et cette lourde bête de Courbet avait passé la moitié de sa vie à déboulonner Raphaël devant un bock toujours vide et toujours rempli, avant de déboulonner la colonne. Si l'on voulait prendre les uns après les autres tous les gens du Comité central et de la Commune, on trouverait que neuf sur dix, depuis Raoul Rigault jusqu'à Vermesch, ont été des piliers de brasserie et de grands tarisseurs de chopes.

Ainsi, non contente d'avoir fait la Prusse, la bière a **fait la Commune!** La révolution de 1848 est née à l'estaminet; celle de 1871, à la brasserie. C'est une nuance que je livre à la méditation des historiens. Qu'ils y réfléchissent : le paradoxe est peut-être moins gros qu'il n'en a l'air.

XXVIII

LE JARDIN DES PLANTES ET SES HABITUÉS.

10 juillet 1877.

Certain despote à cheveux blonds frisés, dont les volontés ont force de loi dans son petit domaine, m'a entraîné la semaine dernière au Jardin des plantes. Je regimbais d'abord : la tyrannie me paraissait trop forte. Depuis quinze ans je n'y avais mis les pieds, et je trouvais dur d'aller perdre deux heures à regarder la girafe et à jeter du pain aux canards. Mais enfin il a bien fallu céder. J'ai revu le Jardin des plantes, et je dois à mon tyran l'aveu que je suis revenu charmé d'une excursion qui m'épouvantait d'avance.

Le Jardin n'a guère changé depuis quinze ans. Il a eu le bonheur de se maintenir à l'abri des embellissements de M. Haussmann. Le *palais des serpents* est à peu près, je crois, le seul établissement nouveau qu'on y pourrait signaler. J'ai tout reconnu : les vieux bâtiments du Muséum, le labyrinthe avec son belvédère et le cadran solaire que décore la belle inscription latine : *Horas non numero, nisi serenas ;* les deux magnifiques allées de tilleuls plantées par Buffon, la rotonde des singes, la fosse de l'ours Martin, les loges des bêtes fauves, les parcs des cerfs, des bisons, des gazelles; le bassin des cygnes, les perchoirs où piaillent d'éblouissants aras, dont le ramage ne vaut pas le plumage, et les vastes cages vitrées où des myriades d'oiseaux microscopiques volètent comme des perles animées et des fleurs vivantes. Mais j'ai reconnu surtout les habitués.

Le Jardin des plantes a beau être un jardin très-savant, rappeler le souvenir de Fagon, de Tournefort, de Jussieu, de Buffon, de Daubenton, de Geoffroy Saint-Hilaire; avoir les cours de M. Chevreul, et ses serres, ses laboratoires, ses collections d'histoire naturelle, il est resté, il restera toujours un jardin populaire et, si je l'ose dire, *bon enfant*. C'est son caractère spécial entre tous les jardins de Paris. Il est le rendez-vous d'un public à part, qu'il est impossible de confondre, par exemple, avec celui du Luxembourg ou des Tuileries.

Dans ce public figurent, comme premiers éléments, les étrangers et les provinciaux. Voici l'Anglais, roide, compassé, majestueux, qui passe, son Murray à la main, flanqué de sa nombreuse famille. Il s'arrête avec précision à chaque point essentiel, et donne lecture de la page qui le concerne; puis il reprend sa marche, impassible, sans jamais regarder autre chose que son *Handbook*. L'Anglais monte au labyrinthe parce que l'infaillible Murray lui dit qu'il faut monter au labyrinthe; après avoir compté un certain nombre de pas, il sait qu'il doit se trouver devant le cèdre du Liban. Arrivé au belvédère, il s'arrête à regarder la vue de Paris, parce que Murray lui apprend qu'elle est belle.

Pour la plupart des habitants de la province, le Jardin des plantes est encore, avec le Palais-Royal, la grande curiosité de Paris. J'en sais qui se dispenseraient plutôt d'aller voir Notre-Dame et le musée du Louvre que la fosse aux ours. Il y a quinze ans, j'attendais à la gare de Lyon un parent qui devait repartir quatre ou cinq heures plus tard par un autre embarcadère, et à qui j'étais chargé de faire voir un coin de Paris pendant cet entr'acte de son voyage : « Mon cousin, conduisez-moi au Jardin des plantes », ce fut son premier mot. L'heure du départ le surprit riant à se tordre devant les horribles grimaces des singes.

Quant au public parisien, je l'ai retrouvé absolument tel qu'autrefois. Les enfants y dominent. C'est leur jardin par excellence. Rien n'amuse un petit enfant comme une grosse bête. Il a des raisonnements à perte de vue sur les lions, sur les girafes, les hippopotames ; il passerait toute une après-midi à voir la trompe de l'éléphant s'allonger pour venir manger dans sa main. Le Jardin des plantes est un but de promenade dont les écoles de frères et les pensions ne se lassent jamais.

Avec les enfants, les bonnes, et après les bonnes, les militaires ! Mais, lors même qu'il n'y aurait point de bonnes au Jardin des plantes, Dumanet n'y viendrait pas moins, car lui aussi il aime les grosses bêtes. On le voit passer, nonchalant, désœuvré, tenant Boquillon par le petit doigt de la main gauche. Quelquefois, — sacrifice héroïque ! — Boquillon et Dumanet se cotisent pour acheter à frais communs un pain d'un sou, qu'ils émiettent aux biches. Mais je dois confesser que, comme mon cousin, ces braves défenseurs de la patrie professent une prédilection déplorable pour les espiègleries malséantes des chimpanzés.

Beaucoup d'hommes en blouse, venant perdre là une journée de *flâne ;* des vieilles femmes, de malades qui se traînent à pas lents dans les allées sinueuses, des voisins en pantoufles ou en chaussons de Strasbourg, une quantité innombrable de bons bourgeois des deux sexes, de petits rentiers occupés à tuer le temps sans le faire crier. Toujours le même cercle, la même bonne humeur et les mêmes plaisanteries devant le palais des singes, et les mêmes fusées de fou rire s'élevant tout à coup à grand bruit quand une de ces horribles bêtes vient de saisir perfidement par la queue l'un de ses compagnons ou, après lui avoir donné une gifle, s'échappe avec agilité en grimpant aux cordages. Toujours l'attroupement sur le bord de la fosse aux ours et l'invariable cri s'échappant de dix bouches à la fois : « Allons, Martin, fais le beau ! monte à l'arbre ! » et l'éternelle histoire de l'enfant tombé dans la fosse, légende locale que se transmettent religieusement les habitués du Jardin, et qu'ils écoutent ou racontent, suivant les occasions, sans jamais se lasser. Il me semble que je les reconnais tous : ce sont absolument les mêmes qu'il y a quinze ans, et ils disent absolument les mêmes choses.

Devant les loges des bêtes fauves, le même public débonnaire échange des réflexions stéréotypées et des propos d'histoire naturelle que n'eût pas contre-signés Cuvier. On voit dans les yeux des enfants une admiration et une curiosité sans bornes, combattues quelquefois par un vague étonnement que le tigre ne soit pas plus gros et que le lion n'ait pas l'air plus méchant. Marguerite raconte à son petit frère l'histoire d'Androclès, et Paul demande à son papa si c'est vrai que les lions peuvent tuer un bœuf avec un coup de leur queue, et si ça mord quand on ne leur fait rien. Il y a toujours là quelque bourgeois fier d'avoir vu Bidel ou Lucas, et qui a des souvenirs de dompteurs et de ménageries à faire frémir.

Même dans les salles du Muséum, devant ces collections zoologiques qui sont sans doute les plus riches du monde, le public du Jardin des plantes est aisément reconnaissable. En ce savant sanctuaire de l'histoire naturelle, il apporte une égale naïveté et une bonhomie semblable. Il faut voir ses airs ébahis; il faut entendre ses commentaires en face des gorilles, des ours polaires, des éléphants, des girafes, des crocodiles empaillés. C'est là que M. Prudhomme, grand habitué du Jardin des plantes, se surpasse par la variété et la profondeur des aperçus qu'il prodigue d'une voix sonore à sa femme et à son fils Achille, écouté avec recueillement par de bonnes âmes qui le suivent de près pour s'instruire.

Il n'est pas jusqu'aux vieux gardiens militaires, jusqu'aux marchandes de petits pains, de coco et de limonade, installées de distance en distance devant leurs étalages portatifs, qui n'aient un aspect singulièrement patriarcal et n'achèvent la physionomie du jardin. Par moments, la clameur stridente des aras, le rugissement d'un lion, des rauquements fauves, des bâillements monstrueux et des soupirs féroces, où passe un écho des grands déserts d'Afrique, vous font tressaillir tout à coup; mais ce n'est qu'un éclair, et l'on n'entend plus, aussitôt après, que le rire des enfants, leur intarissable babil éveillé par chaque objet nouveau, le gai pépiement des oiseaux jaseurs et les piaillements effrontés des troupes de moineaux, qui vont ramasser les morceaux de pain jusqu'entre les jambes des animaux les plus effroyables, en leur riant au nez. D'où il suit que le Jardin des plantes, malgré l'ombre majestueuse de M. de Buffon, est le plus gai et le plus animé des jardins de Paris.

XXIX

LE BOULEVARD ET LE BOULEVARDIER.

27 juillet 1877.

J'ai sous les yeux la première livraison des *Boulevards de Paris,* texte par M. E. de Saulnat, eaux-fortes par M. A. P. Martial.

Les *Boulevards de Paris,* voilà un titre séduisant ! C'est comme si l'on disait : la fine fleur, l'élixir, la quintessence de Paris. Le mot de *boulevard* est l'un de ceux qui sollicitent toujours le chroniqueur : il ne saurait l'entendre sans dresser l'oreille et aspirer l'air de ses narines frémissantes, comme le cheval de guerre qu'invite le son de la trompette.

Le boulevard n'existe qu'à Paris. Les autres capitales ont des quais superbes, des avenues magnifiques, des églises, des palais, des monuments, des musées, des places publiques décorées de statues et de fontaines jaillissantes, des jardins et des promenades pleins d'ombrage, de mystères, de parfums et de chants d'oiseaux. Paris seul a ses boulevards. Je sais bien qu'on a essayé d'en faire ailleurs. Bruxelles, qui avait déjà la Senne et les galeries Saint-Hubert, a voulu s'offrir une petite contrefaçon des boulevards parisiens. L'administration de Vienne, fatiguée d'entendre les bourgeois du Graben parler de ces lieux délicieux avec des soupirs de regret, a fini par se dire : « Eh bien, après tout, ce n'est pas si difficile à faire, un boulevard ! Puisqu'ils y tiennent tant, nous allons leur en donner. » Et elle a tracé l'immense demi-cercle qui s'ouvre au Stuben-Ring et se ferme au Schotten-Ring. Ils sont charmants, ces boulevards de Vienne, mais ce n'est pas encore cela. On peut bien imiter les boulevards parisiens, ses trottoirs, ses maisons, ses cafés, ses magasins ; mais l'atmosphère raffinée qu'on y respire, la flamme subtile qui brûle et fait flamber tous les esprits, voilà des choses qui ne s'imitent pas. Le boulevard sans Paris, et surtout sans le Parisien, c'est le cadre sans le tableau, l'habit sans le moine, le corps sans l'âme. A quoi bon le boulevard, si l'on n'a pas le boulevardier, c'est-à-dire ce produit d'une civilisation portée à sa plus haute puissance, *avancée* jusqu'à la corruption, truffée, faisandée, accommodée aux sauces les plus exquises et les plus compliquées, telles qu'il en faut aux gourmets blasés par l'abus de la bonne chère, — trempée dans l'absinthe, le marsala, le châteaularoze, la tisane de la veuve Cliquot et la fine-*champagne*, comme Achille dans le Styx, cuite et recuite enfin au triple feu d'enfer, dans cette fournaise d'où l'on sort affiné comme l'acier, souple et meurtrier comme un fleuret !

Ce n'est pas assez dire que le boulevard n'existe qu'à Paris. Il faut ajouter que Paris lui-même n'a qu'un boulevard, bien qu'il en ait plus de soixante. On a vulgarisé ce mot en l'étendant à toute sorte de voies, pourvu seulement qu'elles eussent vingt mètres de large ; on l'a appliqué à tort et à travers, sans tenir aucun compte de la signification étymologique, non plus que des droits acquis. Ni le boulevard des Amandiers ou du Montparnasse, ni le boulevard de Sébastopol, ni même les boulevards Haussmann et Malesherbes, malgré les noms qu'ils portent, ne sont le *boulevard*. Personne ne s'y trompe. Quand on dit le *boulevard,* sans autre désignation, cela veut dire, en gros, l'espace qui s'étend de la Madeleine à la Bastille; en particulier, du nouvel Opéra au faubourg Poissonnière. Encore les purs ont-ils grand'peine à dépasser, du côté de la Madeleine, la rue Richelieu et la rue Drouot. C'est dans ce petit espace, qui n'a pas un demi-kilomètre carré, où le passage Jouffroy fait face au passage des Panoramas, où s'entassent le théâtre des Variétés, Brébant, le café Riche, les cafés de Suède et de Madrid, que la patrie tient pour eux tout entière. L'Europe est bornée par Bignon, le café Anglais et le Grand-Hôtel; le monde, par les Champs-Élysées et le bois de Boulogne.

Le boulevard est la propriété du *boulevardier;* c'est son salon; il en chasserait volontiers ceux qui ne sont pas de son monde. Cependant, soyons juste : le boulevardier voyage quelquefois, mais en troupe, comme les grues, — ce qui prouve que les extrêmes se touchent, — à des époques fixes et pour des endroits déterminés. Il va à Bade, à Monte-Carlo, à Ems, parfois à Vichy, à Luchon, à Biarritz. Mais ce qu'il cherche, c'est encore le boulevard. Il faut qu'on lui en rende au moins l'image. Il emporte sa patrie à la semelle de ses bottines. Quand ils sont réunis une douzaine au moins, ils mettent leurs provisions en commun et parviennent à refaire entre eux un petit bout de trottoir du boulevard Montmartre, grand comme les deux mains. Si seulement madame Théo, ou Dupuis, ou même Brasseur, est en représentations au théâtre de l'endroit, les voilà les plus heureux des hommes, et ils sont capables de rester quinze jours sans éprouver la nostalgie de Péters!

Au fond, cet être brillant et papillonnant pour lequel il a bien fallu créer le mot de boulevardier est, sous des apparences très-émancipées, le plus routinier et le plus esclave des hommes. Pour rien au monde il ne faillirait à faire acte de présence deux fois par jour au moins dans son domaine : la première, de quatre à six heures, avant le dîner; la seconde, de dix heures à minuit, ou à une heure du matin, après le spectacle. Il ne lui est pas permis de manquer une première des Variétés, du Gymnase ou du Vaudeville. Il est condamné à aller applaudir tous les soirs Jeanne Granier ou Judic, comme jadis mademoiselle Schneider; à suivre les mardis de la Comédie française et les samedis du Cirque. Il serait déshonoré si on ne l'avait pas vu aux courses, surtout au grand prix de la ville de Paris, et, eût-il une gastrite, il faut absolument qu'il soupe à des heures impossibles dans les cabarets à la mode.

Les boulevardiers n'appartiennent pas tous, d'ailleurs, à la même catégorie. Des nuances très-sensibles les séparent. Entre les boulevardiers de Tortoni, de la Maison-dorée, voire du café Riche, et le boulevardier du café de Madrid, la distance peut être grande, bien que tous se touchent par des affinités communes. Ne confondons pas non plus le *gandin*, — si l'on me passe une expression vieillie, qui s'applique très-bien aux habitués du vieux boulevard de *Gand,* pour lesquels ce centre de l'esprit parisien n'est rien de plus qu'un rendez-vous à la mode, l'endroit où l'on dîne le mieux, où il passe le plus de monde et le monde qu'il faut voir, où l'on a le plus de chances enfin d'être rencontré par *tout Paris* dans la tenue irréprochable d'un d'Orsay en sous-ordre, strictement ganté, chaussé, peigné, teint, pommadé, un gardénia à la boutonnière et un *puro* à la lèvre, — ne le confondons pas avec le boulevardier aiguisé et affûté qui vient là pour humer les idées nouvelles, déguster le scandale du jour, éreinter d'avance la pièce qu'on va jouer ce soir, faire des mots, dauber sur l'auteur en vogue, déclarer que le dernier roman de Dentu est idiot, que Sardou est vidé, discuter l'étoile qui se lève à l'horizon de papier peint des Folies-Dramatiques et savoir à fond dès la veille ce qui n'arrivera que le lendemain.

Il faut au boulevardier l'actualité fiévreuse, mobile, fugitive, cueillie dans son germe avant d'avoir eu le temps d'éclore. Du moment que *c'est arrivé,* il la laisse aux badauds. Ce qu'il saisit au vol, c'est l'insaisissable. Comme les gnomes de Titania, il se délecte à tuer les vers microscopiques cachés dans les boutons de rose, à arracher les ailes des papillons et à peser les réputations dans des balances de toiles d'araignée. Il mêle les coulisses à la politique, l'art à la Bourse, et parle des femmes comme on parle ailleurs des chevaux. Les débuts de Cascadette dans le rôle du Hanneton enrhumé, le dernier *four* du Gymnase et la nouvelle intonation trouvée par Gil-Pérès sont pour lui des événements plus graves que le passage des Balkans. Il envisage la guerre d'Orient au point de vue des pastilles du sérail, et assure que M. Halanzier est en marché avec le harem pour l'enrégimenter dans le corps de ballet. Le boulevardier est un être blasé, bronzé, paradoxal à froid, regardant la naïveté comme le plus humiliant de tous les vices, faisant profession d'un scepticisme absolu, posant pour l'indifférence railleuse et glacée, enterrant un poëte sous un sobriquet grotesque et un homme d'État sous un calembour par à peu près, ayant tout vu et tout retenu, ne voulant savoir des choses que ce qu'on en cache, retournant les médailles pour en regarder le revers et les habits pour en connaître la doublure, dédaignant la scène pour les coulisses et crevant toutes les poupées afin de voir ce qu'elles ont dans le ventre. En ont-ils entendu, les pauvres arbres du boulevard, de ces conversations fiévreuses, entrecoupées, électriques, où tous les drames que charrie dans son cours bruyant la vie parisienne s'expriment dans l'argot bizarre du vaudeville et de l'opérette, et qui rendraient fou un habitant de la rue Cassette ! Aussi ils en maigrissent et en deviennent chauves.

La vie ne commence pas au boulevard avant midi ; elle n'y cesse guère avant deux heures du matin. Dans l'intervalle, c'est un quartier comme un autre, peut-être plus triste qu'un autre. Rien n'est lugubre comme le boulevard la nuit, lorsque tous les théâtres, cafés et restaurants ont dégorgé leur clientèle ; ou à l'aube, sous le pâle et froid rayon du soleil levant. Il offre alors l'aspect flétri et fatigué d'une soupeuse malade qui vient de quitter son costume de bal masqué, et qui a laissé tomber ses fausses nattes et ses fausses dents dans le verre où elle buvait en chantant tout à l'heure. Le matin, le boulevard s'éveille tard. Il a ses heures, et ses aspects divers, que les habitués connaissent bien : l'heure de l'absinthe et l'heure du café, l'heure de la promenade et l'heure du souper. Il a ses jours aussi : le dimanche il appartient à la foule banale, aux petits bourgeois, aux commis en rupture de magasins, comme le bois, et le boulevard s'efface avec humeur devant cette invasion.

Jadis, le boulevard, c'était la place Royale, le Cours la Reine, le cours Saint-Antoine, le Palais-Royal. Il ne faudrait pas jurer, dit M. Xavier Aubryet, dans la spirituelle introduction qu'il a mise en tête de l'œuvre de M. Martial, que la frivolité parisienne n'opérât point un nouveau déplacement. Sans être encore à l'heure de sa décadence, le boulevard, s'il faut en croire les anciens, n'est déjà plus dans la phase de sa haute splendeur. Il s'est démocratisé; le chapeau mou se montre aux tables en plein air de ses cafés; l'état-major de la Commune s'était formé dans quelques-uns de ses estaminets. « Autrefois, le boulevard n'était que le *promenoir* de la cité parisienne, pour ainsi dire; aujourd'hui, il est devenu le *flânoir* des faubourgs. Montmartre, la Villette et Belleville lui envoient réellement trop de délégués. » Je ne pense pas qu'au beau temps du comte d'Orsay, de Loève-Veimars, de Lautour-Mézeray et de la Loge infernale, on y bût tant de bière ou d'absinthe, et l'on y culottât tant de pipes.

Ce n'est pas seulement le sans façon démocratique et républicain qui coudoie l'élégance du boulevardier et vise à l'évincer; le boulevard a perdu plusieurs de ses attraits caractéristiques : il a vu tomber successivement Frascati et ses jardins, les Panoramas, les Bains chinois, le Jardin turc, le Café de Paris, que sais-je encore? On lui a coupé cette queue frétillante de théâtres populaires qui, le soir, avec leurs longs cordons de gaz, leurs immenses affiches, leurs transparents lumineux, leurs marchandes d'oranges, de limonades et de glaces à deux liards le verre, avec leur cohue bariolée, les cris des aboyeurs et des vendeurs de contre-marques, les sonnettes des marchands de coco, était l'un des spectacles les plus vivants et les plus réjouissants qui se pussent voir.

Tout se transforme, les villes comme les hommes. Les capitales surtout sont sujettes à des déplacements qui font, par exemple, du Marais, à la mode sous Louis XIII, et recherché par les grands seigneurs et les belles dames du siècle de Louis XIV, le quartier le plus triste, le plus provincial et le plus endormi de Paris au dix-neuvième siècle. Je ne sais si le boulevard est aussi près de son déclin que le croit M. Aubryet; mais, s'il en était ainsi, il aurait, dès maintenant, un héritier tout trouvé dans la nouvelle avenue de l'Opéra.

XXX

LE VIEIL HOTEL-DIEU.

19 novembre 1877.

Les premiers coups de pioche viennent d'être portés au vieil Hôtel-Dieu. D'ici à quelques jours le vénérable établissement fondé par saint Landry au septième siècle et qui, avec Notre-Dame et le Palais de justice, résumait si bien dans la Cité le Paris de nos pères, ne sera plus qu'un monceau de décombres. Avant qu'il passe au rang des souvenirs, dans le royaume des ombres, j'ai voulu lui faire une dernière visite.

Déjà les statues du vestibule avaient disparu. En transportant celle de Montyon à Saint-Julien-le-Pauvre, on y a transféré également ses restes, qu'on avait repris, en 1838, au cimetière Montparnasse, pour les placer sur le seuil de l'Hôtel-Dieu, où ils étaient si bien à leur place. Le cercueil du célèbre philanthrope, parfaitement conservé et recouvert d'un simple drap funèbre, attend, dans l'une des nefs latérales de l'étroite *basilique* romane où la tradition veut que Dante soit venu s'agenouiller, son asile définitif après tant de voyages.

L'immense maison était sens dessus dessous. On déménageait la cuisine, avec ses marmites presque aussi vastes que celles des Invalides, et la sommellerie, où toutes les variétés des vins qui réjouissent le cœur de l'homme et fortifient le sang du malade étaient rangées en ordre de bataille. Les hôtes de la salle Sainte-Anne, de la salle Saint-Jean, de la salle Sainte-Marthe, etc., erraient dans les couloirs, les hommes en capote bleue et en bonnet de coton, les femmes en casaques de molleton et en coiffes de cotonnade blanche, portant chacun son petit paquet sous le bras, et gagnaient la voiture qui allait les conduire à leur nouvelle demeure. Quelques-uns se faisaient une fête de cette courte promenade et s'amusaient d'être *brouettés,* comme dit le peuple de Paris. D'autres maugréaient en traînant la jambe. Les sœurs Augustines tenaient sous les bras les plus faibles. Des brancardiers passaient, emportant dans leurs civières recouvertes d'un tendelet de coutil rayé ceux qui ne pouvaient mettre un pied devant l'autre. Et je me demandais, en les voyant passer : « Quel est celui d'entre eux qui va *étrenner* le nouvel Hôtel-Dieu? »

Bref, il n'y avait plus guère, dans tout le vaste établissement hospitalier, que les *cagnards* qui se dérobassent au mouvement général et auxquels on n'eût pas encore touché. Les *cagnards* sont les souterrains qui règnent sous l'Hôtel-Dieu. Immenses, interminables, soutenus par des colonnes massives et trapues, écrasés, interrompus çà et là par des éboulements qui, de loin en loin, bouchent le passage jusqu'à la voûte; éclairés par des grilles qui s'ouvrent sur le petit bras de la Seine, dont on aperçoit le flot noirâtre, bourbeux et lugubre; laissant filtrer l'eau des bains, qui parfois suinte à travers la pierre, ou qui pleut en cascade dans le fleuve; hantés par les rats qui se sauvent au bruit de vos pas et par les chauves-souris qui viennent vous frôler le visage, les cagnards sont l'une des curiosités du vieil Hôtel-Dieu. La nuit, ils doivent être sinistres. Vous est-il arrivé, rentrant chez vous à une heure du matin, par les rues désertes et silencieuses, de vous arrêter au milieu du Petit-Pont et là de vous accouder quelques minutes sur le parapet, en regardant, derrière le vieil Hôtel-Dieu, l'eau croupissante du petit bras de la Seine? Dans la nuit, cette eau noire a je ne sais qu'elle attraction étrange. Qu'un esprit malade, une tête faible, une organisation énervée s'oublie à la contempler longuement, en s'engourdissant dans son rêve, il finira par se sentir enlacé, comme le pêcheur de Gœthe, dans les bras de l'ondine aux yeux verts. J'ai pensé plus d'une fois que certains suicides n'avaient pas d'autre raison d'être, et que de pauvres noctambules se noyaient pour avoir regardé trop longtemps l'eau sombre qui les aspirait.

Au centre, une grande porte et un perron *monumental* s'avancent jusqu'au ras de la Seine, comme les entrées des palais de Venise sur le Canalazzo. Jadis les approvisionnements et les convois de bœufs entraient par là. L'abattoir était tout près. Maintenant il n'y entre plus que la rivière dans les grandes crues. Le niveau du flot, à la dernière inondation, est resté marqué sur le mur à dix ou douze pieds de hauteur; la raie blanche touche presque à la voûte. Des armées de rats furent noyées dans leurs gîtes et emportées par le flot. Il y est même entré une fois un renard; découvert par le chien du directeur, il a été envoyé au Jardin des plantes, qui ne s'attendait guère sans doute à se recruter à l'Hôtel-Dieu.

Un peu plus loin, dans la partie des cagnards qui servait jadis de *bouverie* et de *suiferie,* s'ouvre la tour des Limbes, antique sépulture des enfants morts sans baptême. Une odeur particulièrement fade et nauséabonde est ici comme incrustée dans le mur. Il semble — l'imagination venant en aide à l'odorat — qu'on sente encore, dans cette atmosphère humide, le sang des bœufs mêlé à de lointaines exhalaisons cadavériques. Dans le mur baigné par la rivière s'enfonce l'ouverture béante de la tour, sur laquelle on distingue toujours la trace des gonds de la porte. C'est par là qu'on jetait les morts-nés. Ils tombaient dans l'abîme, aussitôt suivis d'un minot de chaux qui les consumait. La Seine a recouvert tout cela ; elle a fini par s'infiltrer dans la tour, qui forme maintenant comme un puits.

En passant devant une grille des cagnards, — une de ces grilles humides plantées dans un trou noir, qui font un si lugubre effet vues du quai, — j'ai aperçu un groupe de trois pêcheurs à la ligne, qui venaient d'arriver en barque et s'étaient postés sur un bout de berge. Il paraît que la place est bonne et que ça mord bien. Les alentours de l'Hôtel-Dieu sont recherchés par les pêcheurs à la ligne qui n'ont pas de nerfs — et les pêcheurs n'en ont jamais. Mais je me disais en les voyant qu'il ne serait pas impossible à un malfaiteur de se cacher la nuit dans les cagnards et d'en faire une succursale des carrières d'Amérique.

Au lieu d'un voleur, supposez une bande ; sur ce terrain l'imagination peut aller vite et loin. N'y a-t-il pas là le sujet d'un roman à faire peur, dans le genre de ceux qu'on a écrits en Angleterre sur les *résurrectionistes?* Peut-être est-ce précisément ce qu'a essayé M. Élie Berthet dans son ouvrage *les Cagnards de l'Hôtel-Dieu*. J'avoue que l'existence m'en a été révélée par le garçon qui me servait de guide. J'ai même le regret d'ajouter que, pressé par moi d'exprimer son opinion sur le compte de ce roman, il l'a traité avec un certain dédain : « Des gens qui se cachent pour voler les cheveux des morts ; un tas de choses impossibles, qu'il est allé chercher je ne sais où ! »

J'ai compris, à l'amertume de ses réflexions, que mon guide avait été blessé par M. Élie Berthet dans son amour-propre, et je n'ai pas voulu lui répondre que cette invention impossible est fondée sur un fait réel. En 1866, la police mit la main sur une traficante de dents et de cheveux qui avait ouvert une boutique dans le quartier des Halles, et se convainquit, en parcourant ses livres, que les garçons d'amphithéâtre de la plupart des hôpitaux parisiens étaient ses pourvoyeurs.

Le garçon d'amphithéâtre est presque un personnage parmi les subalternes de l'hôpital. Il touche une haute paye, et sa place est fort enviée de ses camarades. Comme les pêcheurs à la ligne — moins qu'eux encore — les infirmiers des hôpitaux n'ont pas de nerfs. J'ai été présenté à celui de l'Hôtel-Dieu, qui n'a voulu céder à personne le soin de me montrer son petit domaine. Il m'a conduit d'abord à la salle de repos — admirable euphémisme ! — et à la chambre des morts. La salle est basse, obscure, triste — et elle en a bien le droit. La première, ou plutôt la seule chose qui m'y frappa, ce fut une double rangée de tables à couvercles cylindriques. Le garçon d'amphithéâtre s'accouda gravement sur l'un de ces cylindres pour me donner toutes les explications nécessaires, avec un luxe de détails techniques dont je ferai grâce au lecteur :

— Monsieur, dit-il, lorsqu'il y a un mort dans une salle, on le laisse deux heures sur son lit, puis on me l'apporte; je le lave, je l'enveloppe dans un drap, puis je le couche ici, sur une de ces tables.

Et, ce disant, il soulevait le cylindre. Un mort m'apparut, le corps vaguement dessiné sous les plis rigides du suaire. Je ne m'y attendais point et fis un mouvement brusque. Il rabaissa placidement le couvercle, avec la tranquillité d'un escamoteur qui fait apparaître et disparaître la muscade. Puis il me montra tout : la pancarte pendue à côté de la salle funèbre, la civière qui sert à transporter le cadavre à l'amphithéâtre quand le fardeau est trop lourd pour ses seules forces. Et comme mon regard parcourait circulairement la salle, empreint d'une expression qui n'avait sans doute rien de particulièrement charmé :

— Ça n'est pas très-gai aujourd'hui, me dit-il en s'excusant avec bonhomie. Il fait sombre. Quand nous avons un peu de soleil, c'est plus gentil. Le jour de la fête des morts, on décore l'autel, il y a des tentures, des cierges...

— Mais pourquoi ces couvercles de zinc?

— Monsieur, je vais vous dire, c'est rapport aux rats...

Je me sauvais, le cœur retourné, comme disent les bonnes femmes. Il courut après moi :

— Et l'amphithéâtre, monsieur! ce qu'il y a de plus curieux...

Je vis que je le choquerais en reculant, et j'entrai. Un corps était étendu, contourné et crispé par les dernières convulsions de la mort. Un carabin préparait son scalpel avec une sorte d'empressement joyeux, en jetant le coup d'œil d'un amateur sur ce morceau de choix. Le garçon cependant me suivait, m'expliquant que ce serait beaucoup plus *gai* (il tenait au mot) dans le nouvel Hôtel-

Dieu, attendu qu'ici ces messieurs étaient obligés de travailler au gaz. « Une fois l'autopsie faite, voilà, ajouta-t-il d'un ton aimable, où je porte *la falourde,* comme nous disons. »

Il ouvrit une porte dans le fond de l'amphithéâtre. Pour le coup, c'était plus que je n'en pouvais supporter... Il fallut battre précipitamment en retraite. Le garçon était surpris, peut-être un peu froissé. En parfait gentleman, il n'en fit rien voir.

— Ah! dit-il poliment, monsieur n'est pas encore habitué. Mais si monsieur savait comme on s'y fait vite !

Non, le fossoyeur d'*Hamlet* lui-même n'était point parvenu à ce degré de familiarité avec la mort. Après huit jours, le seul souvenir de ce que j'ai entrevu me fait frémir d'horreur et me poursuit en rêve. Lui, il vit tout le jour, il mange et il boit au milieu de *cela,* qu'il traite avec l'indifférence d'un facteur de chemin de fer maniant ses colis. On dit que, après la reprise de Paris, l'un des principaux chefs de la Commune parvint à dépister toutes les recherches sous le costume de garçon d'amphithéâtre de l'hôpital Saint-Louis. Je comprends qu'il ait échappé même à la police dans ce lieu d'asile plus effroyable que la tombe. Mais il fallait qu'il tînt beaucoup à sa misérable vie.

Je suis sorti de là avec le soulagement de Télémaque remontant du Tartare aux champs Élysées, et j'ai achevé ma visite. Il n'est pas beau, le vieil Hôtel-Dieu. Il a été fait de pièces et de morceaux ; il s'est agrandi par juxtapositions successives, et, pour établir des communications entre ses diverses parties, il a fallu jeter des passerelles sur la Seine ou sur la rue, creuser un tunnel, mettre des escaliers partout. Il est noir, il est triste ; on s'y perd.

Pourtant, cette agglomération de maladreries était encore le plus sain de nos hôpitaux, et l'on y mourait moins qu'à Lariboisière, qui est un palais. Explique cela qui pourra. La nature se plaît à dérouter ainsi toute l'argumentation des savants.

Que de souvenirs vont disparaître avec le vieil Hôtel-Dieu! Il nous semble que ces plâtras et ces moellons qui tombent sous les pics des Limousins sont imprégnés de sang, de larmes et de prières, et ce n'est pas sans une émotion profonde que nous voyons jeter au tombereau ces murailles sanctifiées depuis tant de siècles par la souffrance et par la charité.

XXXI

LES DÉBORDEMENTS DE LA POLITIQUE.

16 novembre 1877.

J'en demande bien pardon à mes graves et doctes confrères de la première page, mais la politique est devenue tellement encombrante qu'elle commence à gêner sérieusement la circulation publique. Elle nous poursuit, elle nous traque partout; elle prend toutes les formes et toutes les voies, comme toutes les voix; elle ne nous lâche ni dans la rue, ni au café, ni au salon, ni au musée, ni au théâtre; elle pénètre avec nous jusque dans les réduits les plus intimes. C'est une obsession qui tourne au cauchemar et dont, pour ma part, après avoir payé mon léger tribut au fléau, je me sens les nerfs tellement agacés que, si nous passions ensemble, la Politique et moi, sur le pont Royal, par une nuit suffisamment obscure, je serais capable de faire ce que les bonnes gens appellent un malheur.

Je le ferais sans remords, me considérant, moi chroniqueur, comme en cas de légitime défense.

Supposez que, dans les journaux de demain, on lise un *fait divers* ainsi conçu :

« La Noyée du pont Royal. — Hier, un concierge de la rue du Bac, qui faisait baigner le chien de son propriétaire dans la Seine, aperçut tout à coup un objet vague, mais qui semblait volumineux, accroché à la carène de la frégate-école. « Apporte, Médor ! » cria-t-il. L'intelligent animal se dirigea, avec une répugnance visible, vers l'objet en question, et le poussa devant lui en nageant. Quand le concierge l'eut hissé sur le bord, il recula d'horreur en apercevant le cadavre d'une vieille mégère, couverte d'oripeaux de toutes les couleurs qui formaient une espèce d'habit d'Arlequin. Ses cheveux, pareils à des vipères, étaient entrelacés de bandelettes rouges. Chose étrange ! sa bouche entr'ouverte laissait voir une mâchoire entièrement garnie de dents longues et pointues, qui étaient bien à elle, comme l'indiquait suffisamment leur couleur noire : — une vraie mâchoire de crocodile.

« Un sergent de ville, accouru aux cris du concierge, reconnut aussitôt la nommée Marianne Politique, à laquelle il avait eu souvent affaire lorsque la méchante vieille était ivre. « Si c'est elle, dit-il, elle doit avoir « son *brandon*. » Et en effet elle le serrait dans sa main crispée. Le concierge a avoué à l'agent, en versant quelques larmes, que dans sa jeunesse il avait beaucoup fréquenté cette malheureuse. Il paraît, du reste, quoiqu'elle n'eût aucune famille, qu'elle était très-connue dans Paris, où elle avait l'habitude de vagabonder et de casser les becs de gaz. On a trouvé sur elle l'adresse de M. Émile de Girardin. Le célèbre publiciste, dit-on, a l'intention de réclamer le corps. »

Si vous lisiez cela, quel soupir de soulagement, et comme vous seriez capable d'aller tout de suite à la Morgue pour vous assurer que c'est bien elle et qu'elle est bien défunte, puis d'assister aux obsèques, pour vous convaincre qu'elle est bien enterrée ! Quelle joie sur toute la ligne des quais, et sur toute celle des boulevards, hormis dans les kiosques des marchands de journaux ! Les boutiques illumineraient, sauf à s'informer, le lendemain des funérailles, si la défunte n'a pas laissé une fille.

C'est surtout lorsque la politique, après avoir fait mine de vous lâcher un moment, vous ressaisit tout à coup dans ses pinces de crabe et ses tentacules de pieuvre, que la sensation est pénible. La crise est arrivée, pour le moment, à ce degré d'intensité qu'elle ne permet plus de rien voir ni de rien sentir en dehors. Est-on rentré à Paris? La chronique l'ignore. Les salons restent fermés. On ne danse pas. On ne dîne guère. Pour peu qu'une demi-douzaine de personnes se trouvent réunies au coin du feu, autour d'une théière, on n'entend plus, même s'il y a des dames, que les mots de cabinet démissionnaire, président du conseil, discussion dans les bureaux, commission d'enquête parlementaire. Les Esquimaux se voient délaissés. Blondin est jaloux de M. Albert Grévy. Tous les marchands d'articles de Paris qui ne sont pas chauves sentent leurs cheveux se dresser sur leurs crânes en songeant au prochain jour de l'an. Les libraires retiennent captives, en se rongeant les poings, leurs publications d'étrennes impatientes de prendre l'essor, et chaque matin braquent une longue-vue sur l'horizon du côté de Versailles, tandis qu'un commis narquois, et peut-être réactionnaire, fredonne intérieurement : « Tu l'as voulu, Georges Dandin ! »

Se voir réduit à éditer les œuvres de M. Leblond et de M. Roger-Marvaise comme livres d'étrennes, quelle situation ! Encore si elles étaient illustrées par Gustave Doré !

Suivant Platon, la véritable politique consiste à rendre les hommes plus heureux en les rendant plus modérés et plus sages. Platon est un grand philosophe, mais sa définition m'a étonné, et il faut que ce soit lui pour qu'on ne croie pas à une ironie malséante. Voilà une institution qui a singulièrement trahi son mandat, il faut l'avouer, à moins qu'elle n'ait bien changé depuis Platon — ou qu'on n'ait pas encore trouvé la politique *véritable,* ce dont je me doutais un peu.

O Platon! rêveur! bel esprit chimérique! sublime et naïf centre gauche de la philosophie!

J'ai quelquefois fait ce rêve : vivre dans un pays où le nom même de politique n'existerait pas, où ce mot-là ne répondrait à aucune idée, ne figurerait dans aucun dictionnaire, ne serait pas plus compris des habitants que ne l'est de M. Jourdain la langue que lui parle le fils du Grand Turc. Un roi débonnaire comme les souverains de féerie, avec des ministres pour faire l'ornement de ses fêtes et une Chambre pour délibérer sur les moyens de rendre le monarque de plus en plus satisfait; pas d'opposition, parce qu'elle serait parfaitement inutile et même incompréhensible; des journaux se bornant aux nouvelles, aux articles littéraires et artistiques, aux feuilletons intéressants, — on y pourrait joindre quelques chroniques spirituelles, du moins autant que possible, — et où jamais, au grand jamais, il ne serait question ni de réunion de la gauche républicaine, ni d'enquête électorale, ni de commission des Dix-Huit,... ah! je sais bien que c'est un rêve, mais avouez qu'il est beau.

Nous ne serions peut-être pas encore tout à fait heureux pour cela, car il nous resterait un certain nombre d'autres désagréments, tels que la pluie, la neige ou la grêle, la migraine, les rhumatismes, les ennuyeux, les huissiers (sachez-moi gré d'avoir le bon goût de n'ajouter ni les pianos ni les belles-mères), les explosions, les inondations, les assassinats et les rages de dents; mais ce serait toujours un de moins. Et quel fléau, bon Dieu! Un fléau d'autant plus horripilant qu'à l'inverse de la grêle et de la colique, c'est nous qui l'avons inventé et perfectionné. Comme si nous n'avions pas assez de toutes les tuiles qui nous tombent sur la tête sans que nous y puissions rien!

Où est-il cet heureux pays qui ignore jusqu'au nom de la politique? Par quel degré de latitude peut-on conserver l'espérance de le rencontrer? Indiquez-le-moi. J'y vais, j'y cours. Esquimaux, emmenez-moi sur l'un de vos kayaks vers le pôle nord. Couple Okaback, ouvrez-moi votre hutte de gazon! Je fabriquerai des harpons avec vous; avec vous j'irai chasser le morse et l'ours blanc, pourvu que je n'entende plus parler ni de la révision des pouvoirs, ni du comité directeur. Au besoin, je boirai même du sang de phoque, comme le capitaine Hall, et je me gorgerai de gras de baleine; mais vous m'assurez, n'est-ce pas, respectable famille Okaback, qui ne connaissez peut-être point votre bonheur, vous m'assurez qu'il n'est jamais question, sur les bords du détroit de Davis et de la baie de Baffin, ni de M. Antonin Proust ni de M. Gambetta!

Axiome final. Si la politique n'existait pas, il ne faudrait point l'inventer. Malheureusement, elle existe, et nous en sommes réduits à nous occuper d'elle, puisqu'elle persiste à s'occuper de nous.

On parle beaucoup, depuis quelque temps, de réunir la Chambre et le Sénat en Congrès pour sortir des difficultés de la situation.

S'il m'est permis, en si grave matière, de demander la parole, ce serait peut-être le moment d'essayer la recette de M. Adolphe Bertron. Dans sa dernière circulaire électorale, l'illustre *candidat humain*, que Paris et la France s'obstinent à méconnaître, demandait la création d'une Chambre de femmes. Cette idée, jusqu'à présent incomprise, me revient tout à coup comme une lueur d'espoir et de paix au milieu de la bagarre.

En effet, qui souffre le plus de la crise actuelle? Est-ce la bijouterie, le commerce de nouveautés, la librairie de luxe? Non, c'est le sexe aimable, qui compte la politique parmi ses plus cruels ennemis. Pour le moment, les femmes n'existent plus dans la société française. La politique les annihile. Partout, en visite, en soirée, à table, cette éternelle crise les poursuit et les traque. La maîtresse de maison a beau prendre à part, avant le dîner, tous ses convives : « Surtout, cher monsieur, pas de politique, je vous en prie », le souvenir de cette recommandation ne dépasse point le potage. Dès les hors-d'œuvre, on s'escarmouche; au saumon, l'action s'engage sur toute la ligne; au rôti, on fait donner les troupes fraîches, la réserve entre en ligne, la bataille recommence, et ce n'est qu'un feu roulant jusqu'à la fin du dessert.

Les pauvres femmes se taisent, intimidées par ces éclats de voix, dépaysées devant les mots barbares et les noms farouches qu'on se jette avec emportement à la tête, aussi abandonnées, aussi oubliées que si elles étaient dans une île déserte. J'ai vu les personnages les plus courtois, les derniers tenants de la galanterie française, perdre complétement de vue leurs voisines, et quelquefois les heurter d'un coup de coude, sans même s'en apercevoir, dans le feu de la discussion. En leur donnant le bras pour les conduire au salon, ils s'excusaient d'un air confus, puis recommençaient devant la cheminée. Et les noms du Maréchal, du duc d'Audiffret-Pasquier, de M. Grévy, de M. Dufaure, de M. Gambetta, et le Congrès, et la pétition du commerce, et les invalidations, et l'enquête, et le 16 Mai, et le 14 Octobre venaient éclater d'abord comme des pétards, bientôt comme des obus, jusque dans le coin solitaire où s'étaient réfugiées les malheureuses pour essayer d'y causer chiffons.

Ah! oui, je vous en réponds, une Assemblée féminine ferait tout ce qu'il faudrait pour dénouer la crise !

Je sais bien ce qu'on peut dire de grave et de badin contre une Chambre des *députées*. Il semble, au premier abord, que ce ne soit pas le moyen naturel d'éviter tout conflit entre les pouvoirs, et qu'il sera difficile aux oratrices, même aux présidentes, d'y avoir le dernier mot. On assure que, lorsque M. Bertron hasarda pour la première fois, dans une réunion publique, son idée d'une Assemblée de femmes, pour affirmer les droits égaux des deux sexes et introduire l'harmonie dans le gouvernement du pays, un auditeur, qui ne descendait pas des preux, lui cria d'une voix tonnante:

— Vous voulez donc que le vaisseau de l'État ressemble à un bateau de blanchisseuses?

M. Bertron, qui est la candeur même et qui a toutes les vertus du parfait chevalier français, resta interdit devant cette interruption brutale, quand il eût pu répondre si aisément qu'il y a quelquefois pis, on l'a bien vu, que les bateaux de blanchisseuses.

A ces premières objections, il est facile d'en ajouter beaucoup d'autres. S'il est malaisé d'être le mari de la reine, combien ne serait-il pas plus difficile d'être l'époux d'une députée! Vous figurez-vous la situation d'un simple électeur devant sa moitié investie du mandat législatif, préparant un projet d'enquête ou une loi sur la marine marchande au lieu de moucher son petit dernier, et étudiant le budget de l'État en laissant celui de son ménage en souffrance? J'entends d'ici les observations de l'humble électeur et les répliques de l'altière représentante du peuple :

— Ma chère amie, voilà encore le rôti brûlé, c'est insupportable. Déjà tout à l'heure la mayonnaise était tournée, et il n'y avait pas un grain de sel dans le bouillon. Vous devriez surveiller Victoire.

— Est-ce que je puis entrer dans ces misérables détails? Vous savez bien que je suis chargée du rapport sur l'élection de madame Durand, et que j'ai vingt-trois protestations à examiner.

— Cependant, ma chère amie...

— Et nous avons séance dans les bureaux demain matin. C'est ce moment-là que vous choisissez pour m'importuner.

— Allons, bon! Encore un mouchoir troué et une chemise sans boutons! Votre blanchisseuse se moque de nous. Il faut lui écrire.

— Écrivez-lui vous-même. Vous êtes intolérable avec de pareilles futilités. Comme si tout mon temps n'était pas pris par la commission de la réforme électorale!

Et le lendemain, vous voyez la physionomie du simple

électeur rentrant en toute hâte de son bureau pour dîner, avec la crainte d'être grondé, parce qu'il est de quelques minutes en retard, et recevant des mains de Victoire un télégramme ainsi conçu :

« Pas rentrer ce soir. Avons séance nuit. Arriverai vers trois heures matin. Préparez biberon pour enfant, Clef sous paillasson.

« Sophie, *représentante*. »

Je n'appuie pas sur quelques autres détails qui seraient d'assez mauvais goût, par exemple sur la facilité qu'offrirait la coiffure de ces dames pour se *crêper le chignon*, comme on dit en style démocratique, non plus que sur les complications qui se trouveraient introduites dans certains usages parlementaires et certains articles du règlement de la Chambre. Pour n'en prendre qu'un, on sait que le président se couvre lorsqu'on ne veut pas les écouter, ce qui pourrait arriver de temps à autre dans une Assemblée féminine. Avec un simple feutre, rien de plus facile. Mais on ne laisse pas traîner un chapeau mousquetaire, chef-d'œuvre de la bonne faiseuse, parmi les paperasses et les encriers du bureau. Evidemment, madame la présidente commencerait par le faire suspendre délicatement à un joli champignon dans un placard. Avant que l'huissière ne l'eût apporté avec le respect séant et que la présidente ne l'eût coquettement posé sur sa tête, en prenant toutes les précautions nécessaires pour ne point déranger l'édifice harmonieux de sa chevelure, pour ne froisser ni les fleurs, ni la voilette, ni les boucles et les frisons qui inondent si agréablement son charmant visage et qui doivent dépasser les bords du chapeau dans des proportions savamment étudiées;

avant qu'elle n'eût pu jeter le coup d'œil obligatoire sur le miroir de poche placé sur la table à côté de la sonnette, il s'écoulerait au moins huit à dix minutes; j'en appelle aux juges impartiaux. Et pensez à tout ce qui peut arriver en dix minutes dans une Assemblée de femmes exaspérées.

Sans compter que, lorsque le chapeau serait particulièrement joli, la présidente succomberait peut-être à la tentation de le mettre, uniquement pour le montrer aux tribunes.

Mais qui empêcherait de substituer un autre usage à celui-là? Au lieu de se couvrir, la présidente pourrait se découvrir dans les incidents tumultueux, — ou bien piquer une fleur dans ses cheveux, agiter un drapeau, se faire remplacer au fauteuil par un brigadier de gendarmerie, que sais-je encore? En outre, toutes ces objections, valables contre une Assemblée politique et permanente, tombent d'elles-mêmes devant une Chambre provisoire et antipolitique au premier chef; car c'est justement sur la haine des femmes contre la politique, cette odieuse rivale, que je me fonde pour proposer l'ouverture de mon Congrès féminin dans les moments de crise comme ceux que nous traversons.

Il est bien entendu qu'on devrait soigneusement exclure de la nomination à ce Congrès les dames qui savent discerner le centre droit du centre gauche et distinguent l'ordre du jour de la question préalable, à plus forte raison celles qui parlent dans les réunions publiques. Ce personnage hermaphrodite et amphibie, « la femme politique », qui ne manque jamais une séance à la Chambre, lit chaque jour une douzaine de journaux, tient un salon où n'entrent que des députés, des sénateurs, des diplomates, des ambassadeurs, des conseillers d'État, des chefs de cabinet, où l'on fait et défait les ministères, où l'on discute la prochaine interpellation, peut avoir un mari, mais elle n'a pas d'enfants. Je me la représente toujours avec un turban, comme madame de Staël; cependant, la vérité me force à confesser qu'elle porte souvent de fort jolis chapeaux roses.

Si les femmes politiques entraient au Congrès, elles ne feraient que compliquer la crise et la prolonger à plaisir. Qu'on leur en ferme la porte, je réponds que le Congrès la terminera en quarante-huit heures. Il trouvera un moyen auquel le sexe barbu n'aurait jamais songé. Il votera comme un seul homme, ou plutôt comme une seule femme, pour que l'on cause, pour que l'on dîne, pour que l'on danse, pour qu'on n'oublie pas plus longtemps que l'hiver est court et que le jour de l'an est proche. Il eût appartenu au marquis de Boissy, s'il était encore de ce monde, de porter cette solution à la tribune du Sénat; mais il est mort, et vous verrez que l'idée lumineuse émise par M. Bertron et amendée par Bernadille ne convaincra personne.

XXXII

COMMENT ON DINE A PARIS.

§ 1. COMMENT DINENT LES PAUVRES.

19 novembre 1877.

La question que je viens d'inscrire en tête de cette chronique se pose d'une façon plus pressante à l'entrée de chaque hiver. La charité parisienne, qui est ingénieuse et active, s'est de tout temps occupée d'y répondre. Quelle charmante histoire on en pourrait faire, depuis sainte Geneviève distribuant des vivres aux Parisiens assiégés, jusqu'au Petit Manteau bleu, qui allait racoler les pauvres sur le pont au Change et sur la place du Châtelet, suivi de deux domestiques portant une marmite énorme, d'où s'échappait une vapeur odorante; depuis saint Vincent de Paul, qui a pris, renouvelé, agrandi toutes les formes de la bienfaisance, jusqu'à M. de Rumford, cet Américain cosmopolite qui eut trois patries, l'Angleterre, la Bavière et la France, sans compter son pays natal, qu'il ne comptait guère lui-même, — ce philanthrope bizarre qui méprisait les hommes et qui fut accusé de battre sa femme!

Les soupes économiques de M. de Rumford avaient eu pour aïeules, si l'on me passe cette métaphore un peu hasardée, les potages de M. de Bernières et de la mère

Angélique, de Port-Royal, dont les recettes ne seraient peut-être pas inutiles à la charité moderne. Il n'y a pas bien longtemps encore que la marmite de saint Vincent de Paul se promenait par les rues, attirant à son fumet les pauvres gens qui la guettaient au passage. Mais n'est-ce pas toujours la marmite de saint Vincent de Paul, l'inépuisable marmite de la charité chrétienne, qui reste ouverte en permanence chez ses filles, et particulièrement chez les Petites Sœurs des pauvres?

Allez vous promener aux environs d'une caserne vers l'heure des repas, et voyez ces files de mendiants collés le long du mur et attendant la gamelle généreuse qui va tout à l'heure venir se déverser dans les boîtes de conserves qui leur tiennent lieu d'écuelles. Cette charité de la gamelle du soldat à l'écuelle du pauvre, n'est-ce pas une idée touchante? Le brave fantassin qui consacre 42 centimes par jour à ses deux repas, et qui trouve moyen de faire une aumône régulière de son superflu, est vraiment aussi fort que le lieutenant de la *Dame blanche* qui achète un château sur ses économies.

Un grand restaurant parisien, hanté par les hommes de lettres fastueux, les journalistes de la haute vie et les gens de plaisir, s'est fait aussi une spécialité de la distribution des soupes. Ceci rachète cela. L'aliment vertueux par excellence, la soupe, dont le seul nom rappelle le foyer domestique et exhale des parfums de ménage rangé, expie le potage à la tortue ou à la bisque, les buissons d'écrevisses à la bordelaise et tous les raffinements culinaires à l'usage des viveurs. Brébant fait pénitence le matin des folies du soir, et il prélève la part des pauvres *ex mammona iniquitatis*.

Dans cette revue sommaire des diverses manières

dont on s'y prend pour nourrir les indigents à Paris, il suffira de rappeler les fourneaux économiques, que le mois de novembre rallume chaque année. Les uns sont placés sous le patronage du grand saint qu'il faut nommer sans cesse quand on parle du soulagement de la misère; les autres se partagent entre la Société philanthropique et les bureaux de bienfaisance. Tous se complètent et se prêtent un mutuel appui.

Pour peu que vous ayez eu affaire à des pauvres, vous avez pu vous convaincre de la vérité générale de cet axiome : Les pauvres sont des gens difficiles (c'est même en grande partie pour cela qu'ils restent pauvres), surtout pour ceux qui les servent par charité. Le proverbe : « A cheval donné il ne faut pas regarder la bride », n'a point été fait pour eux. Tel pauvre qui, sans vous, devrait se nourrir d'os et de trognons de pommes ramassés dans le ruisseau, se plaindra à votre cuisinière, au bout de huit jours, de la qualité inférieure du bœuf, si vous vous mettez à le nourrir de votre dessert. Telle laveuse de vaisselle qui, dans sa famille, était réduite à vivre de fromage, jettera avec dédain dans le panier aux ordures des mets que vous trouvez assez bons pour vous, se plaindra que le café au lait est exécrable, que les œufs ne sont pas frais, que la viande est de deuxième catégorie, et finira par vous donner ses huit jours en racontant au concierge qu'on n'a rien à manger dans *la boîte*.

Sans flatter les vices du pauvre, il faut donc que le fourneau économique s'ingénie à le satisfaire et à conquérir sa confiance. Il faut que celui-ci se sente assuré d'être aussi bien servi en son genre pour ses deux sous que le client du Dîner européen pour ses cinq francs. D'autant plus que le pauvre garde encore quelques préventions contre les fourneaux économiques. Sa défiance innée ne peut admettre qu'on exerce la charité avec désintéressement; il est persuadé qu'il y a quelque chose là-dessous, et pour un peu il croirait qu'on veut l'exploiter. Les débuts ont une importance particulière. Si vous commencez mal, vous êtes perdu. Le bruit se répand de proche en proche que vous tenez une *gargote* où l'on empoisonne le monde, et les porteurs de bons vous mettront en quarantaine. Que de peines et d'efforts ensuite pour regagner la confiance et vous refaire une clientèle!

Ce n'est pas seulement la charité qui s'ingénie à nourrir les indigents, c'est aussi l'industrie. Ils ont fourni matière à spéculation; ils ont mis en éveil l'imagination inventive du petit commerçant parisien. Qui n'a ouï parler de l'établissement légendaire, *à l'Azar de la fourchette,* loterie culinaire où l'on ne gagnait pas à tout coup, et qui trahissait trop souvent l'espoir d'un estomac famélique? Mais l'*Azar de la fourchette* a disparu. Disparu aussi, si je ne me trompe, le *Restaurant des pieds humides,* où, autour de la fontaine des Innocents, les porteurs du marché, les gamins des garnis voisins, les maraîchers économes de la banlieue dînaient pour quelques sous en plein air.

Il reste bien d'autres cuisines économiques à l'usage des pauvres diables qui ont plus d'appétit que d'argent: les *arlequins* des Halles, les restaurants populaires de certains quartiers parisiens, des anciennes barrières, de la montagne Sainte-Geneviève, du pays latin, etc., les *ordinaires* à l'usage des ouvriers, que sais-je encore? Le 5 novembre dernier, on a ouvert dans le quartier du Temple une pension alimentaire où, dès les premiers jours, deux mille cinq cents à trois mille personnes sont venues quotidiennement s'asseoir.

Si vous passez devant le numéro 18 de la rue de la Verrerie vers dix heures et demie du matin, ou vers six heures du soir, vous verrez s'allonger, sur le trottoir de face, une file de personnes des deux sexes, hommes en blouse, en bourgeron, en paletot, la plupart coiffés de casquettes, quelques-uns de chapeaux ronds; les femmes en bonnet, tenant pour la plupart un enfant accroché à leurs jupes ou suspendu à leur sein.

Avant d'entrer, les convives défilent devant un bureau où ils se munissent de jetons à dix centimes, en nombre proportionnel au repas qu'ils veulent faire. Celui qui n'a que deux sous dans sa poche est sûr de trouver à ce prix une excellente soupe, chaude et réconfortante. S'il dispose du double, il peut, à son choix, y adjoindre un plat de légumes ou se réconforter de cent grammes de viande. S'il lui est possible d'élever sa dépense jusqu'à soixante-dix centimes, c'est un repas complet qu'on lui offre. Les plus riches et les plus affamés ne sauraient dépasser le maximum de quatre-vingts centimes : un potage, un rosbif, des légumes, un dessert, du pain et un carafon de vin naturel, contenant quarante centilitres, c'est-à-dire plus d'une demi-bouteille. On n'a droit qu'à un seul carafon, mesure dont la prudence n'est peut-être pas inutile, surtout le lundi; et l'on ne sert ni café ni liqueurs.

Muni de ses jetons, le dîneur s'approche des guichets où tous les plats qui composent le repas du jour sont disposés d'avance, derrière le grillage, sur une étagère. On lui donne le potage dans une gamelle, la viande dans le couvercle formant assiette. Il va s'installer à l'une des tables de marbre blanc qui sont en nombre suffisant pour recevoir quatre cents convives à la fois, et où il trouve des couverts de fer battu, des carafes, des verres, le sel, le poivre et la moutarde. Chacun doit se servir soi-même. Des garçons circulent avec de grands paniers pour débarrasser les tables de la vaisselle sale, prestement lavée dans la cuisine par les filles de service.

Le vaste local, recouvert d'un vitrage, est soutenu par une charpente en fer et des piliers en fonte, garnis de petits dressoirs. Elle est d'une propreté extrême, d'un aspect riant, largement éclairée, bien chauffée. Dans le fond, un élégant portique avec fontaine, flanqué de deux portes au-dessus desquelles on lit : *Prêtez-vous un mutuel appui. Aidez-vous les uns les autres.* Les murs sont entièrement tapissés de grandes cartes géographiques peintes à la détrempe. Aux colonnes pendent des inscriptions diverses : « Le matériel est mis sous la sauvegarde des citoyens. — Aussitôt après avoir mangé, vous ferez plaisir au fondateur en cédant votre place à ceux qui attendent dans la cour. » Pendant deux heures et demie le matin, autant le soir, le flot se renouvelle sans cesse.

Les convives de la Pension alimentaire mangent comme ils travaillent : solidement. Ce ne sont pas eux que je plains ; ce sont les gens en habits râpés et en chapeaux roux qui craindraient de fréquenter un restaurant d'ouvriers, et qui vont se nourrir *d'intentions* dans des officines au rabais, où l'on met une nappe, où l'on donne une serviette et où ils peuvent choisir sur la carte. Comme je sortais de la rue de la Verrerie, un distributeur m'a mis dans la main le prospectus d'un de ces restaurants à prix infime : *Déjeuners à 70 centimes. Dîners à 1 fr. 10 : un potage, deux plats au choix, un dessert, un carafon, pain à discrétion.* Pour 1 fr. 30 on a droit à trois plats au choix, ou à une demi-bouteille. Parmi les prospectus qui se distribuent dans la rue, ceux des restaurants à quinze et vingt sous tiennent la plus large place, et tous finissent invariablement par ces mots, qui font frissonner : *Pain à discrétion*.

Ma pensée remonta alors vers le restaurant pythagoricien que je fréquentais en 1853, — antre mystérieux caché à l'ombre de Louis le Grand ; école de frugalité stoïque, où j'ai fait pendant un an mes deux repas, moyennant une pension de cinquante francs par mois. Pauvre mère Favart ! — ainsi s'appelait la Canidie de cet atelier culinaire, — que Dieu ait son âme ! Ses biftecks laissaient à désirer pour la dimension, et j'ai toujours soupçonné que la cuisinière les confectionnait avec ses bottines hors d'usage. D'autre part, le vin faisait vaguement songer au poison des Borgia. Mais personne ne confectionnait les haricots à l'huile et les pruneaux au jus comme la mère Favart, et l'on avait naturellement chez elle le pain à discrétion, ce dont tous les maigres convives abusaient le plus indiscrètement du monde, malgré les regards furtifs, inquiets, suppliants, de l'infortunée.

Nous avions du moins la jeunesse, la santé et l'espérance, qui assaisonnent tous les mets, et la gaieté, qui fronde gaillardement les plus robustes appétits. Le dîner n'était qu'un détail qu'on expédiait lestement. Mais partout ailleurs, jetez un coup d'œil à travers la vitre sur les dîneurs à vingt sous. Les figures fiévreuses, ou mornes et résignées, les yeux éteints ou brillants d'un feu sombre, sont tout un poëme de misères subies, d'illusions déçues, de luttes, de défaites, d'affaissement, de découragement ou de révolte, commenté par les attitudes et les redingotes. Que de romans obscurs et de drames ignorés on lit sur ces visages amaigris et dans les plis blanchâtres de ces paletots retournés ! Il y a là des hommes mûrs, à la physionomie sombre, dure et fermée; des vieillards dont la tête penche et dont la main tremble, dont tous les rêves sont finis. Çà et là se trahit quelque reste de splendeur évanouie et de prétentions survivant à la ruine : c'est une fille maigre, portant une antique robe de soie moins flétrie que ses traits; c'est un employé à douze cents francs entrant avec une badine de quinze sous à la main et ôtant avec ostentation ses gants sales; c'est un mince filet de ruban rouge déteint, passant dans une boutonnière effilochée. Tous mangent sérieusement et silencieusement. On sent que ce repas est pour eux une affaire grave, — la plus importante de la journée.

Les jours où il m'arrive de déjeuner dehors, j'aime de loin en loin à revoir, quand je n'ai pas bien faim, ces restaurants du Palais-Royal qui étaient alors pour moi des lieux de gala et de haute liesse, où je pénétrais de loin en loin avec le recueillement de Grimod de la Reynière allant dîner chez Brillat-Savarin. C'est un ressouvenir de jeunesse qui m'avait conduit, à la dernière mi-carême, dans l'un de ces Eldorados à trente-deux sous, comme on dit encore, quoique l'ancien prix de leur dîner ne soit même plus aujourd'hui le prix du déjeuner.

Le Palais-Royal, bien déchu dans l'esprit de la plupart des Parisiens, a gardé tout son prestige auprès des étrangers, des provinciaux et de quelques bons bourgeois d'une vie paisible et retirée. Il y a encore certaines familles qui forment de temps à autre le projet d'aller dîner en partie fine dans la galerie de Valois. Le père dit à son fils : « Si tu as de bonnes notes, à ta prochaine sortie, je te mènerai dîner au Palais-Royal. » Et le fils redouble d'efforts, et toute la maisonnée s'en va joyeusement faire une orgie à deux francs vingt-cinq par tête dans les salons dorés de Tavernier.

Le jour de la mi-carême, j'étais entre deux *sociétés* de ce genre assises aux deux tables voisines : l'une, à droite, composée du mari, de la femme et de la mère de celle-ci, était venue de Meaux à Paris, comme je le compris par la conversation, pour assister au défilé dionysiaque des chars de blanchisseuses ; l'autre, formée des deux époux et de deux garçons de quatorze à seize ans, arrivait en ligne droite du fond du Marais, voyage plus lointain encore.

Dans le premier groupe, le mari était bruyant, expansif, un vrai boute-en-train, qui avait déjà vu maintes fois *la capitale* et s'efforçait d'éblouir les deux femmes, ce à quoi il réussissait aisément. Celles-ci considéraient avec respect le superbe garçon à favoris en côtelettes, — « deux côtes nature, deux ! » — qui les servait avec condescendance. Elles enviaient les habitués qui interpellaient familièrement cet imposant personnage par son petit nom : « Eh bien, Adolphe, et ma tête de veau ? » Le chef de la communauté n'osait se risquer à de telles hauteurs, mais il l'appelait *M. Adolphe,* gros comme le bras. Tout à coup, il fit sonner son couteau sur son verre :

— Monsieur Adolphe, — l'itinéraire !

— L'itinéraire ! monsieur veut voir les heures des départs ?

— Eh ! non, je veux voir les plats.

— Très-bien, monsieur, fit sans sourciller le majestueux personnage, qui en a entendu bien d'autres. Et il tendit la carte. Mais il avait paru interloqué l'espace d'une seconde. Cet éclair d'ahurissement n'avait pas échappé à l'œil d'aigle du mari. Il se pencha d'un air suffisant vers sa belle-mère :

— Voilà un garçon qui ne connaît pas son affaire.

— Que voulez-vous, mon gendre? C'est jeune, fit avec indulgence la bonne vieille.

Dans l'autre groupe, on se livrait à des études approfondies sur la carte. On consultait le garçon : — Le foie de veau à l'italienne, est-ce bon? — Excellent, monsieur; c'est la spécialité de la maison. — Et l'entre-côte bordelaise, qu'est-ce que c'est? — Excellent, madame. On fait la sauce avec du vin blanc, des échalotes hachées... — Ça doit être très-bon. — Soyez sans crainte, c'est la renommée de la maison. — Ah!... terrine de foies gras! Si nous en prenions! — Non, nous en avons mangé le mois dernier. — Moi, je demanderais volontiers un bœuf à la mode. — Par exemple! Ce n'est pas la peine de venir au restaurant pour manger la même chose qu'à la maison.

Et l'on combinait, on creusait, on retournait la question sous toutes ses faces. Chacun demandait un plat différent, puis on opérait des mélanges, des substitutions, des partages : la femme passait une moitié d'écrevisse au fils aîné, qui lui repassait un fragment de pied de mouton; le père et le fils cadet échangeaient une portion de fricandeau contre un demi vol-au-vent. Le mari *se fendit* à la fin, suivant son expression, d'un supplément de vingt-cinq centimes pour une perdrix aux choux, dont il eut la générosité d'abandonner la patte droite à son fils cadet, la patte gauche à son fils aîné et à sa femme l'imperceptible fragment de corps qui adhérait à ces deux membres, en ne gardant pour lui que les choux ; mais il y en avait beaucoup. Cependant la mère le grondait doucement :

— Gustave, tu fais toujours des folies.

— Bah! répondit avec désinvolture l'excellent homme, en jetant un regard de mon côté, ce n'est pas tous les mois la mi-carême.

Cette orgie de famille fut couronnée par une omelette au rhum qu'il avait commandée à l'oreille du garçon et qu'on apporta toute flambante. C'était la surprise finale, le bouquet. A cette vue, l'enthousiasme des jeunes goinfres ne connut plus de bornes ; ils battirent des mains, et, à travers la flamme bleuâtre, le père leur apparut transfiguré et grandi dans des proportions épiques.

Eh bien! je vous jure que, parmi ceux qui, au même moment, déjeunaient à un louis par tête chez Brébant, il n'y en a pas beaucoup qui soient sortis de table le cœur et l'estomac aussi satisfaits.

§ 2. COMMENT DINENT LES RICHES.

23 novembre 1877.

J'ai voulu expérimenter personnellement, en chroniqueur scrupuleux, comment dînent les pauvres et comment dînent les riches à Paris. A quelques jours d'intervalle, pour rendre l'expérience et la comparaison complètes, je suis allé déjeuner au café Durand, place de la Madeleine, et dîner à la Pension alimentaire de la rue de la Verrerie, déjeuner dans un de ces restaurants du quartier latin dont la cuisine mélancolique fait vivre de faim les étudiants qui touchent cent francs par mois (il en reste) et les rapins réduits à se nourrir de leurs croûtes, puis dîner le même soir au café Anglais.

Je n'ai point osé descendre plus bas, je l'avoue ; mais il était difficile de monter plus haut. J'aurais pu prendre tout aussi bien Brébant, Bignon, la Maison dorée, Voisin, dont les amateurs vénèrent la cave comme un sanctuaire ; Noël, du passage des Princes ; Véfour, le seul survivant de la grande tribu gastronomique du Palais-Royal ; l'antique Philippe, orgueil de la rue Montorgueil ; Ledoyen, des Champs-Élysées ; Magny, qui est la Maison dorée de la rive gauche, et vingt autres encore. Mais il fallait choisir, et je crois n'avoir pas mal choisi.

Le café Durand a une physionomie très-simple, presque patriarcale, comme son nom. La salle est confortable, sans aucun étalage de luxe ; les garçons n'y ressemblent pas plus aux Anatoles des restaurants de nuit, hantés par les viveurs et les soupeuses, qu'un académicien ne ressemble à un Parnassien. Un maître d'hôtel à cheveux blancs — une noble tête de vieillard — complète l'apparence digne et calme de la maison. Sa clientèle n'affiche pas non plus l'allure excentrique ou tapageuse de tel grand restaurant du boulevard qu'il est inutile de nommer. Un provincial y peut entrer sans défiance : il y trouvera une cuisine étoffée et cossue, des vins excellents, un service correct. Peut-être fera-t-il un peu la grimace en regardant le total de l'*addition ;* mais s'il est homme de goût, il ne se plaindra pas.

Lorsque j'étais à Vienne, il y a quatre ans, pendant l'Exposition universelle, je causais avec un habitant de cette ville des prix extravagants auxquels les hôteliers tarifaient les étrangers.

— Eh ! fit-il, c'est bien autre chose à Paris, vraiment !

— Non pas, lui dis-je; Paris est une ville où un sybarite millionnaire dépensera cent francs par jour à sa nourriture, s'il le veut absolument, mais où un voyageur qui n'est pas trop exigeant peut se « restaurer » d'une façon convenable et suffisante sans dépasser cent sous. Pour le voyageur qui en connaît les détours, et ne s'aventure pas sans pilote et sans boussole sur cet Océan, Paris, la ville la plus féconde en tentations coûteuses et la plus mortelle à l'argent, peut devenir l'une des plus économiques. Trouverait-il jamais, à Vienne ou à Londres, un restaurant qui lui donne un potage, trois plats, un dessert et du vin pour 2 fr. 25 ? C'est juste le prix que coûte, ici, la demi-bouteille à ma table d'hôte.

— Ah! les restaurants parisiens, parlons-en, répliqua mon ami viennois. Tenez, chaque matin, en sortant de l'hôtel où j'étais descendu, j'entrais déjeuner dans un café très-simple, je vous assure. J'y prenais un hors-d'œuvre, une côtelette, des œufs brouillés, un fruit, une demi-bouteille de saint-émilion, — c'est mon vin; — rien de plus modeste, n'est-ce pas?

— Confortable, mais modeste, en effet.

— Eh bien, je n'ai jamais pu dépenser moins de dix francs à mon déjeuner.

— Et comment s'appelait ce café?

— Un nom quelconque : Dubois, Dupuis, Dufour. Attendez.

Il fouilla dans un tiroir, et en exhuma quelques notes froissées et salies. Je lus en tête : *Café Durand*.

— Oh! oh! lui dis-je, voilà ce que vous appelez un nom quelconque, Viennois que vous êtes! Vous avez mangé simplement dans un restaurant de millionnaire, tout en n'y faisant que les repas d'un bourgeois à son aise. Supposons seulement que vous ayez pris des crevettes pour hors-d'œuvre et un chateaubriand à la béarnaise au lieu de côtelette, substitué une bouteille de château-laffitte à votre demi-bouteille de saint-émilion, ajouté des truffes à vos œufs brouillés et complété ce menu confortable, mais qui n'a rien de sardanapalesque, par une douzaine d'huîtres d'Ostende et par une charlotte russe à la vanille, ce n'est pas à 10 francs, c'est à 40 que se serait montée l'addition.

Il est peu de restaurants dans le monde qui soient plus célèbres que le café Anglais. Les chroniqueurs, sans en excepter ceux qui dînent à prix fixe ou qui fréquentent les bouillons Duval, lui ont fait une renommée. Le drame et le roman ont surtout usé et abusé de son fameux cabinet, le *grand seize :* on l'a mis un jour en scène dans une comédie, et cette nouvelle, célébrée dans les feuilletons des lundistes, a fait courir *tout Paris.*

Je ne suis entré que deux fois, pour ma part, non pas au *grand seize,* mais dans le salon bas, tout en vitres et en glaces, qui constitue la salle commune du café Anglais. La dernière fois, je m'y suis rencontré avec un chanteur de l'Opéra, un auteur dramatique et un journaliste qui passe pour gagner cinquante mille francs par an et pour les dépenser; avec cinq ou six représentants, qui mangeaient une côtelette ou un tournedos avant de prendre le train de Versailles; avec plusieurs étrangers de marque, qui faisaient résonner le *si* et le *yes* aux quatre points cardinaux de la salle, et quelques habitués de la *high life,* comme on dit dans les journaux de sport, — de ceux dont les messieurs de l'orchestre signalent la présence à toutes les grandes premières. L'un d'eux, qui est à demi chauve et qui a l'estomac malade, ne peut digérer que des œufs à la coque et de l'eau de Saint-Galmier ; mais sa grandeur le condamne à venir manger ses œufs dans les endroits où on les paye deux francs la paire.

En voyant mes voisins, l'auteur dramatique et le journaliste, et la grâce, qu'eût admirée Sbrigani, avec laquelle ils expédiaient un chaud-froid de volaille à la gelée, je me suis souvenu d'un mot épique de Jules Vallès, prononcé au temps où le bohème n'était pas encore devenu un *homme politique*. L'auteur des *Réfractaires,* entré depuis peu au *Figaro,* n'avait rien eu de plus pressé que de profiter de cette bonne fortune pour se procurer des jouissances qu'il n'avait connues encore qu'en songe. Un jour, un ancien collaborateur de la *Rue* le rencontre sortant du café Anglais, la face émerillonnée et le cure-dents aux lèvres.

— Eh ! lui dit-il, est-ce là votre salle à manger maintenant ?

— Ma foi ! mon cher, répond Vallès négligemment, j'ai fait tous les restaurants de Paris, et il n'y a encore que dans cette gargote qu'on puisse à peu près dîner.

N'est-ce pas M. Labiche qui a composé jadis une pièce dont le héros, condamné à dépenser 3,333 fr. 33 centimes par jour, ne pouvait parvenir, en donnant carrière à tous ses rêves, à dépasser un total de 45 francs, ce qui le plongeait dans un profond désespoir? Si j'avais eu l'honneur de connaître ce pauvre garçon, je me serais fait un plaisir de l'aider en lui dressant le menu d'un dîner quotidien qu'il eût pu offrir à tous ses amis dans les salons du café Anglais, et dont le suprême de volaille aux truffes, la côtelette de chevreuil à la purée de champignons, les écrevisses à la bordelaise, qui sont la grande spécialité de la maison, eussent constitué le fond essentiel. Ajoutez à cette première mise des huîtres à 3 fr. 50 centimes la douzaine, un potage à la tortue (tortue authentique) à 20 francs, des crevettes à 3 francs, un saumon ou une anguille à la tartare à 12 francs, une salade, des flageolets ou des petits pois, une mousse à la pistache ou l'inévitable parfait; pour dessert des raisins et des poires, — une dizaine de francs, — et, comme vins, du château-latour, retour de l'Inde, à 30, ou, mieux encore, du château-yquem de 1847, à 60 francs la bouteille, avec du H. Mumm frappé au dessert, sans compter les cigares, le café et la fine champagne vieille, à 2 francs le petit verre, — je crois qu'un pareil dîner, qu'il serait facile d'agrémenter de quelques fioritures à l'unisson, offert chaque soir à une dizaine de convives, eût singulièrement aidé notre personnage à atteindre son chiffre.

C'est sans doute en sortant d'un dîner semblable qu'un gros homme, bien repu et tout entier à son travail digestif, fit la réponse légendaire à un pauvre diable famélique et maigre comme un long jour de carême, qui l'abordait chapeau bas, en lui disant d'une voix humble : « Une petite charité, monsieur, par pitié. J'ai si faim !
— Comment, drôle, tu as le bonheur d'avoir faim, et tu oses te plaindre ! Je voudrais bien être à ta place ! »

Le gros homme pouvait se procurer aisément ce bonheur : il n'avait qu'à aller manger le lendemain au restaurant où dînait son interlocuteur, si toutefois il dînait, ou bien à celui où je me suis longtemps assis, « infortuné convive », lorsque j'étais étudiant. J'aime à croire que le gros homme n'a pas borné son aumône à cette réponse. Ne vous semble-t-il pas qu'un petit meuble parfaitement bien placé dans la salle du café Anglais ou de la Maison dorée, ce serait un tronc avec une inscription de ce genre : *Que ceux qui n'ont plus faim pensent à ceux qui ont faim.* Ils y penseraient, j'en suis sûr, et beaucoup de ces malheureux qu'enviait le gros homme pourraient dîner chaque jour avec le prix de ce que coûte à l'habitué du restaurant à la mode le havane qu'il fume en prenant sa demi-tasse, ou le pourboire qu'il donne au garçon.

XXXIII

LE RÉVEIL DE PARIS.

19 décembre 1877.

Je passais l'autre jour, d'assez grand matin, sur la place du Caire. Faisant face au passage, quinze à vingt personnes des deux sexes se tenaient assises chacune sur un pliant, ou réunies par couples sur un petit banc portatif, avec un sac d'étoffe sur leurs genoux et à la main deux espèces de larges brosses appliquées l'une sur l'autre. Un des hommes lisait le *Petit Journal,* tout en claquant des dents ; deux ou trois femmes tricotaient ; la plupart se bornaient à interroger les passants d'un regard attentif.

Une vieille femme, coiffée en cheveux, — quelque portière qui ne pouvait même prétendre à la dénomination de concierge, — déboucha par la rue d'Aboukir et vint frapper sur l'épaule de celui qui lisait le *Petit Journal.* Il donna un coup de coude à sa voisine, qui n'avait rien vu : « Eh! houp! » ramassa son sac, son pliant et les deux instruments plaqués l'un contre l'autre, que je reconnus, au moment où il passait devant moi, pour des cardes à matelas.

Je m'enquis près d'un sergent de ville.

— Oui, me dit-il, vous avez bien vu. Ce sont les cardeurs de matelas qui viennent tous les matins, depuis un temps immémorial, attendre la pratique sur la place du Caire.

— Je croyais que de pareilles coutumes n'existaient plus dans le Paris moderne. Ce sont sans doute les seuls qui se tiennent ainsi sur la voie publique?

— Non pas, monsieur; il y en a beaucoup d'autres. Mais, si vous voulez les voir, il faut vous lever matin.

Je pris mes informations. Ce reste des vieux us m'intéressait, comme tout ce qui fait revivre sous le Paris d'aujourd'hui un coin du Paris d'autrefois.

Le lendemain, dès six heures du matin, un fiacre m'attendait à ma porte.

En entreprenant cette expédition à la recherche des *grèves* matinales, j'ai assisté au réveil de Paris. Spectacle curieux et que je n'avais pu, depuis longtemps, observer d'aussi près dans ses diverses phases. Paris, comme le Parisien, s'éveille à des heures très-diverses, suivant les saisons et suivant les quartiers. Il faudrait être partout à la fois pour noter isolément chaque partie de ce grand tableau; je me bornerai à le décrire en traits sommaires, tel qu'il s'est déroulé sous mes yeux.

Il est six heures. Une nuit brumeuse, à peine trouée par les clartés rougeâtres des becs de gaz, et tout au fond de laquelle on soupçonne plutôt qu'on ne la voit la première blancheur de l'aube encore lointaine, enveloppe Paris. L'*Angelus* achève de sonner au clocher voisin, et chaque note tombe comme ouatée par le brouillard dans le silence de la rue. Presque pas un bruit de voiture, mais déjà de nombreux piétons. Des ombres passent en se hâtant, silencieuses et grelottantes. On n'entend que le clapotement sourd de leurs pieds, qui se pressent vers un but inconnu. De loin en loin, je croise quelque traînard qui semble muser le long des magasins fermés et bayer aux corneilles. Paris n'est pas encore éveillé, et il a déjà ses flâneurs, pauvres noctambules effarouchés, que le premier frisson matinal a chassés peut-être du banc, du chantier ou de l'arche de pont dont ils avaient fait leur chambre à coucher.

Une voiture honteuse s'esquive au tournant de la rue ; elle est en retard et opère sa retraite à grand bruit, ébranlant les maisons et répandant des effluves empoisonnées sur son passage. Des chiffonniers rentrent avec leur récolte. Çà et là, deux sergents de ville rasent les murs à grandes enjambées lentes et muettes, ou se tiennent immobiles, blottis dans l'embrasure d'une porte.

Quelques boutiques seulement sont ouvertes, et leur devanture interrompt par une clarté fuligineuse les longues lignes noires des façades hermétiquement closes. Ce sont les marchands de vin, les boulangeries, les crèmeries. Des garçons bouchers en bras de chemise, les yeux encore bouffis de sommeil, poussent les grilles de la boutique et préparent l'étalage. Des ouvriers, la pipe à la bouche, l'outil à la main, entrent chez le boulanger et en sortent avec un pain de deux livres sous le bras.

On voit des rangées de piétons disparaître tout à coup, comme engouffrés dans une trappe ; vous allez les retrouver devant le comptoir d'étain, aux prises avec un verre de vin blanc. C'est le vin blanc qui tue le ver, et tuer le ver est le premier devoir pour tout *sublime ouvrier,* le devoir qui précède les autres et ne souffre point de retard. Les uns le tuent solitairement, d'autres associent leurs efforts. Je rencontre, aux abords du pont des Arts, un ivrogne qui s'avance en battant les murailles, taciturne et sinistre. A quelle heure le malheureux s'est-il donc levé? Toutes les ombres qui passent sur le pont des Arts le traversent de la rive gauche à la rive droite. Revenez ce soir : elles le traverseront de la rive droite à la rive gauche. Ce double courant, qui se mêle vers le milieu du jour, suit sa marche aussi régulière que le cours de la Seine.

Ma voiture s'achemine d'abord derrière Notre-Dame, près de la Morgue : c'est là que se tiennent les plus matineux des gens de métier, les scieurs de long. Tous ces fantômes qu'on entrevoit à travers le brouillard, rangés le long des grilles du square, ce sont eux.

La blancheur trouble de l'aurore s'accroît de plus en plus; l'ombre prend des tons cotonneux. Les fantômes se multiplient. Des femmes en bonnet passent, un livre de piété à la main : ce sont des bonnes qui se rendent à la première messe, pendant que les bourgeois dorment encore. Quel est cet homme qui arpente le trottoir d'un pas éperdu et fiévreux, une valise à la main droite, un sac à la main gauche, une gibecière au cou, un parapluie sous le bras? Il aperçoit mon fiacre et accourt, s'efforçant de dessiner des gestes télégraphiques et criant d'une voix émue : « Arrêtez! arrêtez! » Je passe la tête par la portière; il s'arrête, médusé, et murmure avec désespoir : « Je vais manquer le train! »

Les laitières sont installées sous les portes cochères, au milieu d'une armée de boîtes en fer-blanc : les clientes arrivent une à une; peu à peu le cénacle se forme; les caquets vont leur train. Les portières se joignent aux servantes, et les *potins* redoublent. Tout le quartier est passé au fil de la langue. Prêtez l'oreille, et vous apprendrez en trois minutes que Monsieur est un jobard qui ne voit rien (à moins cependant qu'il ne soit de la police), Madame une chipie, une avare et une pas grand'chose; la maison, une boîte où l'on se prive sur la nourriture pour mettre de belles robes; que la demoiselle a déjà de fausses dents, et qu'on la drogue toute la journée; que le fils fait des dettes partout et passe sa journée au café; qu'on ne peut rester décemment dans une baraque pareille, et que, pas plus tard qu'hier, on a si bien dit son fait et rivé son clou à la vieille qu'elle est restée bouche béante, sans rien trouver à répondre. La laitière trône majestueusement au milieu de cette Académie de bons becs, buvant les propos malicieux de toutes ses oreilles, sans cesser de plonger dans ses réservoirs et de verser dans les boîtes de ses clientes de pleines mesures du mystérieux mélange travaillé dans le silence du cabinet.

Le cocher a franchi le grand bras de la Seine, et s'est acheminé derrière l'Hôtel de ville, vers l'église Saint-Gervais.

Quelques hommes commencent à déboucher de toutes les ruelles voisines. Les uns vont s'adosser à la caserne; d'autres se groupent au bas des marches, à droite du portail. De minute en minute, ils arrivent plus nombreux. Vers sept heures et demie, on les voit affluer de toutes parts. Les premiers ont, presque tous, une pelle ou une pioche à la main : ce sont les maçons et les terrassiers. Les seconds sont les fumistes, qui se réunissaient autrefois rue Galande. La plupart portent sur le dos une hotte remplie des outils de leur profession. Quelques-uns tiennent à la main le riflard, le marteau et les autres outils. Des marches de l'église, un sergent de ville les surveille, tandis que les patrons vont et viennent, embauchent leurs hommes et discutent en quelques paroles rapides les conditions du marché.

Cinquante pas seulement, et nous voici place Baudoyer, devant la mairie du quatrième arrondissement. Il est huit heures. Déjà une longue file sur trois ou quatre rangs occupe le trottoir. Blouses, bourgerons et paletots se mêlent. Quelques chapeaux hauts de forme émergent comme des obélisques du milieu des chapeaux ronds. La physionomie de l'attroupement a changé : ce n'est plus la mine alourdie des maçons ou des fumistes ; ceux-là ont la figure intelligente et l'air éveillé. Un bourdonnement confus sort de la foule. Une vague odeur d'essence de térébenthine et de blanc de céruse arrive jusqu'à mes narines. Ce sont les peintres en bâtiment. Tous portent au bras ou suspendu à l'épaule un petit paquet renfermant les pinceaux et les cottes maculées.

Trottinant menu, menu, un panier au bras, les cheveux retenus par un filet, maigres et alertes comme des souris, voici les petites ouvrières qui s'en vont à la besogne quotidienne. Celle-ci est enveloppée dans un waterproof qui a fait un long usage ; celle-là, dans une grande blouse bleue qui lui donne l'air d'un garçon ; mais chez presque toutes, même les plus pauvres et les plus laides, la coquetterie se trahit par un détail de costume : une cravate de couleurs voyantes, un nœud rouge ou bleu dans la chevelure, des boucles d'oreilles en plaqué ou en verre noir imitant le jais. Un observateur distinguera aisément la couturière de la modiste et la blanchisseuse de la brunisseuse. Parfois, aux approches des boulevards, la pauvre ouvrière croise quelque fille en toilette effrontée, sortant avec le jour d'un restaurant à la mode, et lui jette un long regard de mépris ou d'admiration envieuse, dans lequel on pourrait lire sa destinée future.

Et puis ce sont les porteurs de journaux qui vont traînant la jambe et laissent tomber dans les boîtes la feuille du matin, encore tout humide et tout odorante : la composition du nouveau ministère, le vote de la Chambre, le mouvement préfectoral, la hausse ou la baisse de la Bourse, le dernier vieillard coupé en morceaux par un tramway, la dernière grande dame surprise en flagrant délit de vol au *Bon Marché*, le dernier infanticide, le dernier scandale de cour d'assises, la suite du roman-feuilleton, impatiemment attendue par le concierge et par sa demoiselle. Les distributeurs de la compagnie Bidault suivent de près, glissant leur prospectus sous le seuil des boutiques fermées; enfin les facteurs de la poste aux lettres, allègres et vifs, peut-être par l'approche des étrennes, portant d'un air délibéré sur leur poitrine cette boîte oblongue d'où s'échappent, chaque fois qu'elle s'ouvre, tant de papiers mystérieux qui contiennent dans leurs plis la joie ou le deuil, — plus de deuil que de joie peut-être, — et qu'un classique pessimiste ne manquerait pas de comparer à la boîte de Pandore.

Un tintement de clochette. Le tombereau des boues approche avec son escorte de balayeurs. Les servantes s'empressent de descendre leurs boîtes d'ordures; les concierges des deux sexes apparaissent sur les trottoirs, balais en main, et les conversations s'engagent de l'un à l'autre; les premiers fiacres viennent se ranger aux stations. Si vous étiez passé, il y a un quart d'heure, devant l'un des dépôts de la Compagnie, vous auriez vu les cochers affluer de toutes parts, armés de leur fouet, dont ils ne se séparent jamais, et le flot des voitures s'écouler sans interruption par la porte grande ouverte, au trot fringant de Cocotte ragaillardie par une nuit de repos, et qui s'oublie quelquefois, au point du jour, jusqu'à risquer un semblant de galop. Quelques minutes encore, et l'on entend le bruit cadencé de quatre vigoureux sabots frappant le pavé d'un même coup et d'une lourde machine qui roule sans effort : c'est le premier omnibus. Là-bas, sur la Seine, le premier bateau-mouche va partir.

Par longues bandes, sous la conduite du *pion* mélancolique, les pensions se rendent au lycée, tandis que, sur les flancs du troupeau, avec des grâces de faons en gaieté, les externes libres caracolent, folâtrent et se poursuivent.

Tout à coup, je débouche en face des Halles. Que de cohue! quel mouvement! quel tapage! Il me semble que je viens d'être lancé brusquement en pleine mer. Les porteurs courent, les marchandes crient, les inspecteurs vont et viennent; les clients du matin, ménagères avisées et économes, maîtres d'hôtel, cuisiniers des collèges et des restaurants, revendeurs, marchands des quatre saisons se pressent devant les étalages en plein air ou abrités d'un simple parapluie, qui ont envahi la chaussée. Tout cela grouille, s'agite fiévreusement, crie sur tous les tons. D'énormes monceaux de carottes, de choux, de cresson, des pyramides, des montagnes de verdure encombrent les carreaux. Le cheval glisse sur des détritus. Au loin, une poissarde aux manches retroussées jusqu'à l'épaule, à la voix de rogomme, se dispute avec deux garçons bouchers aux tabliers teints de sang, et leur tient tête sans broncher. L'écœurante, l'abominable odeur du ventre de Paris envahit tous mes nerfs olfactifs. Il est temps de faire retraite.

Par l'inextricable réseau des rues environnantes, le fiacre s'éloigne avec peine, au petit pas. Que de voitures, bon Dieu! que de tombereaux, de charrettes, de tapissières, de véhicules de toutes les dimensions, rangés en file le long des trottoirs : — ici les bouchers, là les maraîchers, ailleurs les marchands d'œufs, chacun ayant son quartier spécial! A un quart de lieue à la ronde, cela ne finit pas. Voici cinq à six heures déjà que la journée des Halles est en plein fonctionnement. Elles s'éveillent un peu après minuit, juste au moment où Paris se couche.

Huit heures et demie sonnaient comme j'arrivais rue aux Ours; c'était déjà un peu tard : la *grève* des blanchisseuses commençait à se débander. Il restait cependant encore une quarantaine d'ouvrières, divisées en trois ou quatre groupes, qui s'espaçaient sur le trottoir, dans la partie large de la rue, du côté des numéros impairs.

Il y en avait de tous les âges et de toutes les couleurs, des brunes, des blondes, des rousses, de minces, d'énormes, de jeunes et jolies, de vieilles ratatinées, fripées, usées, tannées, hâlées, flétries et barbues; le plus grand nombre tenant un panier d'osier noir, beaucoup portant une couverture sous le bras, les mains fourrées sous leur tablier pour se réchauffer. Les plus jeunes riaient aux éclats en se renversant en arrière et contaient à haute voix des anecdotes de lavoir dont les bribes, saisies au passage, n'avaient rien d'édifiant. En piétinant sur place pour activer la circulation du sang, les vieilles sorcières « dont le menton fleurit et dont le nez trognonne » y ajoutaient des commentaires à intimider un drage. Elles s'interrompaient dès que passait une bourgeoise qui semblait en quête, pour lui faire leurs offres de service.

Les experts savent distinguer d'un coup d'œil les savonneuses des repasseuses. Celles-ci ont les façons moins libres, la voix moins rauque, le langage moins hardi, la physionomie plus naïve. La repasseuse ne s'est pas bronzée, au physique et au moral, sur le terrible champ de bataille des lavoirs. Ce n'est point la virago coiffée d'un madras de quinze sous, chaussée de sabots, armée d'un battoir qu'elle brandit comme la massue d'Hercule au bout d'une poigne toute virile, et à qui il ne manque qu'une pipe aux lèvres pour être complète. Il lui reste un certain duvet de candeur. Le lundi, les blanchisseuses chôment : c'est ce jour-là et le dimanche, en effet, qu'on ramasse ou qu'on fait tremper le linge. Cette circonstance n'est peut-être pas absolument étrangère à certain faible de la corporation, que suffirait à expliquer d'ailleurs le besoin de réchauffer ses pauvres membres, si souvent en contact avec l'eau glacée.

En remontant la rue Saint-Denis, je tombai tout à coup, au coin de la rue Réaumur, dans un rassemblement de jeunes gens en casquettes, en blouses, en paletots râpés, mais à l'allure gaie et insouciante. Ils tuaient le temps en battant la semelle, en se livrant entre eux à des simulacres de boxe et de savate, en se poursuivant comme de jeunes chiens et en se criblant de taloches pour rire. Rien dans les mains, rien dans les poches, mais parfaitement heureux!

— Qu'est-ce? demandai-je au bazar voisin.

— Les fleuristes sans ouvrage. Ils stationnent ici tous les jours, vis-à-vis de ce grand magasin de quincaillerie pour fleurs, où l'on affiche les demandes. D'ailleurs prêts à tout. On vient les chercher pour porter les boîtes, les cartons qui contiennent la marchandise, pour faire toute sorte de petites besognes semblables, qu'ils ne refusent jamais et qu'on ne paye pas cher.

En revenant sur mes pas, j'ai vu les tailleurs d'habits, groupés place Louvois, les colleurs en papier, dans un coin de la place des Petits-Pères. Il y a bien d'autres *grèves*, que je ne pouvais aller chercher à tous les points cardinaux de Paris.

Qui se fût douté que dans la grande ville si bien nettoyée, alignée à l'équerre, tirée au cordeau, élaguée, émondée, taillée, rognée, lissée par M. Haussmann, il restât encore cet atome de pittoresque, et que la police y tolérât une coutume qui garde je ne sais quel parfum de moyen âge en plein dix-neuvième siècle? Paris, d'un bout à l'autre, est comme recouvert d'un réseau de métiers dont les marchés se tiennent chaque jour de grand matin, avant que la ville soit bien éveillée, ce qui explique pourquoi le Parisien est si peu au courant de ces curieux usages.

Mais il est temps de rentrer. Les magasins s'ouvrent de toutes parts, sauf les cafés, qui restent les derniers calfeutrés et endormis. Les maisons de nouveautés font leur étalage. On voit s'agiter autour des comptoirs et de la devanture la fourmilière des commis du Louvre. Les premiers cris commencent : cri du petit ramoneur, cri du marchand de mottes à brûler, qui font frissonner la Parisienne frileuse au fond de son lit bordé de dentelles; cri de la marchande de mouron pour les petits oiseaux, cri du porteur d'eau et du raccommodeur de fontaines. Au moment où je descends de voiture, le cri du marchand d'habits, cette alouette du quartier latin, part comme une flèche derrière moi. Il est neuf heures, et Paris est enfin réveillé.

XXXIV

LES DRAMES DU THÉATRE ET DE LA VIE.

I

19 février 1878.

La 9ᵉ chambre correctionnelle vient de juger une affaire navrante. Un jeune homme de dix-huit ans, nommé Bros, comparaissait devant elle pour y rendre compte de deux vols. Jusque-là, l'aventure est vulgaire ; mais voici où elle prend une tournure assez rare. Ce jeune homme n'était pas le premier venu. Né de parents pauvres, mais honnêtes, comme disent les biographies, ayant reçu de l'instruction, doué d'intelligence, dévoré d'ambition littéraire, caressant dans son imagination naïve des rêves enflammés de gloire et de fortune, il était venu à Paris pour *faire du théâtre.*

Faire du théâtre, c'est assez généralement la première forme sous laquelle l'idée de devenir célèbre, d'entrer dans le chœur des grands hommes de son temps, se présente à un jeune cerveau encore vide d'expérience et plein d'illusions. L'atmosphère du théâtre, même à distance, a quelque chose d'enivrant. C'est au théâtre qu'on frappe de grands coups, qu'on peut conquérir en un soir célébrité et richesse. Le théâtre a la sonorité du gong chinois ; il jette tout à coup un nom à la foule avec des retentissements formidables. Oh! tenir toute une salle frémissante sous sa main; voir, du parterre au paradis, en passant par les loges où trônent les grandes dames (et les petites), attentives, émues, palpitantes, quinze cents paires d'yeux ardemment braqués sur le héros et l'héroïne de son drame, quinze cents paires d'oreilles buvant avidement chaque parole, quinze cents poitrines haletantes et fiévreuses; voir et entendre l'admiration prenant la forme palpable de trépignements, de cris d'extase, de tonnerres d'applaudissements, quel rêve, et combien n'a-t-il pas rendu fous de pauvres béjaunes, frais échappés du collége!

Et les bouquets pleuvant sur la scène! Et la salle debout pour acclamer votre nom! Et la comédienne fêtée, radieuse, couverte de soie, de fleurs et de diamants, qui vient à vous dans la coulisse avec un divin sourire, mouillé de douces larmes, vous disant d'une voix tremblante : « O mon poëte! » et tout à coup, au bruit des applaudissements et des trépignements qui redoublent, vous entraînant en face du public qui, fou d'enthousiasme, escalade la rampe et vous emporte en triomphe jusque chez vous!... Voilà les visions qui, chaque nuit, apparaissent en traits de flamme à quelques milliers de jeunes poëtes provinciaux, les exaltent et les rendent fous.

Je dis *poëtes provinciaux*, car d'abord les poëtes parisiens sont assez rares, puis ils ont l'illusion moins facile et l'expérience plus précoce. Le jeune indigène du faubourg Montmartre a trop vu ou trop entendu parler de spectacles, de succès d'estime et de chutes; il s'est trop frotté au scepticisme sous toutes ses formes; il a trop lu la *Vie parisienne,* le *Journal amusant,* le *Figaro* et le

Tintamarre, pour se prêter à d'aussi naïves et colossales illusions. Il peut être poëte et nourrir des rêves dramatiques, lui aussi ; mais, poëte, il écrira les *Odes funambulesques*, comme Théodore de Banville ; écrivain dramatique, il portera à l'Odéon la *Taverne des étudiants*, comme M. Sardou. Banville et Sardou, voilà bien, en deux genres très-divers, les types parisiens. Le jeune poëte venant de province eût déposé chez le concierge de l'Odéon un *Charles VI*, comme Claude Bernard arrivant de sa pharmacie de Villefranche. C'est par la comédie et le vaudeville que le Parisien médite de conquérir la gloire du théâtre ; c'est par la tragédie et le drame qu'elle apparaît au provincial ardent et candide, dont l'esprit a gardé à vingt ans le duvet virginal de la pêche. La pièce que Bros emportait dans sa malle, pour lui tenir lieu de chemises et de chaussettes, c'était un drame, j'en suis sûr. Mais, quelques mois après, il en était déjà à l'opérette, et rien n'indiquait mieux à quel point la réalité avait soufflé sur ses chimères.

« C'est dur à venir, écrivait-il à ses parents ; ce n'est pas mon genre. Mais enfin il faut faire feu des quatre pattes. Je meurs d'anxiété. »

Ah ! pauvre enfant !... D'anxiété et de faim. Mais la faim toute seule, et pour soi tout seul, ne serait rien ; si elle est assaisonée d'espoir, elle peut même devenir délicieuse. Qui est-ce qui n'a pas eu faim dans sa vie, à l'heure du début et de l'effort ? Celui-là n'est point trempé pour la lutte. Malheureusement il ne suffit pas d'avoir eu faim pour devenir un grand homme. C'est au moment où sa faim n'était plus assaisonnée par l'espoir qu'elle parut insupportable à Bros. Puis il n'était pas seul à subir ce joug humiliant d'un jeune appétit, tyran qu'aucune révolte de ses sujets n'a jamais pû mater. On avait faim, là-bas, dans la maison paternelle, qui attendait avec impatience la pluie d'or du premier succès. Ils avaient faim, le père et la mère auxquels il écrivait, peu de semaines après son arrivée à Paris, avec une nuance d'inquiétude qui n'allait pas encore jusqu'au doute :

« J'ai résolu de rester ici quelques mois ; je dis quelques mois : si je réussis, les émoluments dans un tel métier sont assez élevés pour permettre, pendant qu'un ouvrage se présente, de disposer de son temps ; alors j'irais passer quelque temps auprès de vous, où je forgerais d'autres idées que je pourrais faire valoir ici. »

Elle avait faim, la jeune sœur, le « cher petit ange » à qui il écrivait un peu plus tard, avec un découragement combattu par un reste d'espoir obstiné :

« C'est bien triste, va ! pour moi qui suis seul, de n'avoir pas quelqu'un à qui confier mes peines et mes espérances. Tu me manques bien, ma chérie, et c'est maintenant plus que jamais que j'apprécie ton bon naturel et ton amour pour ton pauvre frère, qui a le cœur brisé !

« Aime-moi bien, mon ange, car je pense à toi en travaillant, et si j'espère réussir dans mes projets, c'est aussi bien pour assurer ton bonheur que pour faire ma position. Je veux que tu puisses dire : « Je suis heureuse, « et c'est mon frère qui l'a voulu pour que je l'aime davan- « tage. » Aide bien à la petite mère et embrasse bien, câline bien ce bon père, pour qu'il soit heureux et se console de mon absence. »

Quelques semaines encore, et la faillite de ses illusions était définitivement consommée. Qu'il serait facile d'en dresser le bilan article par article! Il a été le même pour lui que pour des milliers et des milliers d'autres. On avait rêvé un drame d'allure lyrique, tout en élans juvéniles, où l'on verserait confusément sa tête et son cœur, et l'on s'aperçoit qu'il faut fabriquer une pièce suivant la recette, distribuer l'intérêt, le pondérer, l'équilibrer, le doser, le pousser avec des précautions infinies, bâtir un plan aussi minutieusement étudié que le devis d'un entrepreneur; bref, que, le talent mis à part, c'est un métier de faire une pièce comme de faire une horloge, et que ce métier demande un apprentissage pénible. On avait rêvé des directeurs affables, des secrétaires empressés, des régisseurs hospitaliers, et l'on trouve des maisons fermées, des concierges revêches qui, l'œil insolemment braqué sur le manuscrit dépassant de votre poche, vous répondent qu'il n'y a personne, et sur la porte desquels il faudrait écrire, comme dans l'atrium des maisons de Pompéi : *Cave canem;* des secrétaires indifférents, dédaigneux, ironiques ou bourrus, qui vous engagent toujours à repasser et qui ont l'air de se moquer de vous; des directeurs qui se dérobent et qu'il faut traquer pendant des mois pour les surprendre un jour entre deux portes, où ils vous reçoivent comme un fâcheux, sans écouter ce que vous dites. Les murs mêmes du théâtre ont je ne sais quoi de refrogné et d'hostile.

On avait rêvé des confrères bienveillants, amicaux, au sourire cordial, à la main ouverte; et l'on trouve des êtres d'un égoïsme brutal et d'une jalousie féroce, qui s'entendent pour faire la chaîne et ne laisser passer personne. On avait rêvé des comédiens et des comédiennes amoureux des beaux vers, prompts à s'enflammer,

16.

toujours prêts à tendre la main au jeune auteur et à le mettre en lumière; on trouve des personnages infatués de leur importance, crevant de vanité, d'ailleurs généralement sots et ignorants, préférant hautement à un chef-d'œuvre (dont ils se moquent bien) une mauvaise pièce d'un auteur à la mode où il y a un *beau* rôle pour eux, et des créatures plâtrées, fardées, maquillées, en qui tout est faux, le rire comme les larmes, n'ayant rien à elles, pas même leur corps, et pleines de mépris pour un écrivain inconnu, pauvre surtout. Enfin on avait rêvé un auditoire généreux, enthousiaste, un foyer d'âmes chaleureuses et de cœurs battant à l'unisson, et l'on trouve un public blasé, sceptique, grognard, *blagueur*, toujours en défiance, toujours aux aguets de ce qui pourra le faire rire à vos dépens, ou lui permettra de placer une fois de plus cette exclamation choisie : « Mais c'est idiot! »

Heureux encore ceux qui arrivent à pouvoir provoquer une pareille appréciation! Ce sont les favoris. Les trois quarts meurent au seuil de cette triste terre promise. Interrogez les experts; tous vous diront que le treizième travail d'Hercule pour un inconnu, fût-il doué comme Dumas fils, est non pas de se faire jouer, non pas même de se faire recevoir, non pas même de se faire lire, mais d'obtenir qu'on dénoue le ruban qui ferme sa pièce et qu'on prenne connaissance du titre et des personnages. Tous vous diront aussi que ce n'est rien d'être reçu, et que de là à être représenté, souvent pour tomber à plat, il reste plus de temps qu'il n'en faut pour blanchir les cheveux du jeune auteur et pour le rendre fou. Je suis persuadé que le malheureux Bros n'est jamais arrivé à dépasser la loge du concierge. Mais supposons qu'il eût écrit un chef-d'œuvre et qu'il eût réussi d'abord à le faire

lire, puis à le faire recevoir, c'est pour le coup qu'il lui
eût fallu compter avec les tergiversations, les retards,
les maladies, les mauvaises volontés, la mauvaise foi,
les intrigues de tout genre, les circonstances imprévues,
les corrections demandées et les collaborations imposées.

Jadis, à la suite d'une petite farce en un acte, jouée au
Palais-Royal, le joyeux Sainville s'avançait sur le devant
de la scène et adressait au parterre un speech humoristique à peu près conçu en ces termes :

« Messieurs et dames, figurez-vous qu'ils se sont mis
trois pour faire cette machine-là. Pas forts, n'est-ce pas?
Mais je vais vous expliquer la chose. Il y en a un qui n'a
rien fait du tout. C'est lui qu'on met le premier sur
l'affiche; il touche les trois quarts des droits. Je voudrais
l'avoir sous la main pour vous le présenter : vous verriez quel bel homme, gras, le teint fleuri, avec un gilet,
— oh! un gilet, — et une chaîne de montre, et des
bagues!... Il nous salue comme ça quand il nous rencontre (et Sainville esquissait un geste de protection majestueux). Le deuxième a trouvé le titre (quelque chose
comme les *Hannetons malades*) et le nom du personnage
principal : Godiveau. Il touche l'autre quart. Celui-là
nous protége; il nous appelle : *ma petite vieille*. Il fume
des havanes, et nous paye de temps en temps des cigares
d'un sou. Le troisième est celui qui fait la pièce : il
porte des souliers troués et un chapeau roux; il ne
touche rien et il n'est pas sur l'affiche, mais on le laisse
entrer gratis. Si vous rencontrez tout à l'heure, en sortant, un pauvre diable qui rase les murs et qui se faufile chez le charcutier voisin pour y acheter une saucisse
de deux sous, c'est lui. Il nous salue jusqu'à terre et il

envoie des bouquets à son collaborateur qui n'a rien fait du tout, le jour de sa fête, et des bonbons à madame, pour garder sa protection. A sa prochaine pièce, on le mettra sur l'affiche en dernier, et à la troisième, ou la fois d'après, il touchera un quart s'il est sage. Et, dans dix ou vingt ans, plus ou moins, à moins qu'il ne soit mort de faim d'ici là, ce sera à son tour de ne plus rien faire et de toucher les trois quarts. »

Bros n'avait pas même réussi à franchir cette première étape, et ses parents attendaient toujours. Abrégeons cette triste histoire. M. Prudhomme a raison : Paris est la Babylone moderne. La vie misérable y est pleine de tentations aussi bien que la vie opulente, mais d'un autre genre. Les consciences qui ne sont pas fermes et trempées comme l'acier s'y corrompent. Un jour, Bros s'aperçoit que son voisin a oublié la clef sur sa porte : il entre et dérobe 600 francs. La semaine suivante, il trouve sur le bureau de son patron la clef du coffre-fort ; il l'ouvre et y vole 1,100 francs. Il envoya le tout chez lui, sans en garder un centime, car le malheureux adorait sa famille. Mais il est dénoncé ; on l'arrête, le père se tue de désespoir, et, le 16 février, la neuvième chambre condamnait Bros, avec une pitié profonde qui ne pouvait arrêter sa justice, à deux mois de prison.

Voilà la fin d'un rêve !

Ainsi le drame que le pauvre garçon n'avait pu écrire, il vient de le faire ; un autre l'écrira, et peut-être qu'il sera signé par l'un des hauts et puissants seigneurs de l'affiche dont il avait humblement sollicité la collaboration. — *Le voleur par amour filial!* il y a **deux cents représentations là dedans!**

II

Il y a un an, j'assistais au convoi d'un homme de lettres, d'un auteur dramatique, parti d'aussi bas que Bros, mais qui n'était pas resté inédit comme lui. Celui-là avait du talent, et il était arrivé, — arrivé à la réputation et à la maison Dubois, où il venait de mourir. Il s'appelait Édouard Plouvier, et on ne l'a pas encore oublié.

Plouvier, à peine âgé de cinquante-cinq ans, était déjà usé depuis plusieurs années. Il est mort à la tâche, comme le serf sur la glèbe, misérable, aveugle et fou ; la fièvre, les efforts et les mécomptes de sa vie littéraire s'étaient répercutés en graves désordres cérébraux. Et tandis qu'on le conduisait au lieu du repos, j'observais ceux qui suivaient son cercueil, romanciers, poëtes, auteurs dramatiques, les uns illustres, les autres inconnus, les uns vieux, les autres jeunes, mais les uns et les autres déjà marqués en grand nombre du signe que les bûcherons tracent sur l'écorce des arbres qui doivent être abattus. Cheveux gris et fronts chauves avant l'âge, tempes dégarnies, joues creusées, bouches contractées par des plis amers, yeux brillant d'une flamme sombre, tout disait le souci du lutteur qui se sent à moitié vaincu et la secrète angoisse du dompteur qui, en fourrant sa tête dans la gueule de la bête féroce, se demande si ce n'est pas cette fois qu'il va être mangé.

On entendait de brèves paroles : « Ce pauvre Plouvier !

— Que voulez-vous ? il s'était surmené. — Il avait beau faire, il ne pouvait attraper un vrai succès. A la fin, cela tue. — A cinquante-cinq ans! — Eh bien, il a duré plus longtemps encore que je n'aurais cru. » Et l'on échangeait des poignées de main qui disaient clairement : « Voilà pourtant comme je serai dimanche ! »

Avez-vous remarqué combien de gens de lettres s'en vont mourir à la maison Dubois? Il y a longtemps que Maynard a dit :

> Pégase est un cheval qui porte
> Les grands hommes à l'hôpital.

Maintenant, il ne les porte généralement plus à l'hôpital, mais il les porte à la maison de santé. Maison de santé, antiphrase ironique! C'est le Parnasse du dix-neuvième siècle. C'est là que, après grande peine et grand effort, après s'être livré pendant vingt ou trente ans à des travaux auprès desquels ceux des galériens ne sont que des jeux d'enfants; après avoir mis son cerveau en coupes réglées pour le servir par tranches au public qui n'y prend pas garde, — et qui a, ma foi! bien raison, puisqu'il paye, — on aboutit tout naturellement comme au port :

« Ah! disait un écrivain qui avait été presque populaire, et qui était resté pauvre, en s'étendant avec volupté dans son lit de la Maison municipale, je vais donc enfin me reposer, manger du poulet, boire du vin de Bordeaux, sans avoir de *copie* à fournir, et me refaire un peu de substance cérébrale ! »

Seulement, quinze jours après, il était mort.

Ce n'est pas précisément par la misère qu'on est conduit à la maison Dubois : c'est par la folie, la paralysie, la fièvre chaude et toutes les maladies du cerveau qui sont les cas pathologiques habituels de la littérature. Il faut de l'argent pour y entrer. Aujourd'hui le métier d'homme de lettres enrichit quelquefois, mais il use et il détraque toujours. Il use par la fatigue du cerveau, par la déperdition constante de l'idée, par l'effort continu de l'invention, par ce robinet qu'on met à son front et qu'il faut ouvrir du matin au soir, pour verser au public la liqueur de son goût jusqu'à ce que la provision soit épuisée et qu'on voie le fond du tonneau. Il use par les veilles, les insomnies, les *suées* et les orgies du travail. Il use aussi, et plus encore, par les songes ardents; les chimères, les illusions, les déboires et les découragements.

Pauvre écrivain, à l'esprit toujours exalté, toujours enfiévré, toujours envolé vers la nue, d'où il retombe lourdement dans la réalité, brisé par un échec et, dans ses triomphes mêmes, inquiet, malheureux, tourmenté, parce que son imagination avait rêvé plus et mieux! Vous le croyez au comble de la joie : son livre a réussi; on le couvre d'éloges; en cinq ou six ans il est devenu célèbre. Oui, mais dans ce concert louangeur il n'entend que la note critique; elle le poursuit partout, comme une obsession. Au milieu de toutes les qualités qu'on lui accorde, il ne voit que celles qu'on lui refuse, justement les seules auxquelles il tienne. Il lui prend des lassitudes et des découragements immenses, des envies de jeter au vent toutes les sottes paperasses qu'il a recouvertes de pattes de mouche, de tout planter là, de se coucher sur sa table de travail en repoussant du pied cet abominable métier où il faut de si longues et de si dures semailles pour une si maigre récolte, où l'on piétine sur place pendant des années et des années encore avant d'avancer d'un pas, où tant de paroles expirent sans écho, où ceux mêmes qui vous applaudissent ne vous prêtent qu'une attention superficielle et distraite, comme à des jongleurs de phrases et à des amuseurs publics; où l'on ne prend garde qu'à vos défaillances et à vos fautes, dont aucune n'échappe à des yeux de lynx, fermés pour tout le reste; où l'on manque souvent de vous remercier, jamais de vous injurier, où les amis eux-mêmes semblent guetter l'occasion de se montrer plus susceptibles et plus injustes encore que les ennemis; où l'on fait flamber son esprit comme un bol de punch dévoré par la flamme, comme une fusée qui se consume en éblouissant, afin que, lorsqu'on tombe épuisé et vaincu, les badauds s'entre-disent, comme derrière le cercueil d'Edouard Plouvier :

« Ah! dame, vous savez, ces gens de lettres, ça mène une si drôle d'existence! »

— Eh bien, mais, va dire le lecteur, qu'a donc Bernadille? Il est bien ennuyeux aujourd'hui!

Que voulez-vous, lecteur?... il y a des jours où les chroniqueurs eux-mêmes ont leurs nerfs, comme de petites maîtresses.

XXXV

LE DIMANCHE A PARIS.

26 février 1878.

Nous avons eu hier un dimanche magnifique. C'était une avance d'hoirie sur le printemps. Le soleil avait de si irrésistibles sourires et de si caressantes invitations qu'il était bien difficile de ne pas se laisser séduire. Après avoir commencé à lui ouvrir ma fenêtre, j'ai fini par succomber à la tentation, et je suis allé me promener aux Champs-Élysées. Tout Paris était dehors, suivant l'expression consacrée, et j'ai pu jouir du spectacle d'un dimanche d'été au mois de février. Il ne manquait absolument que les feuilles aux arbres pour que l'illusion fût complète.

J'espère que vous n'êtes pas de ces dédaigneux et de ces blasés qui disent : « Mon Dieu, quelle journée ennuyeuse que le dimanche ! Elle n'en finit pas. Les heures se traînent comme des limaces. Il semble que la journée en ait quarante-huit, et que chaque heure se compose de cent vingt minutes. On ne peut ni se promener, ni s'enfuir aux champs, ni entrer dans un musée, ni aller voir la pièce à la mode, car tout est envahi par le public du dimanche, c'est-à-dire par une cohue vulgaire, tumultueuse, fourmillante, à la gaieté énorme, insupportable enfin. »

Assurément, le public du dimanche n'est pas toujours commode. Il manque d'élégance, de distinction, d'aristocratie. Si vous avez eu le malheur de vous rencontrer avec lui, par un beau jour de printemps, à la gare d'Asnières ou de Saint-Cloud, il se peut que vous ayez été enveloppé et roulé comme un grain de sable dans un tourbillon, et que vous ayez juré du fond du cœur qu'on ne vous y reprendrait plus. Mais ce public, si incommode de trop près, est fort curieux à observer à quelque distance, et c'est lui qui donne au dimanche parisien, pour peu que le soleil luise, une physionomie si particulière, presque aussi tranchée dans son genre que celle du dimanche au village.

Ce jour-là, c'est toute une population nouvelle qui prend possession de Paris, de ses spectacles, de ses cafés, de ses promenades, de ses jardins publics, de ses boulevards, de son Palais-Royal, de ses gares, de sa banlieue. Dans la semaine, vous aviez déjà pu l'apercevoir sans doute, mélangée au public ordinaire, mais en quelque sorte effacée par lui. Maintenant, elle s'étale sans alliage ; elle coule à flots par les rues, elle déborde et recouvre Paris. La grande ville lui appartient pour tout le jour.

D'où sort-elle ? Des comptoirs des humbles boutiques, des bureaux d'employés, des administrations, des ministères. Ce n'est pas précisément un public populaire dans toute la force du terme, car le peuple de l'*Assommoir* célèbre le lundi de préférence au dimanche ; c'est un public de petits bourgeois, de petits commerçants, mêlé de vrais ouvriers. Dès la veille, tout ce monde a observé le ciel avec un intérêt sérieux, notant les moindres variations de la température et inquiet de la plus légère menace. Ce matin, dès l'aube, bien des fenêtres se sont ouvertes pour laisser passer un œil interrogateur et un nez qui aspire la brise matinale. Le soleil est à son poste, la journée s'annonce belle ; c'est parfait.

Regardez : voici l'invasion qui commence. Les trottoirs sont recouverts d'une foule *endimanchée,* qui s'avance d'un pas hâtif et dont toute l'allure montre qu'elle est sortie dans l'intention formelle de s'amuser. On assiège les tramways ; d'énormes queues s'allongent sur les berges de la Seine, aux embarcadères des bateaux-omnibus ; on rencontre des fiacres où sont empilées six personnes, rouges de plaisir, riant tout haut, et une septième assise à côté du cocher, qui se retourne pour échanger des plaisanteries avec les six autres. Un large flot humain roule incessamment par toutes les grilles du Luxembourg et monte vers l'Observatoire, s'éparpillant en route aux tables en plein air des cafés et autour des saltimbanques, des chanteurs, des chiens savants et des acrobates. Le jardin des Tuileries ressemble à une fourmilière. Les Champs-Élysées sont noirs de monde, et des voitures attelées de rosses étiques trottinent sur dix de front du côté de l'Arc de triomphe.

Poussez jusqu'à la porte Maillot, et vous allez découvrir un bois de Boulogne que vous ne connaissiez pas, si vous ne l'avez jamais vu qu'en semaine. Au lieu des cavaliers élégants, montant selon toutes les règles de l'art des chevaux de deux mille écus et saluant avec grâce à droite et à gauche, des calèches à huit ressorts glissant sur les avenues finement sablées et ratissées, avec leur attelage trottant haut sous la main savante d'un cocher à l'air rogue, et leur laquais roide, impassible, les bras croisés ; au lieu des breaks emportant autour du lac de belles paresseuses à demi couchées, jouant de l'éventail et répondant par un sourire et un signe de tête imperceptible aux saluts des cavaliers qui passent, vous aurez des commis en nouveautés vêtus d'un *complet* de quarante-neuf francs, cahotés par des *locatis* à quarante sous l'heure, des cochers au pantalon noisette et au chapeau de toile cirée, des élégants la pipe à la bouche, et tout le long des allées, au bord des étangs, sur chaque pelouse et sous chaque arbre, des gens assis ou étendus de leur long, lisant, fumant, mangeant du pâté et du saucisson. Ici l'on joue aux quatre coins; là, au colin-maillard, et les échos du bois, étonnés, répètent de toutes parts des gazouillements de jeunes filles et des rires d'enfants.

Tous les jolis villages qui forment à Paris une ceinture de maisons blanches, de verdure et de fleurs, ont été pris d'assaut par des bandes joyeuses, qui ne perdent pas, je vous en réponds, eur temps à s'ennuyer. De délicieuses odeurs de fritures, de lapins sautés et d'omelettes au lard parfument l'atmosphère. Sous chaque tonnelle un couvert est dressé. Les hommes jouent au tonneau en prenant leur café, et les femmes se balancent sur l'escarpolette. On dîne dans les arbres. Des bruits de chansons et des fusées d'éclats de rire partent de toutes les haies. Des caravanes de bambins et de jeunes femmes vous croisent de toutes parts, juchés sur des baudets têtus qui frôlent obstinément les ronces, les fossés et les tas de pierres, en secouant gravement leurs longues oreilles, sans s'émouvoir des coups de pied et des coups de parapluie. On voit passer, faisant *le panier à deux anses,* en bras de chemise et le chapeau au bout de leur canne, des bourgeois suants, essoufflés, mais marchant d'un pas gymnastique, parlant haut et prodiguant tous les trésors de la verve parisienne pour égayer leurs *dames*. C'est une idylle de Paul de Kock.

Le soir, ils rentreront exténués, moulus, courbaturés, rôtis par le soleil, l'estomac vide, avec une branche de lilas et un melon de la *campagne*. Ils feront queue une demi-heure avant d'atteindre le guichet de la gare; ils se battront pour arriver, dans l'effroyable bousculade qui suit l'ouverture des portes, à s'asseoir sur les genoux les uns des autres au fond d'un wagon, et à Paris ils attendront une heure pour trouver place dans l'omnibus qui doit les ramener à dix minutes de chez eux. Mais c'est égal, ils se seront bien amusés.

Voilà un léger crayon du dimanche populaire à Paris. Voilà ce que, sauf les lilas et les melons, nous avons revu tout à coup hier, dans ce beau jour qui semblait avoir été détaché en éclaireur par le mois de mai.

XXXVI

LA GRÈVE TYPOGRAPHIQUE.

26 mars 1878.

Nous l'avons, en dormant, madame, échappé belle.

Vendredi dernier, Paris a failli s'éveiller sans journaux. La grève des ouvriers typographes s'était déclarée la veille et l'alarme a d'abord été chaude. Dans le premier moment, on a cru que la presse entière allait être condamnée à faire relâche. Puis on s'est dit que le mal serait heureusement restreint, et les experts, en prenant des airs d'importance, ont expliqué aux gens inquiets que les imprimeries parisiennes renfermaient un assez grand nombre de *sarrasins,* c'est-à-dire d'ouvriers qui ne font pas partie de la Société typographique et n'ont pas à en recevoir le mot d'ordre, pour assurer la composition de la majorité des journaux. Enfin l'on a su que la grève était circonscrite aux ouvriers de *labeur,* et Paris a poussé un soupir de soulagement en apprenant qu'il est menacé tout au plus d'avoir à attendre ses livres, mais non ses gazettes.

La plupart des Parisiens auront gagné à cet épisode d'être initiés à l'argot typographique. Ils savent maintenant ce que c'est qu'un *sarrasin,* un *tableautier,* un *homme de conscience,* un ouvrier de *labeur,* un *journaliste.* Ils raisonnent sur les fonctions du prote et du metteur en pages; on entend parler dans les cafés et devant les comptoirs de marchands de vin de lever la lettre tout comme s'il s'agissait simplement de lever le coude.

Paris sans journaux! Avez-vous jamais songé à tout ce que représentent ces trois mots? Un jour, à Chantilly, retentit comme un coup de tonnerre ce cri désastreux : « La marée manque! » et Vatel se passa au travers du corps l'épée qui lui servait à embrocher ses volailles. Figurez-vous qu'un jour Paris entende, à son réveil ou à son coucher, cette clameur sinistre : « Les journaux manquent! » Ah! ce serait bien autre chose, vraiment! car les journaux constituent, avec les théâtres, toute la nourriture intellectuelle des neuf dixièmes des Parisiens, et deux fois par jour ces bouillons Duval de la presse servent à une clientèle innombrable, qui se passerait plutôt de Corneille et de Bossuet que du *Figaro* ou du *Petit Journal,* un repas à prix fixe, proportionné à tous les appétits, approprié à tous les estomacs, où le rôti est figuré par une anecdote, comme dans les repas de madame Scarron, et où le potage du bulletin politique, le bouilli de l'article de fond, le relevé de la polémique alternent agréablement avec l'entremets du feuilleton et les desserts assortis de la chronique, des nouvelles à la main et des faits divers.

Paris a prouvé, pendant le siége, qu'il pouvait vivre sans petits pois et sans primeurs. Il a prouvé aussi qu'il pouvait, à la rigueur, pousser l'héroïsme jusqu'à vivre à peu près sans théâtres, mais à la condition de se rattraper sur la presse quotidienne. A mesure qu'un nouveau spectacle fermait, il naissait deux ou trois chiffons de papier pour le remplacer. On peut se représenter Paris sans la colonne, — nous l'avons vu ; Paris sans les Tuileries et l'Hôtel de ville,— nous le voyons ; Paris sans les théâtres, — cela se voit une fois par an, le vendredi saint, et cela s'est renouvelé aux époques les plus aiguës du siége et de la Commune. Mais on ne peut se représenter Paris sans journaux. Ce qui tue le reste est précisément ce qui fait pulluler la presse, ce qui en triple et en décuple l'inépuisable fécondité.

Quoi ! les kiosques fermés, les tables des cafés veuves de leurs feuilles et de leurs planchettes, les boulevards dépouillés de cette animation particulière qu'y répandent, à quatre heures du soir, les flots d'acheteurs qu'on voit ensuite s'éparpiller et stationner sur les trottoirs, le nez dans leur journal, consultant le cours de la Bourse ou le compte rendu de la Chambre, avec une variété de postures et d'expressions à tenter tous les crayons des Grandville, des Daumier, des Cham et des Bertall, est-ce que c'est possible, et parvenez-vous à vous mettre cela dans la tête ?

Non. Le jour où Paris se passera de journaux, c'est que Paris sera mort. Que les typographes essayent donc, pour voir, de ne plus imprimer le *Rappel,* la *Marseillaise,* la *Lanterne,* et les faubourgs se lèveront contre ces tyrans : il y aura une révolution à Montmartre, on fera des barricades à Belleville, et la Société typographique pourrait bien fournir, ce jour-là, son contingent d'otages.

Eh bien, sans attendre que les choses en viennent à cette extrémité, que faire, le jour où une grève des ouvriers *journalistes* menacerait Paris de cette redoutable famine? Quand les bras manquent pour la moisson, le gouvernement envoie des soldats ; mais ce n'est pas la même chose. Nous avons encore la gendarmerie et les sergents de ville, mais Pandore ne s'entend pas mieux que Pitou à lever la lettre. — On ferait faire les journaux dans les prisons, disent les farceurs. Cet expédient n'offrirait aucune difficulté pour la *Commune,* mais peut-être serait-il d'un emploi difficile pour la plupart des autres journaux.

On pourrait encore demander aux rédacteurs de *composer* eux-mêmes leurs articles, à l'instar de Restif de la Bretonne. Beaucoup de journalistes ont plus ou moins exercé le métier de typographes, comme Franklin, Béranger, Michelet, Hégésippe Moreau, M. Laboulaye, qui se qualifiait, en 1839, *fondeur de caractères,* sur le titre de son *Histoire du droit de propriété foncière en Europe.* Ceux mêmes qui ne se sont jamais assis devant la casse et le composteur ont chaque jour avec eux des accointances intimes et prolongées. Ce sont de vieilles connaissances dont ils savent à peu près tous les secrets. Comme Acomat, ils ont été nourris dans le sérail. Ils ne lèveraient pas évidemment leur millier de lettres en une heure, mais ils pourraient, au besoin, mettre la main à la pâte.

Autrefois, — il y a bien longtemps, — l'atelier du *Journal des Débats* s'était mis en grève ; le journal n'en continua pas moins à paraître ; il est vrai qu'en ce temps-là les gazettes étaient grandes comme les deux mains. Le gérant et deux des rédacteurs, ex-typographes, n'avaient pas hésité à reprendre pour la circonstance le maniement de leurs anciens outils. Le moment n'est peut-être pas éloigné où quelques notions pratiques sur le métier de compositeur seront considérées comme un appendice indispensable à la profession de journaliste et où l'une des premières questions adressées par le rédacteur en chef à son chroniqueur sera celle-ci : « Combien pouvez-vous lever de lettres en une heure ? »

Mais lorsque le téléphone et le phonographe seront vulgarisés, les grèves typographiques ne seront plus à craindre. Rien de plus facile que de remplacer le journal écrit par le journal parlé. Les rédacteurs politiques et littéraires, l'auteur du roman en publication, le rédacteur des sciences, le rédacteur des beaux-arts, les reporters, les annonciers viendront tour à tour causer leur article, en suivant l'ordre voulu, dans le pavillon d'un téléphone. On recevra des abonnements individuels et des abonnements collectifs. Le souscripteur de la première catégorie aura un tuyau aboutissant dans sa chambre, et il pourra lire chaque matin son journal par l'oreille, les yeux fermés, dans un doux assoupissement, ou, comme certain héros de Ponson du Terrail, en se promenant les mains derrière le dos. Les souscripteurs de la seconde devront se réunir à heure fixe dans une salle commune, fût-elle grande comme la place de la Concorde, pour y assister à l'audition quotidienne de leur journal. Il y aura le compartiment des fumeurs. On pourra même y établir un café. Au besoin, on fera plusieurs fournées, à des prix divers.

Pour le phonographe, ce sera bien mieux encore. Un employé du journal, après avoir emmagasiné tous les articles dans l'ingénieuse machine, se rendra dans la salle d'audition. Là, il tournera la manivelle, et le numéro sera joué en son entier, comme un oratorio, en reproduisant la voix de chaque rédacteur, depuis le ténor léger jusqu'à la basse-taille. D'autres iront opérer à domicile. L'abonné riche pourra avoir son phonographe à lui et se faire tirer un numéro pour son usage exclusif. Il sera libre de déguster son journal à petites gorgées, suivant la fantaisie du moment, comme un amateur qui aurait installé un orgue de Barbarie dans sa chambre et se régalerait de temps à autre d'un air ou même simplement de quelques mesures. Par exemple, le matin, en s'éveillant, il commencera par se jouer les dernières nouvelles, puis le grand morceau politique; il savourera le feuilleton en prenant son café, et la chronique pour s'endormir.

Personne n'avait encore songé à cette nouvelle application du téléphone et du phonographe, pas même les inventeurs. Je la livre aux méditations des hommes pratiques, sans réclamer aucun brevet d'invention.

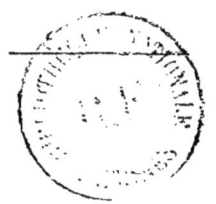

TABLE DES MATIÈRES

		Pages.
I.	Les cartes de visite.	1
II.	Les chasseurs de réclames.	7
III.	Les candidats ouvriers.	14
IV.	En omnibus. — Le conducteur, le cocher et les voyageurs.	21
V.	Le jour du vernissage.	36
VI.	Le reporter. — Reporter vieux style et reporter de l'avenir	42
VII.	Les premiers souscripteurs au centenaire de Voltaire.	50
VIII.	Le style parlementaire et l'ombre de Louis XIV.	58
IX.	Paris dans l'eau.	67
X.	Les cri-cri parisiens.	74
XI.	Distribution des prix à l'institution Louise Michel.	82
XII.	Un satirique incompris. — M. Gagne.	88
XIII.	La fête des Loges.	95
XIV.	Les pataquès.	102
XV.	Le jour de madame.	109
XVI.	Un regard jeté dans une caserne.	117
XVII.	Un chevalier d'industrie politique : Étude d'après nature.	129
XVIII.	L'œuvre des portraits abandonnés et les marchands d'ancêtres.	136
XIX.	Le jour de l'an à Paris.	147
XX.	Le testament de Dubosc. — Les modèles d'ateliers.	156
XXI.	Réception de l'auteur de l'*Assommoir* à l'Académie française.	166
XXII.	Les badauds de Paris en *badaudois*.	173
XXIII.	Lettre de l'archéologue Perrichon au docteur Fabius, chroniqueur scientifique.	179

XXIV.	Les heures parisiennes. — L'heure du pâtissier. — L'heure de la musique militaire.	186
XXV.	Les faiseurs de religions.	192
XXVI.	Les ruches à journaux. — La rue du Croissant et les galeries de l'Odéon.	204
XXVII.	Ce qu'on boit à Paris. — Réquisitoire contre la bière. .	210
XXVIII.	Le Jardin des plantes et ses habitués.	217
XXIX.	Le boulevard et le boulevardier.	222
XXX.	Le vieil Hôtel-Dieu.	230
XXXI.	Les débordements de la politique.	238
XXXII.	Comment on dîne à Paris.	249
XXXIII.	Le réveil de Paris.	266
XXXIV.	Les drames du théâtre et de la vie.	277
XXXV.	Le dimanche à Paris.	289
XXXVI.	La grève typographique.	294

PARIS. TYPOGRAPHIE DE E. PLON ET Cie, 8, RUE GARANCIÈRE.

www.ingramcontent.com/pod-product-compliance
Lightning Source LLC
Chambersburg PA
CBHW071347150426
43191CB00007B/875